中传学者文库编委会

主　任： 廖祥忠　张树庭

副主任： 蔺海波　李　众　刘守训　李新军　王　晖
　　　　　杨　懿　柴剑平

成　员（按姓氏笔画排序）：

王廷信　王栋晗　王晓红　王　雷　文春英
龙小农　付　龙　叶　龙　刘东建　刘剑波
任孟山　李怀亮　李　舒　张绍华　张　晶
张根兴　张毓强　林卫国　郑　月　金　炜
金雪涛　周建新　庞　亮　赵新利　徐红梅
贾秀清　高晓虹　隋　岩　喻　梅　熊澄宇

中传学者文库
1954-2024
主编／柴剑平
执行主编／龙小农
副主编／张毓强　周建新

出版个案分析导论

李频自选集

李频 著

中国传媒大学出版社
·北京·

图书在版编目（CIP）数据

出版个案分析导论：李频自选集 / 李频著 . -- 北京：中国传媒大学出版社，2024.8.

（中传学者文库 / 柴剑平主编）.

ISBN 978-7-5657-3752-7

Ⅰ . G23-53

中国国家版本馆 CIP 数据核字第 2024VT1376 号

出版个案分析导论：李频自选集
CHUBAN GEAN FENXI DAOLUN: LI PIN ZIXUANJI

著　　者	李　频
责任编辑	温晓芳
封面设计	锋尚设计
责任印制	李志鹏

出版发行	中国传媒大学出版社		
社　　址	北京市朝阳区定福庄东街 1 号	邮　编	100024
电　　话	86-10-65450528　65450532	传　真	65779405
网　　址	http://cucp.cuc.edu.cn		
经　　销	全国新华书店		
印　　刷	北京中科印刷有限公司		
开　　本	710mm×1000mm　1/16		
印　　张	18.75		
字　　数	291 千字		
版　　次	2024 年 8 月第 1 版		
印　　次	2024 年 8 月第 1 次印刷		
书　　号	ISBN 978-7-5657-3752-7/G · 3752	定　价	95.00 元

本社法律顾问：北京嘉润律师事务所　郭建平

总　序

　　媒介是人类社会交流和传播的基本工具。从口语时代到印刷时代，再经电子时代至今天的数智时代，媒介形态加速演变、融合程度深入发展，媒介已然成为现代社会运行的基础设施和操作系统。今天，人类已经迈入媒介社会，万物皆媒、人人皆媒，无媒介不社会、无传播不治理。今天，无论我们怎么用力于信息传播的研究、怎么重视信息传播人才的培养都不为过。

　　中国传媒大学（其前身为北京广播学院）作为新中国第一所信息传播类院校，自1954年创建伊始，即与媒介形态演变合律同拍、与国家发展同频共振，努力探索中国特色信息传播人才培养模式、构建中国信息传播类学科自主知识体系，执信息传播人才培养之牛耳、发信息传播研究之先声，被誉为"中国广播电视及传媒人才摇篮""信息传播领域知名学府"。

　　追溯中传肇始发轫之起源、瞩望中传砥砺跨越之未来，可谓创业维艰而其命维新。昔日中传因广播而起，因电视而兴，因网络而盛，今天和未来必乘风破浪、蓄势而上，因人工智能而强。在这期间，每一种媒介兴起，中传均吸引一批志于学、问于道、勤于术的

学者汇聚于此，切磋学术、传道授业，立时代之潮头，回应社会需求，成为学界翘楚、行业中坚，遂有今日中传学术研究之森然气象，已历七秩而弦歌不断，将传百世亦风华正茂。

自新时代以来，中传坚守为党育人、为国育才初心，励精图治、勠力前行，秉承"系统治理、创新图强、交叉融合、特色发展"的办学理念，牢牢把握高等教育发展大势、传媒业态发展趋势，瞄准"智能传媒"和"国际一流"两大主攻方向，以世界为坐标、以未来为向度，完成了全面布局和系统升级，正在蹄疾步稳、高质量推动学校从传统高等教育向未来高等教育跨越、从传统传媒教育向智能传媒教育跨越、从国内一流向世界一流跨越，全力建设中国特色、世界一流传媒大学。

中国特色、世界一流，在于有大先生扎根中国大地，汇聚古今、融通中外；在于有大先生执教黉门，学高为师、身正为范；在于有大先生躬耕杏坛，敦品积学、启智润心。习近平总书记更强调，高校教师要立志成为大先生，在教书育人和科研创新上不断创造新业绩。中传广大教师素来以做大先生为毕生职志，努力成为新时代"经师"与"人师"的统一者，做真学问、立高品行，践履"立德树人"使命。

2024 岁在甲辰，欣逢中传建校 70 华诞，学校特邀约部分学者钩玄勒要、增删批阅，遴选已公开刊发的论文汇编成集，出版"中传学者文库"，意在呈现学校在学科建设、科学研究、服务行业实践等方面的最新成果，赓续中传文脉，谱写时代新声。

文库汇聚老中青三代学者，资深学者渊渟岳峙、阐幽抉微；中年学者沉潜蓄势、厚积薄发；青年学者踌躇满志、未来可期。文库与五十周年校庆所出版的"北广学者文库"相承接，大致可勾勒中传知识生产薪火相传、三代辉映之概貌，反映中传在构建中国特色新闻传播类、传媒艺术类、传媒技术类学科体系、学术体系和话语体系方面的耕耘与收获，窥见中国特色信息传播类学科知识体系构建的发展脉络与轨迹。

这一构建过程，虽筚路蓝缕，却步履铿锵；虽垦荒拓野，亦四方辐辏。一批肇始于中传，交叉融合、具有中国特色的学科，如播音主持艺术学、广播电视艺术学、传媒艺术学、数字媒体艺术学、政治传播学等，从涓涓细流汇入滔滔江河，从中传走向全国，展现了中传学者构建中国自主知识体系的学术想象力和创新力。文库展示的虽然是历史，实则是呈现今天；看似是总结过去，实则是召唤未来。与其说这套文库的出版，是对既有学术成果的展示，毋宁说是对未来学术创新的邀约。

回首过往，七秩芳华。我们深知，唯有将马克思主义基本原理与中华优秀传统文化相结合，才能推动中华学术创造性转化和创新性发展，推动中国自主知识体系的构建。我们深知，唯有准确把握媒介形态演变的脉动、深刻认知媒介形态变革所产生的影响，才能推动中国信息传播类学科自主知识体系的构建与时俱进。

展望未来，星辰大海。我们深知，以人工智能为代表的产业和科技革命正迅疾而来，媒介生态正在加速重构，教育形态正在全面重塑，大学之使命与价值正在被重新定义；我们深知，唯有"胸怀国之大者"、面向世界科技前沿、面向经济主战场、面向国家重大需求，才能确保中传始终屹立于中国乃至世界传媒教育发展之潮头。

如何应对人工智能带来的深刻变革，对中传而言是一场要么"冲顶"、要么"灭顶"的"兴亡之战"。我们坚信，不管前方是雄关漫道，还是荆棘满途，唯有勇敢直面"教育强国，中传何为？"这一核

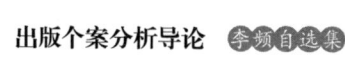

心命题,奋力书写"智能传媒教育,中传师生有为!"的精彩答卷,才能化危为机,奋力开创人工智能时代中传智能传媒教育新纪元。

功不唐捐,芳华七秩;风帆正举,赓续创新。

是为序。

第十四届全国政协委员,中国传媒大学党委书记、教授、博士生导师

序：出版个案分析与出版史研究

"新闻出版"连用且成为一个常用词，突出的是其性质或者社会功用的相似，因为二者均属思想文化战线上的重要阵地，实是同一条战壕里的战友。然而，如果把出版理解为印刷制作的流程或者知识生产组织的运作过程，新闻显然以出版为基础，不过是出版的一个类别。最近我刚刚去了一趟位于上海杨浦区的中国近现代新闻出版博物馆，其整个布展的思路显然就是依此而展开。由于报纸的知识形态与书不同，并且是作为全社会的一个信息定位系统而存在，这就使得报纸出版与书籍出版虽共同来自印刷技术的滋养，却是顺着不同的线路而来，致使无论其业态和产品，都是各自为政。它们可以互有涉入，就像当年的《申报》馆有点石斋书局，商务印书馆也办杂志，但不可混淆。于是我们所有人都知道，"新闻出版"一词代指两个不同机构和行业，绝不会误解为"新闻的出版"。涂尔干认为，专业学科的出现与现代社会的分工有关。分工不仅仅是一种经济生活现象，它实际带来的是社会领域的职能分化，由于各自越来越专业化，也就分解出许许多多的专业学科，每个学科都有自己的目的、方法以至精神气质。① 涂尔干把学科的来历直接归于社会分工，符合一般的观感，但未必与学科发生的实际历史面貌相合，比

---

① 涂尔干.社会分工论[M].渠东，译.北京：生活·读书·新知三联书店，2000：2.

如最早出现的社会科学，如社会学、经济学和政治学，就很难与一般的职业挂上钩。但是，这个说法如果放在新闻学和出版学身上，则是很合适的，二者实际上就是因职业而起。分工带来职能不同，术有专攻，就有了分野，有了各自的侧重和注目的现象。因此，"新闻"与"出版"之间即便不能说是如隔山，"间"也是消除不了的，学术上少有来往和沟通，就是一个明证。正是因此，读李频老师的《出版个案分析导论》，就让我这来自新闻传播学圈的人着实学到了不少东西，好像是补了一次课，一次当代出版史，尤其是改革开放以来一些重大出版变革事件的课。这不仅是指我从中知道了诸多出版个案的来龙去脉和细枝末节，更是指通过这些个案的叙述和分析，我对出版史学者关于出版的所思所想，尤其是在研究中所显示出的研究之侧重、角度之所设，乃至于其目的和思考所向，有了一个具体的了解。老实说，要是能早点读到这本书，我的那篇《出版在哪里？——基于书史研究的粗浅思考》的文章[①]，应该会比现在的要好，至少在思考上会更切实、更丰满而且也会更有针对性。

书名已晓示，该书是以个案分析聚合而成，里面有着丰富的不同类型的个案，甚至像第一篇看上去很理论的文章《论出版学的核心与边界》，实际上也是借助个案而展开观点。在这些个案中，期刊出版方面的占了大头，比如《读书》《新华文摘》和《今古传奇》。关于这些个案，我的感觉是既熟悉又陌生。熟悉，在于像《读书》《新华文摘》之类是我多有接触的，尤其是前者，对我们这一代人开阔丰富视界，曾经起到重要的作用。现今的影响虽大不如前，平时也还是少不了要翻翻的。《组织部新来的青年人》，是当代文学史必定要牵涉到的，一个学中文出身的人自然是不能不知。至于如陈昕先生这样的重要出版界人物，虽然没有机会接触，但其所作所为，

---

① 黄旦.出版在哪里？——基于书史研究的粗浅思考[J].现代出版，2024（1）.

多少也是有所耳闻的。书中从这些个案中所挖掘出的种种迂回曲折，牵涉到的偶然或必然的错综复杂，于我又是基本陌生的。这既激发起我的阅读兴致，也丰富了我对于那段经历过的时期的认识。

个案姓"个"，自成单元，看起来好把握，真的做起来其实不易。粗粗想来，难度有三：一是个案的选择很见眼光，既要有代表性，又要有展开的余地，太大不行，太小也不合适；二是叙述很见功夫，不能啰唆，绕来绕去，但又不能干瘪没有油水，倚轻倚重，颇需分寸；三是其意义揭示很见脑力，如果只是述说一段往事，哪怕妙笔生花，也不过是奇闻逸事。书中那些个案所具有的典型意义，相信是不会有异议的。在个案的描述中，可以见出作者的谨严、细致和一丝不苟。这不仅体现在文献材料的收集上，是倾力尽收；更体现在其思路的展开清晰且富有逻辑，常常在叙述之前先做交代，让人明白其思路的铺开。虽然因此不免显得有点生硬，各节之间的关联产生间隙，但在在显示出李频对于这些不同的个案有着深入和周密的思考，已经反复掂量过其所含有的社会和学术分量，这使得他在分析时没有陷在具体事件中，而是从中努力揭示出其意义并给人以启示。不管读者最终的感受如何，有一点必须肯定：他本人对这些个案是有深切体验的，在分析中有着他自己情感的投入，绝非"为赋新词强说愁"之类可比。

比较起来，我尤其喜欢内中的那个"编辑学案"，即《组织部新来的青年人》小说在编辑发表过程中的风风雨雨。作者以时任《人民文学》执行主编的秦兆阳为核心，透视20世纪50年代中国文学生产的状况及机制。这桩事件是平地起风雷，一个平常简单的编辑日常事务——改稿，却闹出谁也想象不到的大乱子，几成一个政治事件。我特别感兴趣的是文章最后部分，也就是编辑工作座谈会上"首创编辑创造性""倡导文责自负"等等的"编辑观念的演进"。李频将此提升到"中国编辑学理论发展的里程碑"，其理由为二：首次

在党中央机关报明确肯定编辑工作的创造性;探讨了期刊编辑工作与媒介环境的深层关系,尤其是"导致编辑工作非良性运行的潜在制度因素"。由此,倒是激起我诸多的联想。

在多年以前,我曾稍稍涉足过延安《解放日报》的改版,关于"全党办报"和"群众办报"之新路线,做过一点研究。"全党办报"就是让报纸编辑部敞开大门,组建两支队伍,即专职的记者队伍和业余的通讯员队伍,改变只是依靠少数人关起门来的"记者办报"老路。在这个转变的过程中,碰到的一个大问题,就是通讯员的文化水平低,稿子的质量太差。当"战士们付出比挑担走路还要费劲的力气写出稿子投到报社里,得到的常常是这样的批语:'你这文章要不得''写得不够文艺性''要有更多的观察,再进一步的体验,再生动活泼些'"。在改版一年多之后,编辑部还有一些人看不起通讯员和外边写稿的人,认为边区文化落后不可能培养工农通讯员,甚至说过十年还不见能行。对来稿的处理不虚心、不慎重,有的随便删改,对通讯员稿子的批评,有的随便加以"空洞""党八股"的帽子。后来通过以文件的方式,规定各地党委要把建立健全通讯员制度作为一个重要的任务,同时强化《解放日报》社对外的业务指导和帮助,要求那些负有组稿、约稿责任的编辑改正对通讯员来稿的态度和做法,要"耐心地改稿,很好地回信,多介绍各地的经验"等,"做到有稿必改,退稿必回信,逐渐做到所有退稿都回信"。如此多管齐下,这一办报新路线逐渐得以真正落实和贯彻。① 当时延安革命刊物的编辑流程以及与作者的关系,我不太了解,但就《解放日报》的这些改革来看,显然也是关于编辑和来稿的关系处理,其深层的含义则是如何在当时的情境下,重塑报纸编辑的角色、自我认知及职责范围,以探索并确立党报的延安道路。这与《组织部

---

① 黄旦,周叶飞.新型记者:主体的改造与重塑[M].香港:香港中文大学出版社,2013.

新来的青年人》之风波有异曲同工之处，同样可以放入"编辑学案"的范畴来讨论。

不仅如此，从历史上看，印刷、编辑、出版在中国最早是一起的，属于同一个机构，各自的职责并不分明。传教士的墨海书馆如此，初期的商务印书馆也如此。以芮哲非的说法，中国的出版商往往将编辑、印刷和发行活动统一在一个公司之下，正是中国印刷资本主义与许多国家的差别。①这让我又想到刚刚浏览过的张志强教授等所译的《封面之下》。从中可以看到，在美国如果一本小说要从创作场域进入生产场域，编辑是其中一个非常重要的环节。为准备出版的小说先行寻找到一个理想的趣味相投的编辑，是作品能被出版社接受的关键，因而也是文学代理人首先要面对的问题。编辑不仅会根据自己的品位、兴趣和经历来判断作品，而且会根据自己对作品的风格、未来的市场和读者的理解，介入书稿的写作，要求作者做修改。该书所研究的那本《贾勒茨维尔》小说，就是在编辑克雷曼的建议下，全盘改变了小说原来的结构，并使其原本的主旨也不得不发生变化。这又是另一种编辑与作者的关系。

上面提到的这些都是"编辑"，都可以是"编辑学案"，其实际情况千差万别。以此而言，书中的这个"编辑学案"，不仅"编辑"二字还可做具体辨析，而且大有伸展的学术空间。简而言之，要是在出版历史中（当然是指现代出版，也就是李频在书中一再说明的人类工业文明时期所形成的平面印刷媒体的传播），"编辑"的定位和作用是变化的，在不同的时空有着不同的特征，并没有一个确定不移的"编辑"，《组织部新来的青年人》这个"编辑学案"所生发出的含义就显得更加复杂，即那些涉入其中的不同方面，他们心目中的"编辑"是否是一致的？已有的这些制度设定，又是针对什么

---

① 芮哲非.谷腾堡在上海：中国印刷资本业的发展：1876—1937［M］.张志强，等译.北京：商务印书馆，2014：288.

样的"编辑"而言？或者说，它是否有着自己所构想和塑造的"编辑"类型，就像"全党办报"那样？以此而言，韦君宜的这个自嘲式发问"为什么我们这些人会这样经常喜欢犯错误呢"，更重要的恐怕不是"犯错误"，而是这个"我们"是谁，谁认定，是从什么样的历史脉络蔓延而来。

再进一步，在《组织部新来的青年人》的编稿中，秦兆阳是出于发表的要求对之做了改动，从积极的角度来说是要完善，从消极的角度来说则是坚持稿子的质量，并由此陷入了意料之外的后果。《读书》在创刊号上发表的头条——《读书无禁区》一文，则是该刊编辑主动出击，而且是先有题目再物色人写，甚至当看到交来的稿子用了《打破读书禁区》之题，感觉还不如原拟标题之透亮直接时，索性动笔改了回去。在我看来，这同样事关编辑，尽管李频标之"选题个案"以示区别。在对这一个案的分析中，李频把主要的篇幅用在了这个选题所具有的思想意义以及社会影响，这与他通过这篇文章来显现《读书》杂志在改革开放期刊史、改革开放思想史上的地位这样的意图有关。我更关注的倒是出版本身，也就是前面提到过的编辑自身的角色认知。文章出来之后，引发了广泛而激烈的讨论，对"读书无禁区"这样一个命题，赞成和反对的声音均不绝如缕，乃至于引起高层领导的关注，可是《读书》杂志当时的这一个编辑群体，尽管也受到了尖锐批评，在创办两年后的《两周年告读者》中，还做了检讨，称"只注意生动，而不注意效果"，改题之举失于慎重云云，却没有成为第二个秦兆阳，总的看没有伤筋动骨，编辑方针依旧，杂志照办不误。若把《组织部新来的青年人》和《读书》的案例作为一个谱系对待，我们会发现，后者面对遭受非议的态度以及所采取的应对和处理方式，都要从容和淡定许多，体现出一个编辑群体似不同于秦兆阳时代的面貌和精神气质。之所以如此，李频在文中援用宋木文的观点透露出一点内情，即《读书》创办初期有其独特的行政体制，编辑班子是在时任国家出版局代局长陈翰伯的领导下而开展工作的，有"党内理论家"这样一种体制性力量的支持和支撑。但除此之外，我觉得，《读书》的那一批编辑也不是秦兆阳时代的编辑。这样的理解若不是谬之千里，我们肯定会从李频的叙述中产生这样一种好奇心：这样的变化是如何发生的？就中国出版史或者说"编辑"本身的历史演变看，又意味着什么？李频的这些个案真是抓住了要害，顺此稍加深入，定能开辟出一番新天地。

出版个案分析不免会遇到个案研究与通史关系的老问题。多年以前，我曾在一篇讨论报刊史的文章中说到，个案研究与通史写作有别，后者时空跨度以及涉及内容，远非前者可比。一般而言，通史的构成，常常是在个案研究的基础上。个案、专题史的水平，一定程度上决定了通史的水平。因此，以个案或者专题史研究来推动并提高通史的质量和水平，不仅在逻辑和路径上是可取的，同时也是历史主义思潮下所取的"分析"在"综合"之前的一种普遍做法。然而，个案研究尽管与提高通史的整体水平相关，后者却绝非前者的自然呈现，历史并非个案的积累。各种个案或者断代史、专题史的相加，不可能等于整个历史。通史中所需要的认识、思想、理解和把握，也就是史识，在个案研究中同样不可或缺。在这个意义上，撰写通史与研究个案除了对象及体量不同，其他没有根本性区别。更为关键的是，个案研究者不能没有总体史的视野，其对于整体必须有一个基本的把握，因为任何个案都是整体中的个案，如果没有这样的视野与认知，个案就变成孤立的个案，有可能为个案而个案。① 这是除了前面提到的几个困难之外，潜伏在个案分析中的另一个困难，而且其难度也最大。

---

① 黄旦，瞿轶羿. 从"编年史"思维定式中走出来：对共和国新闻史的一点想法[J]. 国际新闻界，2010（3）.

出于这样的一种高要求来吹毛求疵，李频书稿最容易让人困惑的首先是个案分类，比如出版个案、机构个案、扫盲课本个案、选题个案、编辑加工个案、文摘期刊个案、期刊创业个案等等。分类固然清楚，但为何是这样的分法却不见说明。恰如书中所提到的，分析需要切分出"单元"，"单元"切分需要标准，标准来自对整体的观照。个案作为研究对象，无疑是来自"切割"分类，是研究者所为并非天然，分类的背后蕴含分类者对于研究领域的总体认识和观念。换句话说，分类不仅是从总体结构出发，而且也一定是总体的结构部分。可是现有的个案分类，感觉是基于一种事件本身的情况或者说是一种社会事实，看不出其整体的理念。把这些个案拼在一起，并不能表示更不必说确认这就是出版的整体轮廓或者代表出版某一个层面的面貌。

个案是否属于出版或者出版史，不是事实本身所能认定的。《读书》个案可以是文化思想史事件，《组织部新来的青年人》可以是文学事件，《新华文摘》可以是期刊史甚至社会史事件；把《今古传奇》作为文化事件来对待，应该也是毫无问题的。我甚至可以把它与20世纪90年代蓬勃兴起的"都市报"相提并论，意味着一种新的城市市民文化的兴盛。前面提到过的那本《封面之下》，也是货真价实的个案。作者是从场域理论的角度，来讨论一本小说从创作到面世的生命过程，揭示其间出版流程不同场域的结构、秩序及其与行动实践之间的微妙而又复杂的关系。按作者自述，"一方面这是一本关于小说的创作、生产和接受的书，另一方面，这本书是一个钥匙孔，通过它，可以观察到场域内部和场域外部之间的关系"[①]，实际做的是社会学研究，甚至有和布迪厄对话的意图。这是否可以

[①] 柴尔德斯.封面之下：一本小说的创作、生产和接受[M].张志强，王翡译.上海：华东师范大学出版社，2023：18.

"出版个案"或"编辑学案"一言以蔽之呢？正因为这样一些思路的不够明晰，尽管书中这些个案的材料基础都非常好，而在分析的边界把握，其意义所在的揭示方面，明显见出作者的游移：既想透示出其特殊意义，又觉得力不从心，最终还是回到了其一般性，比如《读书》的文化思想启蒙影响之类，或者以还原真相而结束。李频的一般逻辑归纳和抽象能力很强，但若能再有一些理论的介入和运用，就会更上一层楼。

借此，还可以谈谈书中的另一篇文章：《呼唤系统、深入的20世纪文学出版专门史》。就其标题看，李频心目中的"出版"或"出版史"完全是以其内容分成不同类别的，既有"文学出版"，自就有"经济出版"、"教育出版"（比如书中的"中华书局"个案，放到这样的分类中也未尝不可）、"法律出版"等等，这与其个案分类思路是一致的。我的疑虑是，当这样条块分割之后，是否还有一个纯粹的"出版学"？或者说，离开了这些具体的东西，"出版史"还可以研究什么、怎么研究？李频的这些分类或许来自历史学的类比，因为从普泛的意义上，历史学常常就包含各种专门史，比如经济史、科学史之类。然而，我就注意到有人曾引用过法国年鉴学派代表人物费尔南·布罗代尔的这样一句话，经济是"经济—世界"，这表示经济是一个世界而不是世界中的经济。也就是说，世界不是一个具体存在的实体并在其中构建了经济，是经济关系决定世界界限。① 顺此而来，经济史自然就是世界史。手头就有两本书可以为此做证。一本是时间远一点的华勒斯坦的《现代世界体系》，一本是近一点的杰弗里·弗里登的《20世纪全球资本主义的兴衰》，恐怕都不是专门史范畴里的"经济史"，倒是很符合布罗代尔的看法。后者的作者在书的"自序"中是这样说的，"形成20世纪世界经济的历史力量将

---

① 华勒斯坦.知识的不确定性[M].王昺，等译.济南：山东大学出版社，2006：53.

继续决定今天对全球化的诠释,决定全球化的命运"①。这不是已经表达得一清二楚了吗?与此同样清楚的,以内容来作为历史类型的划分,并不是天经地义;相反,是需要思之再三并予以说明理由的。

  人要突破自己的思维定式很难,说来说去,好像又回到了我的那篇《出版在哪里?》的文章。从李频的书稿中,我揣摩在出版学界看来,出版是可以包含所有与"出版"搭边的东西,就像一开始提到的中国近现代新闻出版博物馆的布局。这固然显出出版学的格局和气量——"有容乃大",而且,这作为勾勒一个行业的历史和变化面貌来展示未尝不可,不过,作为研究却是无从下手,就像一个饼太大了反而不好咬。事实上,新闻学、艺术学等等都是把所谓的"出版"理所当然地纳到自己门下,怕是从来没有想过是围在"出版学"这张桌子旁"排排坐,吃果果"。即就李频书中提到的"文学出版专门史"的那些内容,在文学中常常就是放在"文学社会学"中加以考察(这与《封面之下》十分契合),并不认为是"出版史"。这就使得宏大的"出版学",最终似乎只是一种命名,是有名无实的"想象"。进而言之,"出版"究竟是一个对象还是一个视角,是要考察知识生产和公共分享的特殊性,还是概括并证明不同知识都具有"出版"这样一个共性?这不仅关系到"出版在哪里"的问题,也关联"出版学"的自我定位。凡此种种,犹似一团乱麻,我自然是没有办法也没有能力解开,李频应该可以。他虽然谦称是偶然进入了出版研究这一行,但经过多年的耕耘,已俨然成家。凭他的基础、水平,以及对学术的那份执着和认真,毫无疑问能够担起这份职责。我期待着他的下一本大作。

黄 旦

---

① 弗里登.20世纪全球资本主义的兴衰[M].杨宇光,等译.上海:上海人民出版社,2017.

目 录

论出版学的核心与边界 ········· 001

编辑出版学科的发展与变革管窥
　　——以编辑出版的专业逻辑为讨论中心 ········· 028

出版个案分析的传播视角 ········· 035

延安扫盲课本个案
　　——《绘图新三字经》的媒介分析 ········· 060

机构个案
　　——中华书局"公私合营"新闻"不闻"的传播机制分析 ········· 080

选题个案
　　——《读书》创刊号刊发《读书无禁区》影响分析 ········· 103

编辑加工个案
　　——《组织部新来的青年人》的编辑学案分析 ········· 153

出版延宕个案
　　——出版时间与效果或影响的变量关系 ········· 189

文摘期刊个案
　　——《新华文摘》"杂志的杂志"的辩证张力 ········· 203

期刊创业个案
　　——《今古传奇》创刊在改革开放期刊史上的地位分析 ········· 212

出版家个案

——改革开放出版家的思想结构 ………………………………………… 231

呼唤系统、深入的 20 世纪文学出版专门史 …………………………… 246

后记：出入出版个案之间 ……………………………………………… 273

论出版学的核心与边界*

一、问题及理论背景

本章提议重新思考并建设出版学基于一个假定：我们是否处于与当年出版学开创者们类似的关键性转型期？有专家考证，出版学称名于1933年，文献学家杨家骆在其所编《图书年鉴》中第一次提出"出版学"这一名称。对出版学的积极呼吁和较为自觉的理论探讨则在改革开放之后。如果明确中国出版改革30年作为自洽的出版学科范畴，如果建立出版学作为知识论与出版改革作为制度变迁两者之间的联系，并正视而不是回避其中的内在紧张，则不难发现出版学的"试错"形态及对中国出版改革30年进程的一定影响：出版学学科建设滞后不是推动而是在一定程度上制约了中国出版改革的整体进程和发展水平。其象征形式是北京印刷学院校名问题。

1983年6月，中共中央、国务院在《关于加强出版工作的决定》中指出："要加速建设北京印刷学院，在以后条件具备时，可改为出版学院。"[①] 这

---

* 本文原载于《陕西师范大学学报（哲学社会科学版）》2009年第4期，收入本书时极个别字句有改动。2005年，作者受聘为北京出版产业与文化研究基地首席专家，工作职责加深了作者对出版理论研究的迷惑与痛苦。2009年1月，作者答辩通过了题为《1978年以来中国省域出版体制变迁研究——以北京出版社为例》的博士论文。本章即为作者补上博士生科研训练后发表的第一篇论文。

① 文化部出版事业管理局办公室.出版工作文件选编：1981—1983 [M].北京：文化部出版事业管理局，1984：39.

一文件是"建国以来第一个也是唯一一个由党中央和国务院联合作出的出版决定，有着很强的思想性、理论性和政策性，是新时期指导出版工作的纲领性文件，具有长远的指导作用"。历经30年，北京印刷学院一直未更名，成为中国高教史上更名写入党中央决定而即使历经全国性高校更名风潮也没有执行决定的唯一高校，也成为《关于加强出版工作的决定》没有完成的两件具体事情之一。这样，北京印刷学院建院30年（办学50年）的实践造就了一个矛盾：要么中共中央、国务院1983年建议更名的决定错误，北京印刷学院不更名的发展路线正确，要么北京印刷学院违背中央决定错了，中央决定正确。

本章主旨在于讨论出版学，无意探究行政指令、"高校大跃进"为何在这里相继失灵。指出这个问题的逻辑起点是：由北京印刷学院与国家出版局—新闻出版署的隶属关系，认同它与出版学科发展的进程安排、学科建设水平存在内在关联性。将北京印刷学院没有遵中央决定更名视如出版学发展滞后的重要表征，提请关注、讨论其对中国出版改革的影响。这一逻辑起点有两个方面的含义。

第一，中央政府决定北京印刷学院更名基于出版行业在人才、理论等方面的系统要求，首先表现为对出版人才的渴求。出版系统一直力求在本系统内解决出版专业人才匮乏问题。建国之初，出版总署办了出版学校。1958年，文化部直属的北京文化学院建有出版系、印刷系等，可惜该校于1961年解散。改革开放之初，编辑出版队伍青黄不接，严重制约出版业发展，为突破瓶颈，有关部门多次积极商讨解决之道。1981年1月13日，国家出版局和中宣部出版局邀请正在中央党校学习的24位出版部门负责人座谈。袁亮会后起草了《当前出版管理工作需要解决的五个问题》，其中说："把正在筹建中的印刷学院办成出版学院，培养编辑人才。"① 为了"提高现有编辑的水平，需要办一个出版学院，或者把正在筹建中的印刷学院改为出版学院，增加一些专业，以适应这个需要"②。

---

① 袁亮. 出版与出版学丛谈［M］. 北京：人民教育出版社，2004：468.
② 袁亮. 出版与出版学丛谈［M］. 北京：人民教育出版社，2004：316.

第二，决定北京印刷学院更名反映了中央政府将出版学科纳入制度化建设的意图，这是对出版制度绩效的期盼。1979年的"长沙会议"是新中国出版史上继往开来的重要会议。其主旨报道是"研究新情况，解决新问题"，"希望出版《出版概论》《出版史》《编辑学》等基本读物，引导同志们把编辑出版工作当作一门科学进行研究"①。这表明中国改革开放初始出版制度安排与出版学呼吁、兴起同时进行。其对出版学的呼唤就是对出版制度绩效的期盼："对社会科学知识的需求是由对更为有效的制度绩效的需求中派生出来的。社会科学知识可能会经由现存的制度或通过促进新的更为有效的制度的发展和创新而导致更为有效的制度绩效。"②"社会科学知识的进步已为制度创新的效率开辟了新的可能性。"③基于社会科学与制度创新、制度创新绩效的关系，有学者进而追寻制度失效的原因："政府在建立最有效的制度安排方面导致失败的原因很多，例如意识形态方面的原因、集团利益冲突以及社会科学知识的限制等等。"④

北京印刷学院校名问题还折射了政府相关部门的行为矛盾：一方面积极呼吁将出版学列入国家学科目录，以推动出版学学科建设与发展；另一方面，默许、容忍下属的北京印刷学院更名延宕。诚然，这牵涉多方面复杂因素与关系，但在中国出版改革30年中存在北京印刷学院校名问题则为事实。出版学、出版理论研究的后续发展无法完全回避对这一问题的思考乃至清理。

北京印刷学院校名问题的本质在于计划经济体制下的系统化与去系统化两种观念、两种力量的博弈。其校名及坚守浓缩、包裹了去系统化含义。在21世纪初全国高校调整管理体制以前，北京印刷学院是新闻出版署直属唯一

---

① 严纪.研究新情况解决新问题：全国出版工作座谈会侧记[J].出版工作，1980(1)：53-60，65.
② 科斯，阿尔钦，诺斯，等.财产权利与制度变迁：产权学派与新制度学派译文集[M].上海：上海三联书店，2000：352.
③ 科斯，阿尔钦，诺斯，等.财产权利与制度变迁：产权学派与新制度学派译文集[M].上海：上海三联书店，2000：352.
④ 科斯，阿尔钦，诺斯，等.财产权利与制度变迁：产权学派与新制度学派译文集[M].上海：上海三联书店，2000：374.

的本科院校，它不执行"决定"的结果是，全国出版服务业链环难以衔接成系统，如人才培养、科学研究、决策咨询难以得到系统解决；学院发展限于印刷，出版业优势资源难以转化为办学资源，因而在中国出版业兴旺发达时期也尴尬于捧着"金饭碗"讨饭吃。出版、印刷、发行共同构成出版产业系统链环，这三个关联部门由于性质、开放时间及程度不同，其利润水平悬殊，分配不公长期存在。"从图书不同环节的利润结构看，利润过分向图书出版环节倾斜，印刷环节的利润率过低。例如 2000 年全行业利润总额为 52.71 亿元，其中出版为 38.09 亿元，发行为 12.02 亿元，印刷为 0.62 亿元，考虑到从业人员人数为发行大于出版，印刷大于发行，这里的不平等和不合理的情况就显得格外引人注目。"[①] 专家调查发现，1988、1989 年，陕西省新闻出版局直属 7 家出版社人均创利分别为 23356 元和 23474 元，3 家印刷厂人均创利分别为 1910 元和 1850 元，新华书店人均创利分别为 1700 元和 1868 元。出版社人均创利高于印刷厂和新华书店 10 倍以上。[②]

以北京印刷学院校名问题为表征的去系统化正是出版理论研究滞后的关键原因。这种去系统化还有其他表现形式，突破当下出版理论研究的有效途径首先是批判和扬弃这种去系统化，不再割裂编辑与出版的有机关联，不再切割可能的出版学与现实的传播学之间理论工具与知识资源等方面的联系，让出版理论研究回归出版系统自身。

基于对本章开头所述假定的思考，本章意在唤醒出版学术圈的危机认同，并在中国出版改革 30 年、出版理论学术史批判的基础上寻觅新共识，如能引来同行社会科学工具和方法的自觉，并尝试、创建出版学学科范式[③]，或许可以摸索着闯出新路。本章拟提出两点不成熟的思考向同行请教：明确"出版

---

① 周蔚华. 出版产业研究 [M]. 北京：中国人民大学出版社，2005：245.

② 马大谋. 一个值得重视的问题：出版行业的分配不公 [M]//陕西省出版科学研究论文选：第 2 辑. 西安：陕西人民出版社，1992：4.

③ 在 2005 年 12 月 23 日高等教育出版社召开的《中国编辑》2006 年工作研讨会上，笔者谈及"新世纪出版学科的发展主题是潜学科的范式创建，学科建设既重要又迫切，应该'瞄准问题深度参与'。我们应该想办法梳理两个问题清单，或者说，其实是一个问题清单，即中国出版学科核心问题的清单"。见《新春寄语》，《中国编辑》2006 年第 1 期。

学"而不是其他名称成为出版学科的核心范畴与目标指向；探究出版学的内在结构，明确出版制度结构为其核心，从而力求较清晰地认识建设中的出版学在社会科学知识谱系中的层级与地位。

二、出版制度结构

出版活动是出版学研究的对象，出版制度结构是出版学研究的核心。这一陈述强调：出版领域作为社会关系总和的整体性；出版制度结构作为核心概念指明了出版活动的深层结构、动力机制、出版学理论核心，以及它作为新兴学科在当下社会转型期的价值诉求。对此，拟分三个步骤展开论述：第一，界定出版并简要阐述出版活动与出版制度的相关性；第二，描述出版制度结构；第三，以刘杲命题1为例对出版的制度结构予以实证性分析。

（一）出版活动受制于出版制度结构

本章所说的出版是指现代出版，是人类工业文明时期的平面印刷媒体传播方式。这首先认定现代出版是人类传播的一个组成部分，其基本理论范畴是人类传播。其次，指出现代出版所采用的方式是平面印刷媒体，使其与农业时代的手工复制和信息时代的电子、网络媒体区别开来。当然，这种区别只是基于个人认识、学科发展现实水平的理论描述和问题探讨策略，并非人类传播历史实践的人为切割。最后，指明现代出版在人类传播中的时代序列：它是工业文明的产物，其传播载体——纸张是工业产品，以书报刊为代表的现代出版物的印刷过程是以机械动力进行大批量工业化复制的过程。

19世纪以来的社会科学发展揭示出，人类群体行为有政治、经济、社会—文化三个假定领域，人们习惯于把与市场相关联的现象看作经济现象，把与政府决策相关联的现象看作政治现象，而把与心灵状态相关联的现象叫作社会—文化现象。出版行业是政治、经济、社会—文化共存一体并纠结、矛盾乃至冲突的社会领域。出版活动是在政治、经济、社会—文化三种力量相互作用下的社会文化活动。从更深层意义上说，它是出版资源通过某种制度下的出版人行为转换成更有价值的出版物的实践过程。从出版资源到出版物的转换过程中，有实践主体的创造性、活动形态的专业性、知识和能力要求的专门性，更值得重视和思考的是其中的社会性。出版活动在进行过程之中受到各种社会力量的激励与限制，集中而言是布坎南所说的"通过制度性结构对个体行为进行的调整"①。这种在一定时期、一定国度的出版领域存在的制度性结构对当时当地的出版活动的参与者产生有形或无形、直接或间接、正式或非正式的深刻影响，因此，制度性结构成为出版人个体、群体及其活动创造性、专业性、文化思想性的主宰。中国以往的出版理论研究为外在现象、表层假象所蒙蔽，忽略了出版制度结构的存在及其意义，主要研究出版活动外在的显性的表象，没有深入决定出版活动成效的内在的隐性的制度结构而轻易断言"出版无学"。今后的出版理论研究不仅要将注意力指向出版活动及其过程，更要集中指向出版活动得以发生并形成的制度结构。

"所有的经济、政治和文化现象都是在特定制度框架内发生的，而且制度对它们的发展历程具有重大影响。"② 诺斯指出"重要的是说明经济制度结构，以便有意义地探讨一种经济绩效的动力"③，并把其视为《经济史上的结构与变迁》的两个基本问题之一。沃勒斯坦认为，在人类社会发展中，"存在一个持续的结构，它在长期（longueedurèe）里左右着我们的群体行为——我们的社会生态、我们的文明模式、我们的生产方式。这些结构的运作也存在周期性：经济的扩张和紧缩、政治主题的变换，以及规则发生的文化现象"④。

以上大家针对人类一般活动的理论描述被援引为分析出版活动与制度结构关系的理论前提。既然出版活动是人类活动，以换质位法的逻辑推理不难得出结论：出版活动受制于出版的制度结构。

胡正荣对美国包括出版在内的传媒业的考察所得支持这一演绎推导性假

---

① 莫斯可.传播政治经济学［M］.胡正荣，张磊，段鹏，等译.北京：华夏出版社，2000：30.
② 科尔奈.大转型［M］//吴敬琏.比较：第17辑.北京：中信出版社，2005：3.
③ 诺斯.经济史上的结构与变迁［M］.厉以平，译.北京：商务印书馆，1992：14.
④ 沃勒斯坦.否思社会科学：19世纪范式的局限［M］.刘琦岩，叶萌芽，译.北京：读书·生活·新知三联书店，2008：162.

定:"即使在市场经济和媒介产业都最为发达的美国,媒介的生存与发展也首先不是由市场决定的,而是由市场规则决定的,即国家有关的公共政策,也就是通常所说的'游戏规则'。"① 这里的市场规则、游戏规则就是制度。

诺斯曾断言,制度是重要的,出版理论工作者同样需要认识到,出版制度结构是很重要的。在确立了出版活动与出版制度的内在关系视角和方法,并假定出版活动受制于出版的制度结构后,是否可以明确以下两个观点:出版制度和出版资源一样成为出版活动重要的生产要素;出版工作的效果在一定意义上讲就是出版制度绩效,是出版人在出版制度结构中与相关方面展开博弈的结果。

出版活动中有预设的或者说前置的出版制度,是对出版活动的最一般的理论说明,出版实践者无时无刻不切实地感知其存在以及规约力量。值得讨论的是,为何过去30年的出版理论不研究出版制度(更不用说出版制度结构)?这对出版学理论建设、出版业的发展产生了并还将产生什么影响?

检视中国过去的出版理论成果,不难发现,这些理论成果大多集中于出版单位的生产供给与读者的购买消费,忽视、忽略了出版制度对出版领域中生产与消费、供给与需求的深刻影响。这可能源于:①相信政府全知全能,无意识地认同或有意识地坚信一个假定:出版制度毋庸置疑地高效、公正、公平。也就是说,因出版制度的意识形态内涵与性质,出版制度"先天"地被假设为出版实践的逻辑前提,并被置于理论探讨之外,出版制度被自觉或不自觉地从出版理论对象中屏蔽出去,认定出版制度安排乃政府所为,非关出版学术。②中国出版改革30年的实践进程逐渐质疑了其不可质疑性,逐渐觉悟到真理的假说性,但面对出版制度的复杂结构,现有的出版理论工作者拘于目前的理论工具准备和认知水平,只能犹疑乃至茫然失措。

出版制度研究缺席的影响,可以这样描述:在出版改革走向深入的进程中,出版业有识之士深感出版制度变迁中制度安排的困惑、矛盾、不一致等种种困境,而出版理论界表现出一定意义上的"集体无意识"——对出版活

---

① 胡正荣. 媒介的现实与超越 [M]. 北京:北京广播学院出版社,2004:204.

动的研究中没有制度的维度，在理论对象的认定中没有出版制度的存在，从而对转型期的出版制度及变迁"无知"或者说不深入，进而导致在出版改革的制度安排中，自觉或不自觉地丧失话语权，沦为对政府官员话语的随声附和与解释。

（二）出版制度结构的意义、内涵与特征

1. 出版制度结构的意义

出版制度结构是对科斯"生产的制度结构"的移用。1991年科斯获诺贝尔奖的演讲就以《生产的制度结构》为题。他说："对于经济体系的运转来说，生产的制度结构是重要的。"① "我的梦想就是建立一种能使我们对生产的制度结构的决定因素进行分析的理论。"② 移用目的有二：以出版制度结构替代出版体制，以更理论化的范畴标示其结构化内涵；尝试借用西方新制度经济学基本研究范式研究中国出版，以求更清晰地解析出版体制的内在结构系统。

笔者主张，制度结构是重要的，其生成方式是群体性的，在认识方法上是可分解的。制度结构在现实社会中整体地运行与为认识制度结构的复杂性、运行机制而对其进行不同维度、层面的截面式剖析是两个不同概念，前者属于客观存在的社会现象，后者属于对客观世界的主观认识，是逼近客观现象的认识方法。运用一定的方法分解制度结构，并不抹杀其整体性存在。"把体制看成一个整体，强调部分与整体之间的关系"③，是制度范式的基本内容，也是本研究的基本立场。本章主张在认识方法上分解制度结构，并在维护其整体性的基础上尽可能条分缕析。就当前中国出版理论水平而言，若要提升对中国出版制度变迁的分析水平，首先要做到分析模式的转换，转换的重要方面是，通过对中国出版制度结构的部分拆解和重新组装来认识其整体性和结构化，从而更好地把握出版的制度结构的构成形态与运行规律。

出版制度从属于传媒制度。有学者采取横截面切片的方法解析了传媒制

---

① 科斯. 论生产的制度结构[M]. 盛洪, 陈郁, 译. 上海：三联书店，1992：350.
② 科斯. 论生产的制度结构[M]. 盛洪, 陈郁, 译. 上海：三联书店，1992：301.
③ 科尔奈. 大转型[M]//吴敬琏. 比较：第17辑. 北京：中信出版社，2005：3.

度的三层重叠的静态结构:"依照基本功能,中国传媒制度可以自上而下大致分成三个层面,即宏观管理制度、采编运作制度和经营分配制度。""位于制度体系顶层的宏观管理制度将'传媒是党和政府的喉舌'奉为圭臬,包括传媒的所有制、传媒与政府的关系、传媒之间的关系等。""居于中间层的采编运作制度涉及传媒内部业务运作的种种规范和例律,其核心是'宣传至上'。""位于底层的经营分配制度是管理传媒的广告、发行等经营活动,以及工资、奖金和福利分配的法规和政策,其基本原则是'经营服从宣传,级别决定分配'。"① 在对传媒制度类型分析的基础上再做结构化处理,对认识出版制度结构很有启发,对制度实施机制的揭示较为清晰。

总结前述:出版制度结构是出版活动以及由此展开的出版行业、出版产业部门等出版系统的内核。出版活动的周期性、循环性、规则性运动的动力核心在于此,出版体系的演变、出版制度的变迁作为一种社会历史的具体进程的变化,源于出版制度结构的某一两个制度参数的变化引起制度结构的转型。

2. 出版制度结构的内涵

皮亚杰提示:"对于他所发现的结构的存在方式,要在每一个特定的研究领域里去加以说明。"② 这里的"他"指理论研究者。就中国语境而言,能否结合中国出版业的本质和特征发现出版制度结构,并将其发展为理论分析工具,是出版学在新的历史发展阶段的重要课题。

出版制度结构的组成部分。林毅夫指出:"制度结构,它被定义为一个社会中正式的和不正式的制度安排的总和。"③ 出版制度结构就是指出版领域中正式制度和非正式制度、内在制度与外在制度的总和。非正式出版制度是历代出版人在长期实践中积累、形成的不成文规则,它内化于出版人的思想意识,是出版文化的重要组成部分,包括出版价值观念、出版伦理规范、出版道德观念以及相关的意识形态等。内在制度与外在制度为德国制度学者柯武刚创

---

① 陈怀林.九十年代中国传媒的制度演变[J].二十世纪评论,1999(6):4-14.
② 皮亚杰.结构主义[M].倪连生,王琳,译.北京:商务印书馆,1984:3.
③ 科斯,阿尔钦,诺斯,等.财产权利与制度变迁:产权学派与新制度学派译文集[M].上海:上海三联书店,2000:378.

设的术语。出版业的内在制度是出版从业人员随经验而演化的规则,外在制度则是"外在地设计出来并靠政治行动由上面强加于社会的规则"①,如三审制等。

出版制度结构的形态。出版制度结构是以出版企业—政府为核心,在政府和出版企业之间展开的经济、政治、社会—文化层面(维度)的规约关系。出版界常说的出版者与作者、读者的关系等,都只是在企业与政府关系基础上的衍生关系。出版企业生产什么、为谁生产是受到企业和政府的关系制约的。出版制度结构的形态是二元三维的网状立体结构,二元是企业和政府,三维是经济、政治和社会—文化。

作为企业的出版社和作为政府的出版行政管理机关的矛盾是出版制度结构中的主要矛盾。"经济变迁的动态模型需要把对政府的分析作为模型整体必不可少的一个部分,因为正是政府具体规定并执行了正式规则。"② 经济体制决定了这二元核心的重心偏移:计划经济体制下,政府是核心,出版企业遵令完成指令性计划;市场经济体制下,分散决策成为基本制度,企业是核心,政府为其提供服务或指导性建议。目前中国出版业正在从计划经济到市场经济艰难转型,还处在从以政府为核心到以企业为主体的转轨、过渡过程中。在这一过程中,出版企业家、出版人、政府官员的交往行为是企业与政府之间的博弈,是经济、政治、社会—文化三种力量矛盾冲突的载体,也是力量转化、结构与功能置换的枢纽性关节。要以此为视角审视出版人个人与群体行为,评价其历史使命担当与价值实现。

3. 出版制度结构的特征

皮亚杰指出,"结构是一个由种种转换规律组成的体系","一个结构包括三个特性:整体性、转换性和自身调整性"。③ 出版制度结构也可如是观。依此描述其特征主要由于皮亚杰的一般理论陈述与作为研究对象的出版制度的

---

① 柯武刚,史漫飞.制度经济学:社会秩序与公共政策[M].韩朝华,译.北京:商务印书馆.2000:19.
② 孙宽平.转轨、规制与制度选择[M].北京:社会科学文献出版社,2004:9.
③ 皮亚杰.结构主义[M].倪连生,王琳,译.北京:商务印书馆,1984:2-3.

对应与契合。

一是整体性。整体性指整体性制度安排。诸多制度经济学家注意到"制度间的相互关系和相互依赖",但指称与表述方式有所差异。有外国学者说:"因为制度结构由一个个制度安排构成,所以一个特定制度安排不均衡就意味着整个制度不均衡。许多制度是紧密相关的。一个特定制度的变迁,也将因此引起相关制度安排不均衡。"①"社会中各种制度安排是彼此关联的。不参照社会中其他相关的制度安排,就无法估价某个特定制度安排的效率。"②"最有效的制度是一种函数,尤其是制度结构中其他制度安排的函数。"③青木昌彦继承前人对制度相互依存性的理论观察而将其命名为整体性制度安排(overall institutional arrangement),其相关表述有:"把制度及其复合体视为均衡现象"④,"经济可认为是由不同域——共用资源、经济和社会交换、组织和政治——混合组成的"⑤,等等。基于此,青木昌彦把"经济中跨域的共时性制度集合称为整体性制度安排"⑥。青木昌彦所撰名著《比较制度分析》的主要贡献,就在于"揭示各种各样的整体性制度安排背后的规律性"⑦。

二是转换性。转换性指出版"制度之间共时性与历时性相互依存的本质"⑧。这一描述指向两个方面:其一是结构自身的转换功能。"一项起结构作用的活动,只能包含在一个转换体系里面进行。"⑨"'结构'就是要成为一个

---

① 科斯,阿尔钦,诺斯,等.财产权利与制度变迁:产权学派与新制度学派译文集[M].上海:上海三联书店,2000:389.
② 科斯,阿尔钦,诺斯,等.财产权利与制度变迁:产权学派与新制度学派译文集[M].上海:上海三联书店,2000:374.
③ 科斯,阿尔钦,诺斯,等.财产权利与制度变迁:产权学派与新制度学派译文集[M].上海:上海三联书店,2000:384.
④ 青木昌彦.比较制度分析[M].周黎安,译.上海:上海远东出版社,2001:22.
⑤ 青木昌彦.比较制度分析[M].周黎安,译.上海:上海远东出版社,2001:29.
⑥ 青木昌彦.比较制度分析[M].周黎安,译.上海:上海远东出版社,2001:28.
⑦ 青木昌彦.比较制度分析[M].周黎安,译.上海:上海远东出版社,2001:29.
⑧ 青木昌彦.比较制度分析[M].周黎安,译.上海:上海远东出版社,2001:188.
⑨ 皮亚杰.结构主义[M].倪连生,王琳,译.北京:商务印书馆,1984:7.

'转换'的体系，而不是某个静止的'形式'。"① "结构从来只是一个转换的体系，不过它的根基是运算系统。所以是有赖于适当工具的预先形成的。"② 其二是提议并提示出版理论工作者"从制度关联和制度互补的角度对制度的相互依存性进行理论概括"③。

制度是一种社会建构。制度范式的"重点是研究具有不同社会功能的各个领域之间的互动关系（政治、经济、文化和意识形态）"④，因而"对于社会功能的不同领域（政治、经济、文化和意识形态）之间所发生的交互影响给予了特别的关注"⑤。这样的"互动关系"既是出版制度结构中转换性特征的具体形态，也是出版理论探讨的焦点与难点。

三是自身调整性。"结构的第三个基本特性是能自己调整，这种自身调整性质带来了结构的守恒性和某种封闭性。""节奏、调节作用和运算，这些是结构的自身调整或自身守恒作用的三个主要程序。"⑥ 自身调整性指制度结构由变迁而导致的均衡与适应。青木昌彦将其称为"历时的制度互补性"（diachronic institutional complementarily）。"如果存在一种互补的制度，或者在另一领域发生了同方向的变化，那么在这两个领域之间的相互强化就会为新制度的建立创造出一种契机来。通过这种机制，博弈形式在参数形式上的外生变化，比如说对政策进行系统的改革，可以传播并扩大其影响，有时会产生一个全新的制度安排。"⑦

制度变迁是一个复杂的历史过程。社会转型的最理想模式是提出一揽子方案，同时段同步调完成政治、经济、文化三个领域的转型，但人类受有限理性制约，不可能拿出理想的一揽子方案；且政治、经济、文化各有其行动

---

① 皮亚杰.结构主义[M].倪连生，王琳，译.北京：商务印书馆，1984：6.
② 皮亚杰.结构主义[M].倪连生，王琳，译.北京：商务印书馆，1984：11.
③ 青木昌彦.比较制度分析[M].周黎安，译.上海：上海远东出版社，2001：19.
④ 科尔奈.大转型[M]//吴敬琏.比较：第17辑.北京：中信出版社，2005：3.
⑤ 科尔奈.制度范式[M]//吴敬琏.比较：第1辑.北京：中信出版社，2002：21.
⑥ 皮亚杰.结构主义[M].倪连生，王琳，译.北京：商务印书馆，1984：10，12.
⑦ 科斯，诺斯.制度、契约与组织：从新制度经济学角度的透视[M].刘刚，冯健，杨其静，等译.北京：经济科学出版社，2003：42.

逻辑，在转型速度、演进道路等方面各有所不同；因而造成整体转型的部分之间呈前因后果式的链环，构成转型中常见的互动而不同步、时空错位的非同步现象。有学者主张"多维度考察转型"，多维度诚然有助于在单个维度上认识的深入，但在各个维度的深入考察之后如何综合呢？如何化"多"为"一"呢？在分解之后又如何组合呢？

既然出版领域存在各有其中心和逻辑的三种力量，这三种力量又是如何关联的呢？有人提问："什么是经济变革所需的政治条件？而什么又是政治变革所需的经济条件？"① 这样整体性地探讨出版问题应该成为出版制度结构研究的重要关注点。

（三）刘杲命题 1 分析

刘杲命题 1 的话语形态为：出版改革"关键在于精神文明建设和市场经济体制的结合"。语出 2004 年 7 月刘杲在中国编辑学会年会上的发言《关键在于精神文明建设和市场经济体制的结合》："把社会主义精神文明建设和社会主义市场经济结合起来，是出版业改革和发展必须坚持的正确指导思想，也是出版管理必须坚持的正确指导思想。"②

1. 命题的观念史追溯

刘杲命题 1 是自觉的实践命题。称其自觉，因其提出有理论动机和思考过程。称其实践命题，因它源于中国出版改革 30 年的历史实践，历史借这位沉思的出版老人说出了对一个重要的理论命题的必然性要求。对它的解析既需要在过去和当下的实践中进一步求索乃至完善，更需要在理论层面上清理其内在要素及其关系。刘杲自白："我关心出版业改革和发展的指导思想。因为指导思想是行为的依据、成败的关键。我们在认识上和实践上的某些曲折，大多源于对正确指导思想的某种偏离。出版业改革和发展的顺利推进，要求我们大家都努力坚持中央提出的正确的指导思想。"③ 1997 年 7 月，他指出国

---

① 科尔奈. 制度范式 [M]// 吴敬琏. 比较：第 1 辑. 北京：中信出版社，2002：24.
② 刘杲. 出版笔记 [M]. 石家庄：河北教育出版社，2006：162.
③ 刘杲. 出版笔记 [M]. 石家庄：河北教育出版社，2006：162.

家出版行政管理部门"不足之处在于指导思想的把握不够全面"①。1998年，巢峰撰文《出版改革与造大船》疾呼："指导思想上的模糊和碰撞，缺乏明确的战略目标，是出版业改革、发展滞后的根本原因。"②据此可以基本把握这一命题的理论价值和实践意义："深化出版改革，包括制度创新、机制创新在内的全部工作，都要贯穿社会主义精神文明建设和社会主义市场经济体制相结合这条红线。这是出版改革的指导思想，也是对出版改革的基本要求。这是出版改革的特点和难点，也是出版改革成败的关键。"③

刘杲命题1有其形成过程。受启发于1994年初的全国宣传思想工作会议，在当年7月全国编辑理论研讨会和11月全国出版科学研讨会上，刘杲都就此做了系统发言。1995年3月，他在全国政协八届三次会议上书面发言《关于出版改革总提法的建议》："能不能设想，出版改革要逐步建立新的出版体制，以多出好书为目标，以符合社会主义精神文明建设的要求和适应社会主义市场经济体制的要求为基本特征，一个目标、两个基本特征的出版体制是不可分割的整体，是完整的指导思想。"④此为该命题的完整表达形式。后来所说出版改革关键在精神文明建设和市场经济体制的结合，是其浓缩和发展。

出版改革的核心对象是出版体制。巢峰认为，"我国出版业始终没有建立起既适应社会主义精神文明建设要求，又适应社会主义物质文明要求的市场经济体制。十年前如此，现在仍然如此"⑤。可见刘杲命题1的意义。

2. 命题的隐喻分析

刘杲命题1以"精神文明建设"合指文化体制改革和政治体制改革，构成隐喻。1992年，他明确指出："出版体制改革还要同政治体制改革相适应。"⑥但他后来回避出版体制改革与政治体制改革的矛盾关系，2003年撰就并引起

---

① 刘杲. 出版笔记 [M]. 石家庄：河北教育出版社，2006：194.
② 巢峰. 出版论稿 [M]. 增补本. 上海：上海人民出版社，2001：168.
③ 巢峰. 出版论稿 [M]. 增补本. 上海：上海人民出版社，2001：164.
④ 刘杲. 刘杲出版文集 [M]. 北京：中国书籍出版社，1996：556.
⑤ 巢峰. 中国图书出版业的滞胀现象 [J]. 编辑学刊，2005（1）：4-14.
⑥ 刘杲. 刘杲出版文集 [M]. 北京：中国书籍出版社，1996：499.

较大反响的《出版：文化是目的，经济是手段——两位出版人的一次对话》①，就避而不谈出版领域的政治问题，这是否只是行文与写作的技巧？刘杲命题1中消解政治内涵的话语本身就耐人寻味，是否表明他背上了沉重的意识形态包袱？出版与政治的关系至少有政治体制决定出版体制、出版工作在一定程度上服务政治思想工作两个方面。"文革"后期强调出版为政治服务，出版领域因而成为重灾区，那诚然让人后怕。周蔚华后来明确表述为："我们要建立的是适应社会主义物质文明、精神文明和政治文明要求的全新的社会主义市场经济体制下的出版体制。"② 这一表述更为朗明。

3. 命题探讨的可能维度与层次

刘杲命题1饱含了对出版制度结构这一出版理论重要范畴的期盼。其理论意义或者说核心价值在于提示出版界，启发出版人深刻关注出版改革的主要矛盾关系，提示、引导人们思考出版领域中政治、经济、社会—文化三股力量及其关系。出版理论界对此没有继续推进，诚为遗憾。回答刘杲命题1是一个较为艰难的理论任务，对其求证讨论可有多个层面和维度。从政治、经济、社会—文化相互交错的中国出版改革实践来看，该命题是否存在？未来的出版改革是否存在着和谐一致的价值观和价值取向的可能区间？如果存在，政治、经济、社会—文化三股力量的交集点在哪里？平衡点在哪里？是在何种程度上、在何种条件下以何种结构形式与运行机制并存？也就是说，刘杲命题1存在的逻辑前提和基础是什么？如何将刘杲命题1在出版改革实践中具体化、操作化？如果该命题不存在，某种非同步和谐的单一决定力量对出版改革、出版文化生态将会产生什么影响？进而出版改革的目标该如何预设？改革进程将如何安排？对出版改革的绩效将如何期盼？

---

① 发表于《中国编辑》2003年第6期，后收入《出版笔记》，河北教育出版社2006年版。
② 周蔚华.出版产业研究［M］.北京：中国人民大学出版社，2005：305.

三、出版学与相邻学科的关系

（一）对本章所说相关学科的说明

本章所说的出版学相关学科主要指编辑学、新闻学和传播学。杜敏曾主张编辑传播学[①]，李新祥主张出版传播学；还有人主张文化传播学[②]，似乎应和者不是太多，姑置不论。近几年来，有一部分同行称名和使用编辑出版学。笔者认为编辑出版学是在1997年全国高校本科专业目录调整时由行政性主导而临时拼凑的本科专业名称，并不具有学科范式意义。在笔者不一定准确的记忆中，当时按教育部要求要将图书出版发行学和编辑学两个专业或保留一个，或压缩成一个。武汉大学有教授提议定名出版学，另有其他大学教授提议保留编辑学，有关人士便决议称名编辑出版学。获知此名，有年轻教授提议在更大范围内讨论，未被采纳。编辑出版学作为专业名称颁布之前并未在出版学界、出版教育界展开较为严肃、充分的研讨，便由教育行政部门颁布赋予了它本科学历教育的合法性，但未必有学科合法性。它自身概念重叠且概念结构关系指代不明，并非较严格的学科概念，只增加了编辑学、出版学之间相互关系的紊乱。随着出版专业教育的发展、出版理论研究的深入，其负面影响凸显。其一，引起培养目标到底是编辑还是出版的犹疑，进而对核心课程设置产生影响。其二，不少研究者自觉不自觉地认为"'编辑出版学'代表了目前这一领域的正式学科建制"[③]，进而以此为前提撰著著作、撰写教材，在笔者看来，这是出版学科发展的深重遗憾。

对出版学与相邻学科边界问题的探讨，理想的话语形态是从知识谱系的层面或角度指陈、描述出版学与相邻学科的结构关系，即其上下层次、前后

[①] 杜敏.编辑传播学的研究对象与性质[J].西安电子科技大学学报（社会科学版），2002（4）：107-111.

[②] 桂人，德恒.论编辑意识与文化传播学的关系：上[J].辽宁大学学报（哲学社会科学版），1993（6）：60-63.

[③] 吴赟.中国编辑出版研究学术史简论[J].河南大学学报（社会科学版），2008（5）：184-188.

位序、包含与交叉等，笔者难以置喙。王振铎在《编辑学原理论》中有专节论述"编辑学与出版学"，靳青万在《编辑学基本原理》中有专节论述"编辑学与新闻学、传播学的关系"，阙道隆在2001年完成的《编辑学理论纲要》中以节题"编辑学的性质和学科地位"概要言说了"编辑学与出版学、新闻学、大众传播学既有交叉，又有区别"①。以上论述诚然富有见地，给人启发，但值得商讨的是：这种学科关系的宏大叙事到底该以怎样的言路才能以小博大，以短章说长篇，才能在学科理性上显示出价值中立，才能将主观的个人理解甚至想象最小化？面对一个广博、深邃的关涉人类传播的知识对象，不能不要求言说者保持对于学科历史、理论工具、话语逻辑等方面的敬畏与持重。

基于前述理由，本章悬置对出版学与相邻学科知识谱系的清理，而将重心指向出版学边界模糊的路径分析，重在揭示导致出版学边界模糊的路径依赖，也就是说，要试图弄清楚到底是哪些主客观因素影响、导致了对出版学边界的模糊认识。从理论上说，既有知识对象上交叉重叠的客观性因素，也有认识主体的主观局限性因素。因而，探讨需要基于当前学科认识水平的共时态的横截面分析，更需要历时态的出版学学术史的方法自觉。这种自觉不应只停留在撰著出版时间、成果分类等外在表象描述，更应以发生学的视角和方法探究学科启动的意识形态根源；既要认同过去30年中，以编辑学为代表的理论性研究成果，以编辑出版学专业教育为代表的人才培养实绩，更要对与此相关并构成出版学学科发展的路径依赖予以批判和扬弃。中国社会转型的加速已经并正在强力推进着中国出版结构转型，中国出版的结构转型要求新世纪的学人扛起出版学科的旗帜，形成出版学科历史转折而不是直线延伸前辈的足迹。

基于前述逻辑前提，出版学与相邻学科的关系是否可以这样描述：从学科内在结构关系着眼，传播学是出版学的上位学科；从学科发展历史着眼，新闻学是出版学的先行学科；从学科开拓程度和目前现实认知水平，或许可以认同一些专家提出的编辑学是出版学的平行交叉学科。

---

① 阙道隆.编辑研究文集[M].北京：中国青年出版社，2003：149.

（二）"胡乔木烙印"的必然性与内涵

有专家指出："20年前，我国著名的马克思主义理论家胡乔木连续三次向国家教育部建议在高校试办编辑出版学专业，这一提议对推动编辑出版学的发展有着重大的意义。"①"胡乔木烙印"正是对这一历史功绩的肯定。在认同"胡乔木烙印"的前提下，进一步提出"胡乔木假设"或许有助于对相应学科关系认识的深化、细化。在笔者看来，这是出版学学术史分析的基本内容之一，也是解析出版学边界模糊的重点。胡乔木倡导有关编辑的理论研究与人才培养是出版历史发展的必然逻辑，是由他的个人学识、所处社会地位决定的必然行为，其中既有他个人的思考，也有管理部门的意志，这就是其历史复杂性所在。支持"胡乔木烙印"历史必然性与复杂性的观点和材料如下。

关心、推动出版人才培养是胡乔木在中华人民共和国成立后出版管理思想的自然延伸。1951年8月，胡乔木在第一届全国出版行政会议上做《改进出版工作的几个问题》的报告，其第四节《党的组织对出版工作应怎样领导》中说："党也要负责教育和培养出版工作干部的工作……学校中也没有这样一系，应该有这一系。应该包括出版业中各项业务，在这一系中学习的学生还应当受到严格的训练。现在应当筹备在大学中设立这样的系，还要设立训练班。"②这成为他新时期关注大学相关专业设置的思想基础。

出版人才培养制度化是出版业发展的必然要求，胡乔木顺应历史要求将呼吁变成党和政府的意志，有效地推动了高校编辑学专业的设置，从而积极影响了高校出版人才培养的制度化发展。从披露材料看，胡乔木最早关注编辑教育是在1981年。当年12月，中央统战部将民进中央常务委员会《对出版工作的建议》上报中共中央，胡耀邦、胡乔木、习仲勋等人都有批示。胡乔木批示说："民进的这个建议我看了一遍，认为调查考虑得比较周到。总的看来值得采纳。"③民进中央常务委员会在《对出版工作的建议》中说："要有

---

① 肖东发.托起出版业明天的太阳[M]//中国编辑学会教育专业委员会，等.前沿地带：把脉转型中的中国编辑出版业.北京：中国大百科全书出版社，2005：1.
② 胡乔木.胡乔木谈新闻出版[M].北京：人民出版社，1999：464.
③ 宋木文.亲历出版三十年：上卷[M].北京：商务印书馆，2007：110.

计划地培养编辑人员。国家出版局应商同教育部与若干大专院校共同研究，在某些系内把培养编辑人员作为他们的任务，定期为出版机构的编辑队伍输送新生力量。"[①] 人才培养的基础是知识体系，出版科学理论研究的兴起是改革开放后出版业发展的必然要求，胡乔木以其洞察和地位顺应了这一历史趋势。

袁亮回忆："1984年3月6日、6月7日和7月25日，胡乔木同志连续三次同出版部门和教育部门负责人谈话及写信指出，要在大学设立编辑专业，要研究编辑学。"[②] 1984年11月2日，胡乔木在接见中国新闻教育学会代表时的谈话中说："编辑工作人员的缺乏是个很突出的问题，所以要在大学新闻系或者中文系办编辑专业。"[③] 1986年1月4日，胡乔木在《同浙江出版部门负责人的谈话》中说："大学办出版系，是我的建议。不要办那么多的新闻系，要办出版系。出版是个很大的领域，但很薄弱。全国有50多个新闻系，不需要这么多。有的对编辑、卖书兴趣不那么浓。杭大办出版系好，早点定下来。"[④]

"胡乔木烙印"的文本形态集中表现在胡乔木1984年7月致教育部的信中。"胡乔木烙印"的复杂性在于如何认同并区分胡信中的中央政府意志与胡的个人意见。中央政府意志体现于《关于加强出版工作的决定》，中央决定在前，胡信在后，因而胡信只是中央决定的落实措施之一。而中央决定又是对当时出版业现实情况反复调研、思考的结果，既体现政府意志，也反映了相当一部分出版家、出版工作者的要求。这样的钩沉应该说有助于理解胡信的意义与价值。

"胡乔木烙印"首先指从胡愈之倡议出版专业到胡乔木命名编辑学专业的名称转换。1979年12月20日，胡愈之在中国出版工作者协会成立大会祝词中说："在大学应该有出版专业。"[⑤] 不同的是，胡愈之提议出版专业在前，胡

---

① 宋木文.亲历出版三十年：上卷[M].北京：商务印书馆，2007：113.
② 袁亮.出版与出版学丛谈[M].北京：人民教育出版社，2004：702.
③ 胡乔木.胡乔木谈新闻出版[M].北京：人民出版社，1999：373.
④ 胡乔木.胡乔木谈新闻出版[M].北京：人民出版社，1999：539.
⑤ 胡愈之.胡愈之出版文集[M].北京：中国书籍出版社，1998：380.

乔木提议编辑学专业在后，胡愈之作为一个民主党派的老人，建议没有被采纳，胡乔木作为中共中央书记处书记，其建议在政府推动下贯彻执行。就此而言，转换既成为"胡乔木烙印"的关键内容，也是理解出版学与编辑学关系的关键节点。胡乔木改换的只是专业名称，"两胡"有某种一致性。胡愈之说："实际上出版工作者同新闻工作者一样，是一种专业，并不是每一个出版工作者都可以做新闻工作，也并不是每一个新闻工作者都能做出版工作。因为出版工作、编辑工作有它的一个特点。"[1] 胡乔木指出，"编辑学在中国确无此种书籍（编辑之为学，非一般基础课学得好即能胜任，此点姑不置论）"[2]。强调专业性、专门性，"两胡"相同。比较分析"两胡"意见的一致性与专业名称的差异性是有意义的，是解开相关问题的节点。胡愈之的出版从业经历主要是"五四"以后在商务印书馆等市场经济环境下的出版机构，由此经验积累而形成出版思想。胡乔木的出版从业经历主要是在延安主编《中国青年》，协助毛泽东编选《六大以来》等重要历史文献，其出版经验积累主要源于此。"两胡"的不同经历是否决定了其对大学设立出版专业还是编辑学专业的分歧？是否可以这样推断，胡乔木的出版从业经历和计划经济时代主管意识形态决定了他不可能提倡出版学？如果这样的推断成立，是否又可以进一步推断，在市场经济中，在向市场经济的转轨时期，出版领域更需要的是出版学？

"胡乔木烙印"其次指编辑或编辑学研究对象从出版领域的系统性切割。这里所说的系统性切割，主要指离开出版系统讨论编辑和编辑学的学术思维路线。需要讨论从出版专业到编辑学专业转换的思想意识根源与学科发展的客观历史效果。

这里所说的思想意识根源就是编辑工作中心论。这种割裂编辑与出版关系的话语形态有两个典型形式。其一是胡乔木关于"编辑是独立的学问"的表述。1990年，胡乔木说："编辑是编辑，出版是出版，出版离不了编辑，但

---

[1] 胡愈之. 胡愈之出版文集[M]. 北京：中国书籍出版社，1998：379.
[2] 胡乔木. 胡乔木谈新闻出版[M]. 北京：人民出版社，1999：530. "姑不置论"应为"姑置不论"的笔误，原文如此。——编者注

编辑是独立的学问。"①编辑诚然可以想象为"独立的学问"，但它作为"独立的学问"而存在的社会基础和理论前提是什么？如果脱离社会基础和理论前提来认证"编辑是独立的学问"，那"独立"的含义是什么？在笔者看来这是需要回答的。其二是编辑学的英文译法。林穗芳认为："在国际范围内，'编辑学'这个术语很可能是我们首先使用的。按照国际术语学的命名规则，似可以考虑使用 redactology（英语形式）或 rédactologie（法语形式）作为编辑学的国际用语，redact 一词在欧美主要语言中都只有'编辑'而无出版的意思，不会有歧义。"②这一译法被中国编辑学会正式采用。

编辑工作中心论见于《关于加强出版工作的决定》："编辑工作是整个出版工作的中心环节，是政治性、思想性、科学性、专业性很强的工作，又是艰苦细致的创造性劳动。"③"编辑工作是整个出版工作的中心环节"，到底该如何认识其逻辑前提，如何估量它所包含的普适意义？胡愈之也说"出版工作主要地是出版社，是编辑工作"④。此陈述提出于1983年，贯彻和推广则在此后，1985年出版市场形态变化、1992年出版业态变化后，对它到底该如何深化认识，出版理论界似乎并没有给出有说服力的答案。有些出版理论人士是否由编辑工作在出版工作中的中心地位出发，采取类似逻辑学中的换质法，进而推导出编辑学在出版理论中也处于中心地位？这到底是假设性的还是实在性的，是个别的还是较为普遍的，还有待进一步的研究和求证。刘杲重视出版理论，且德高望重。他1996年说："理论问题是根本问题。我们在出版方面的理论准备显然不足。因此加强出版理论的研究自然成为一项紧迫的任务。1983年6月，中共中央、国务院《关于加强出版工作的决定》明确指出，要'加强出版、印刷、发行的科研工作'，这个指示及时地有力地推动了出版理

---

① 胡乔木. 在叶圣陶研究会成立会上的讲话[J]. 编辑学刊，1990（3）：3-4.
② 林穗芳. 关于图书编辑学的性质和研究对象[J]. 出版与发行，1987（2）：4-9.
③ 文化部出版事业管理局办公室. 出版工作文件选编：1981—1983[M]. 北京：文化部出版事业管理局，1984：38.
④ 胡愈之. 胡愈之出版文集[M]. 北京：中国书籍出版社，1998：378.

论研究的开展。"①1994年12月在中国编辑学会青年编辑研究委员会成立大会上，刘杲说："编辑理论研究以及编辑学的建立，是建设有中国特色社会主义出版事业的一项带有根本性的工作。"②刘杲在这里将出版理论研究、出版学分别置换为编辑理论研究、编辑学，置换的潜意识或者说无意识就是编辑工作中心论导致了编辑学研究中心论。

编辑工作中心论是一个值得深入探讨的理论命题，历史地深层地看，有丰富的出版体制、出版类型意义。这一陈述与30年来编辑学的单科突进有无关联？有什么关联？笔者对近30年中国出版理论发展的基本假定之一是重编辑学轻出版学，值得进一步追问的是，到底是哪些影响因素以怎样的结构关系导致了这一结果？编辑学列入本科专业目录进而学科建设制度化，可以说是影响因素之一，是否还有别的因素？比如高校学报编辑人员作为出版理论研究的主力军，学科队伍的知识结构、从业经历是否局限了他们对出版学功能、体系的认知与追求？出版理论界长期受计划经济时代出版业态的影响，在潜意识中存在"编辑有学""出版无学"的理论假设，或者说，编辑学单科突进、出版学非同步发展的学术现实有意无意地强化了"编辑有学""出版无学"的思想意识。而这种意识到底是学术路径所致还是某种思想意识所致？

从编辑工作中心论到出版理论研究中编辑学研究中心论，在诸多出版理论工作者中或许是潜意识的复制与拷贝。值得质疑的是，出版工作以编辑工作为中心，即使成立也是属于实践领域；而出版理论研究属于认识范畴，认识方式与实践方式能够如此简单对接吗？简单对接的历史结果是中国出版理论界重编辑学轻出版学，出版理论的话语形态和学术操作都将出版活动从出版领域内广泛而复杂的社会关系中割裂开来，脱离出版领域中社会关系的整体性，偏向单维地研究编辑活动或出版活动，整体性认知方法的缺乏难免会使出版理论话语成为变形的哈哈镜，难以全面、真实地反映出版世界并引导人们认知出版世界的功能。

---

① 刘杲. 刘杲出版论集［M］. 武汉：湖北人民出版社，1998：546.
② 刘杲. 刘杲出版论集［M］. 武汉：湖北人民出版社，1998：494.

皮亚杰说："一切有关社会研究的形式，不管它们多么不同，都是要导向结构主义的；因为社会性的整体或'子整体'都从一开始就非作为整体来看不可。"① 在结构主义理论看来，出版理论研究中的编辑学偏向是否从一开始就留下了致命的缺陷？

检视近 30 年编辑学理论研究成果，不难发现围绕编辑工作中心论展开了两套学术话语。偏重编辑工作的"创造性""专业性"者，借以强调其文化创造性，并论证三审制也在各自的审级分别追加了创造元素；偏重编辑工作的"政治性""思想性"者，为三审制张本立基，潜台词的核心是强调意识形态安全。简单地判定这两套话语的对错是非无意义，更值得思考的是为何有这样使用同样话语却仔细听来表达不同声音的"二重唱"，这矛盾现象的背后是否有出版制度根源？再进一步，如何认识编辑学、出版学与意识形态的关系？中国的编辑学理论、出版学理论是否有意识形态色彩？如果有，是否要、能否去意识形态？在学术探讨的过程中如何借助工具，使用什么工具和方法去认识这两者的关系，在理论形态中以怎样的视角、使用哪些概念与命题、在哪些维度和层次上建构这两者的关系？在笔者看来，这是未来出版学的理论发展难以回避的关键问题。而且，如果局限于人文学科一隅则难以提出并回答这些问题。再进一步追问，过去近 30 年的编辑学、出版学理论研究是否走错了知识谱系？在出版工作中弘扬人文精神与在出版学理论研究中遵循社会科学的理论与方法是两个概念，是两种行为，今后的出版学理论研究是否更应该在社会科学而不是在人文科学的知识体系中进行？

（三）从"胡乔木假设"看学科边界

"胡乔木假设"以"胡乔木烙印"为逻辑前提，进一步推敲、分析一个细节：学科与专业名称选择及其影响。操作方法是，尝试提出两个反设事实：一是假设胡乔木当时倡导传播学；二是假设胡乔木当时倡导出版学。

提出胡乔木假设 1，着眼于出版学与传播学的关系。传播学理论研究始于

---

① 皮亚杰. 结构主义 [M]. 倪连生，王琳，译. 北京：商务印书馆，1984：83.

20世纪40年代,成熟于20世纪60年代,最早提出和形成均在美国。1982年11月,胡乔木任院长的中国社会科学院由新闻研究所举行中国第一次传播学座谈会,"传播学之父"施拉姆应邀前来讲学。这次座谈会"明确了'既然传播学是一门新学科,就应当了解、介绍、分析、研究',并提出了'系统了解、分析研究、批判吸收、自主创造'的16字研究方针"①。传播学由此在中国成规模兴起。1983年9月,中国社会科学院新闻研究所编写的《传播学(简介)》由人民日报出版社出版,"这是我国大陆第一本传播学著作,一经出版立即成为风行一时的普及性读物"②。胡乔木的社会地位、当时"反精神污染"的运动决定了他不可能提倡传播学。

提出胡乔木假设2,借以讨论编辑学专业命名、选择及其中长期影响。胡乔木的多次指示使得大学设置编辑学专业,出版人才培养在国民教育体系中制度化。它后续的直接影响是,1992年10月成立的中国编辑学会以胡乔木信作为前提预设之一,筹划者谋划以中国编辑学会推动编辑学建设,而不是以中国出版学会推进出版学的发展。而中国编辑学会作为学会组织、学科建设制度装置的存在与运行自觉不自觉地加强了编辑学的研究而淡化了出版学的研究。颇有意味的是,筹建中国出版科学研究所(最早叫中国出版发行科学研究所)并从1985年起任副所长的邵益文在1992年4月撰文《时代呼唤出版学实践需要出版学》③;担任中国编辑学会常务副会长后,其学术组织工作的重心、个人研究的重心却都在编辑学而不在出版学了。

尽管没有详细材料实证中国编辑学会成立后全国出版科学资源配置、学科力量的转向及其力度,但难以否定转向存在。1986年12月,宋木文在南宁召开的全国出版局(社)长会议中说:"我们要建立自己的出版学,建立自己的出版理论体系。出版理论建设的基础差,难度大。但千里之行始于足下。当前,要作出规划,组织力量,分头编写。我们要有这样的雄心壮志:在我

---

① 孙旭培. 当代中国新闻改革[M]. 北京:人民出版社,2004:128.
② 廖圣清. 我国20年来传播学研究的回顾[J]. 新闻大学,1998(4):24–30.
③ 邵益文. 出版学编辑学漫议[M]. 郑州:河南教育出版社,1995:1.

们这一代，结束'出版无学'的历史。"何其豪言壮语。宋木文所说（完成学科目标的时间设定、学科建成的评价标准）缺乏学科依据，但提出了一代出版人的学科研究目标，这一指令的贯彻执行另当别论，由此可以肯定的是，政府一度明确表示了建设出版学、推动出版学的理论研究。

历史是不能假设的，导入假设可以更清晰地认识历史。"胡乔木假设"并非文字游戏，而是借以说明某些难以超越的个人局限、单位局限虽为小概率的偶然事件，但其传导、波及则可能是深远的。出版学学科发展的历史约束促成并放大了出版制度设计中的有限理性，出版制度设计中知识资源的缺乏严重影响了出版制度绩效。其中的连带关系警醒出版界认识发展出版学的意义。

出版学发展的滞后集中表现在学科发展的现实水平、学科格局与出版业发展需要错位。传播学是国际通用中国政府也认可的学科，历经60多年已为国际显学，有相对成熟的学科范式。因为胡乔木，中国编辑学的开创者们当初高举编辑学旗帜，编辑学的旗手及其追随者、旗帜的捍卫者们对传播学始则不屑继则观望目前依然游离。出版学是为中国出版业可持续发展而急需建设的学科。中国社会转型的加速导致出版领域的社会关系越来越复杂，矛盾越来越走向潜在冲突，错综复杂的出版媒介现实越来越期望出版学给予认识世界意义上的揭示、发展趋势和方向等方面的提示，出版理论界着力发展的却是编辑学而非出版学，而社科学术界对可以作为学术对象的出版业缺乏应有的关注，使出版学滞后程度更为严重。20世纪80年代编辑学发展初期学缘庞杂，一直没有遵循良好的研究规范，近10年来人文社会科学在问题探讨、理论工具等方面获得较大发展，编辑学研究基本游离于全国社会科学发展之外。这些因素导致出版理论界的主攻方向、学科边界等核心问题一直不清晰、不明确。近30年来真正较有分量的编辑学理论著作屈指可数，面对转型加速期的整体性、结构性变迁的出版现实，出版理论界中一部分人自以为可作为学科建设成就的编辑理论作为认识工具解释乏力，学界难以自信，出版业界更难以确信。长此以往，十分堪忧。

四、结语与讨论

出版活动是出版学研究对象，出版制度结构是出版学研究核心。后者是出版领域中正式制度和非正式制度、内在制度与外在制度的总和，是以出版企业—政府为核心，在政府和出版企业之间展开的经济、政治、社会—文化层面的规约关系，具有整体性、转换性、自身调整性特征。出版学科领域存在着重编辑学、轻出版学研究的偏向。21世纪出版学的发展需要揭示导致出版学边界模糊的思想节点与理论路径。从学科内在结构关系着眼，传播学是出版学的上位学科；从学科发展历史着眼，新闻学是出版学的先行学科；从学科开拓程度和目前现实认知水平，可以认同一些专家提出的编辑学是出版学的平行交叉学科。

在申述社会科学与制度创新的关系，具体说是出版学与中国出版改革存在变量关系之后，细致分析出版体制改革与出版学建设和发展的关系，以下命题基本存在：出版学相对编辑学而言的沉寂、清冷，相对出版改革发展的强力需求的供给不足严重制约了出版业的发展。也就是说出版学发展的滞后导致中国出版改革缺乏制度创新的知识资源与智力支持。正如韬奋出版奖获得者周常林所说："理论上的混乱、经济政策上的失误、对出版业性质在认识上的左右摇摆，以致我们出版业不能建立健康的正常的商业生产秩序，不能不说也是一个重要原因。"①

出版学的核心是出版制度结构，出版学的学科边界以出版学与相邻学科的关系为限。这只是假设，还需要求证。尤其是出版制度结构中的内在转换，出版制度结构影响出版活动的路径、过程与机理还需要做相当艰苦、细致的理论工作，这里只抛砖引玉。基于传播学的社会科学背景与渊源，基于出版学的核心为制度结构，出版学要以社会科学而不是以人文科学为基本知识谱

---

① 周常林.精神生产、图书和商品：关于出版行业性质的思考[M]//宋应离.中国当代出版史料：第7卷.郑州：大象出版社，1999：105.

系，以出版人为核心的社会关系的求解、破译、建构成为这一学科知识生产的中心任务，社会学、经济学、政治学等方面的基本范式成为该学科可以借鉴、应该借助的基本理论工具。

  出版学是什么？出版学是否成为可能？在笔者看来是两个相互关联的重要问题。至于关联是否如一枚硬币之两面，另当别论。第一个问题关涉出版学之核心与边界，严格说来是期望中的出版学的内在问题；第二个问题讨论出版学与出版业、出版业与当今信息社会等更为广泛而深远的关系，更多的是学科发展的外在关系。在对前述两个问题深具疑虑的同时，一种倾向、一种情感似乎越来越坚定：面对愈显衰象颓势、愈益边缘化的出版业，唯有开展直面出版业态现实和出版理论现实的规范性学术研究，才有助于业内外人士清醒，或许才能摸着那块不知到底是悬置还是漂移还是别的什么运动状态的"石头"以到达彼岸。这就是笔者写这篇文章的内在缘由。

编辑出版学科的发展与变革管窥*
——以编辑出版的专业逻辑为讨论中心

数字传播技术引致的媒介融合高度认可了编辑出版学科的发展与变革这一理论命题及其讨论价值。沉思编辑出版学科发展与变革要紧紧扣住"起点"和"应对"这两个关键词,以厘清其内在的和外在的理论关系。"应对"的焦点集中指向复制与传播技术引致的出版业由繁盛到衰退的结构性变迁。印刷复制技术告别"铅与火"、迎来"光与电",曾强力推动了出版业的繁盛。业态繁盛,难免某些理论研究者一叶障目,无心无力登高望远,造成编辑出版理论研究的虚胖乃至虚高为某种不切实际的想象。[①] 而十几年来数据库技术、数字传播技术等取代印刷复制技术又强烈要求出版业结构性转型,以纸媒的舆论影响力(而不一定是理论影响力)衰退为必然趋势的出版业结构性转型亦难免不让编辑出版理论研究者视野茫然、思想乏力、解析无措。编辑出版理论研究者更应该借此静观其变,有识之士沉潜其中,抓住千载难逢的变迁境遇,"看见"了,尔后"沉思"了,尔后"作为"了。

---

* 本文为中国传媒大学专业学位研究生教学案例建设项目出版行为分析二期建设成果,曾于2018年3月27日在中国人民大学书报复印资料中心举办的"信息管理与传播分论坛"上宣读。原载于《现代出版》2018年第3期,中国人民大学书报复印资料《出版业》2018年第9期转载。

[①] 1986年12月19日,宋木文在全国出版局(社)长会议上的讲话《做好当前出版工作的几点初步意见》中说:"我们要建立自己的出版学,建立自己的出版理论体系。出版理论建设的基础差,难度大。但千里之行始于足下。当前,要作出规划,组织力量,分头编写。我们要有这样的雄心壮志:在我们这一代,结束'出版无学'的历史。"见《宋木文出版文集》,中国书籍出版社1996年版,第158页。

一、起点与专业逻辑

关于起点，首先指 1984 年胡乔木批复教育部开办编辑学本科专业的信。其意义有二：其一，编辑学起始及强力推动源于政府。尽管当时作为理论形态的专业基础堪称一穷二白；尽管胡乔木那几年对新闻学人才培养颇为失望①，因此难免夹杂着对编辑学一定的观望心理。其二，编辑学的相邻学科、相邻理论关系模糊。首倡者胡乔木说："编辑学在中国确无此种书籍（编辑之为学，非一般基础课学得好即能胜任，此点姑不置论）。"② 这就算基本明确了编辑学的专业或学科名称，而当时当年对出版的理论形态则并不确定确认。如此"起点模式"一直如影随形，伴随着编辑出版理论研究走到今天。编辑与出版难舍难离，编辑学与出版学的内在关系究竟如何？学界人士谁都难以回避，而又似乎谁都难以说清楚，难有共识。

本章副标题所说的编辑出版的专业逻辑是指由编辑或出版这一核心概念分层次、分维度展开的概念谱系和以命题等话语形式就编辑概念谱系或出版概念谱系以及相应的实践关联所作出的解释或说明。或者说，编辑出版的专业逻辑主要指编辑、出版，编辑学、出版学、编辑出版学等最根本性的元概念或"准"元概念之间的结构关系。所以选择它展开言说是因为：第一，正如大家或深或浅所见识的，编辑出版理论研究过往的 40 年追求中，消失消解的、遗存或正遗正存的、方生未生的理论话语都是基于这几个概念的逻辑展开，或者不合逻辑的想象、勾连。第二，理论工作者都认同也坚守一个基本信念——核心概念的逻辑展开就构成理论，这是一个元理论式的研究方法论命题。

---

① 1986 年 1 月 7 日，胡乔木同上海出版部门负责人谈话时说："大学里有 50 多个新闻系，不需要这么多，是否可以改办编辑专业？复旦大学编辑专业招了 16 个学生，不够，要增加。国家出版局要在杭州大学办编辑系，很好。"见《胡乔木谈新闻出版》，人民出版社 1999 年版，第 542 页。

②《胡乔木传》编写组.胡乔木谈新闻出版[M].北京：人民出版社，1999：530."姑不置论"应为"姑置不论"的笔误，原文如此。——编者注

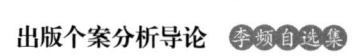

人类因有反省而更成为人类，人类思想因有反思而使人类思想更成为人类思想。近40年的编辑出版学科发展与变革太需要学术史、学科史层面的反思、反省了。可惜学术共同体对此缺乏自觉，更普遍意义上的理性自觉，付诸理论话语实践的理性自觉。顺带一说，有个学人勇敢地做过近40年编辑出版学科史的尝试，只可惜共同体关注不够、共鸣不够。其勇气可嘉可赞，其路径选择可以反思也应该反思。对于编辑学、出版学这样理论规范水平较低的新兴、初创学科，概念史视角的清理才是学术史、学科史反思的核心与关键，就因为刚才提及的核心概念的逻辑展开就构成理论。只有紧紧围绕编辑、出版等核心概念展开，相应的学科史、学术史才不致空疏、宽泛。

本章想表达的编辑出版学学科史反思观点集中为两点：第一，编辑出版学不是一个学科概念，而只是政府认可的高校本科专业名称；第二，数字时代的编辑出版理论研究要将编辑、出版以及相应的编辑学、出版学明确而清楚、清晰地区分开来，通过明确不同的概念谱系以谋求新发展，有效应对数字技术引致的编辑出版领域的变革。

二、编辑出版学并非学科名称

人类知识、理论领域内作为名词的"学"是学科、学问，由问而成学，而成专业性、专门性的知识体系。编辑学、出版学因此而成为以编辑、出版为对象的专门学科或者说问学形态。如果认同这一简要解释，那更值得关注的是其中潜存的两条规范性问学路径：要充分全面地界定编辑、出版的概念；编辑学、出版学的理论谱系应该也只能各自围绕编辑、出版这两个核心概念合逻辑地展开。就在这奠基性概念的界定、关联概念的多维度多层次展开、关联命题的论证等三个方面显示编辑学、出版学的专业逻辑性与理论规范性。这既是问学、建构编辑学、出版学的着力点，也是相应的学科史、学术史批判的观察点、反思点。

编辑出版学学科名称因此而在理论形态、理论实践的双重意义上被质疑。就理论实践而言，编辑出版学是1998年中国编辑学会应对教育部压缩本科专业数目而提出的，带有明显的行政妥协印迹。此前，全国有500个本科专业，教育部在1998年要求压缩到250个。此前，编辑学和图书出版发行学是分别列在文学门类和历史学门类下的两个本科专业。武汉大学等高校的权威人士力主将二者列入出版学，河南大学等高校的权威人士则力求列入编辑学。新闻出版署人教司有关负责同志开会商议，折中的结果就是编辑出版学。这就是编辑出版学作为一个本科专业名称的诞生背景及由来。① 第一代编辑学家追求编辑学，也认同出版学，他们一定没有想到要建设编辑出版学。这个名词更不会见于《中国大百科全书》第1版的新闻出版卷。《中国大百科全书》第1版的新闻出版卷的出版部分是20世纪80年代编辑出版理论研究的集成式成果，在编辑出版理论研究史上具有标志性意义。这部分设立了"出版学科编辑委员会"，"出版学科"各"分支学科"分别是"出版学""编辑学""印刷学""中国出版史""外国出版史""外国出版业"。那一代学人为出版学勾画的学科知识图谱就是如此。

意味深长的是，虽然编辑出版学由教育部作为本科专业名称颁布已合法化，2001年，时任中国编辑学会会长刘杲依然撰文《我们的目标：编辑学》。《编辑学理论纲要》是编辑学学科史上具有里程碑意义的创造，由阙道隆撰写，集纳了林穗芳等第一代编辑学家的智慧，该成果也叫《编辑学理论纲要》而非其他。

---

① 《中国编辑学会活动纪事》（1998）记载："3月19日，更改普通高校本科目录中'编辑出版'的'编辑学'或'编辑出版学'，本会致函国家教委高教司。1月中旬，国家教委办公厅发出高教司函（1998）1号文件——《关于对普通高校本科专业目录草案征求意见的通知》，这个草案把'新闻传播学'列为一级学科，把'新闻学''广播电视学''广告学''编辑出版'列为二级学科。撤销了原来的'编辑学'和'图书出版发行学'两个专业。本会为此专门致函教委并填写了《普通高校普通高等学校本科专业目录修订意见表》，提出保留'编辑学'作为二级学科，至少要在'编辑出版'后面加上'学'字成为'编辑出版学'。强调了有学无学在过去曾经有过多年的争论，以及它对编辑学教学和研究的重大影响。加'学'以后，也可使它与'新闻传播学'其他四个二级学科相一致。与此同时，新闻出版署和清华大学等高校编辑学专业也向教委提出了类似的意见。1998年教委正式发布的《普通高等学校本科专业目录》中将'新闻传播学类'中的二级学科'编辑出版'改为'编辑出版学'。"《中国编辑研究》编辑委员会编. 中国编辑研究1999［M］. 北京：人民教育出版社，2000：465.

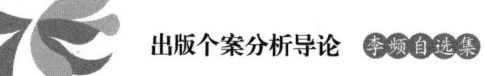

就理论形态而言，编辑出版学的内在矛盾在于其作为学科对象的"编辑出版"。这里的编辑出版是并列词组（编辑与出版），还是偏正词组（编辑的出版——前偏后正；编辑及出版——前正后偏）？这就涉及编辑、出版各自的内涵界定、功能认识、中国出版历史上先有编辑后有出版还是相反、编辑大于出版还是编辑从属于出版等一系列复杂的专业理论、专业历史的观察、分析和解释问题。而这又是初创期的编辑学、出版学的理论研究在当时的理论积累、学科水平下难以胜任地解析、解决的。编辑出版学作为业内人士经常使用的术语，就这样横空出世并长期尴尬地存在，让有心建设编辑学或出版学的第二代、第三代学者都不满意。就此而言，某些问题搁置争议，这是中国社会40年变迁的经验之一；学术理论问题要讨论，这也是中国编辑学、出版学学科发展的沉痛教训之一。而今处于数字时代，蓦然回首，人类社会存在过三种编辑出版形态：农业文明时代的编辑与出版合一、工业文明时代的编辑与出版紧密关联、数字时代的编辑与出版传播分离。如果学人们摒弃笼统的表面描述而阐精释微地分析，将不仅能清晰地认识编辑与出版的历史实存，也将坚定编辑与出版传播的未来。

三、问学经验分享

所以旧事重提编辑出版学，主要缘于初步认识到对编辑和出版关系的清理，或许是当下媒介融合时代深化编辑出版理论研究的切入口与突破口。2001年春夏之际，为讨论阙道隆《编辑学理论纲要》初稿，中国编辑学会两次邀约在京人士开会。记不起来是在第一次还是第二次会上，林穗芳说，编辑是为出版做准备。初听之下，笔者颇不以为然。在当时的笔者看来，专业、庄重、神圣的编辑工作难道只是为出版做准备？笔者或许更多的只是情感上难以接受如此简要简单的解释。林穗芳和蔼地反问笔者，既然你不同意，那你认为编辑工作、编辑活动是什么？你用一句话说出来是什么。笔者又答不上来。那天的会也就四五个人参加，气氛非常轻松、随意，笔者答不上来也没什么难堪。但笔者崇尚、敬仰的编辑学家如此解释编辑工作已深深地印在笔者的脑海里。事后又过若干年，笔者读到冯国祥的《书稿的涵义和特性》[①]，才豁然开朗。他主张将书稿作为编辑学中的一个重要范畴来研究，"书稿是准备由书进行传播的著作稿"，并从肯定"文章、书稿和书，都是人类的劳动产品"的理论前提出发，辨析三者的理论关联。[②] 从原稿（文章）到书稿，或者说从创意经由原稿到书稿，就是编辑活动的物化标记，也就是出版产业流水线上的编辑工作所致力的原料与半成品。编辑活动始于创意或原稿，终于以"齐、清、定"为成品标准的书稿；而出版工作则始于书稿，中介于出版物，终止于读者案头的阅读物。前半段可概括为知识生产，后半段以信息复制、出版物发行推广为特征，可概括为传播。视域限于工业文明以来的出版业业态之内，编辑与出版的理论关系自然难以透视充分。数字时代媒介融合后，包括出版在内的传播形式多样化，复制、发行、传播的简便简易化恰恰为认识、解释编辑与出版的各自意涵及其关系提供了新的认知情境。对编辑活动而言，数字传播改变的只是编辑行为的环境，没有改变编辑行为本身及其实质；对出版活动而言，数字传播改写改换了出版行为方式、样态本身及效果。这些深刻的变化要求也促使专业人士达到新的知识境界和水平：编辑的本质是基于信息的知识生产，它追求知识增长和进步、人类认识水平的提高；相关的理论研究要在认识论、知识论、知识社会学等理论范式的引导下，谋求以人类知识生产为核心、人类认知进步为导向的理论问题解释、理论范式建构、话语转换。出版的本质是基于书稿的知识传播，追求传播效益、效果的最大化；其理论研究需要在社会学、传播学理论范式的引领下，深耕出版传播的独特领域，以深厚的文化底蕴、原创性理论内涵屹立于传播学林。

因此，数字传播时代的编辑出版理论研究在问学路径上应该将编辑研究

[①] 原载《编辑之友》1987年第3期，后收入冯国祥《编辑出版行为理性研究》，浙江人民出版社2011年版。

[②] "科学地说，作者只是写他的文章（或画他的图，下同），编辑对这些文章进行编辑处理后成为书稿，出版社的经理部门把这些书稿组织工厂投入书的物质生产过程，方才生产出书来。当然，也可以反过来说，出版社生产书，编辑按书的要求组织并完成书稿的生产，作者按书稿的要求给出版社写文章。"见《编辑之友》1987年第3期。

与出版研究、编辑学与出版学既分析又综合。这两个学科或者说两个研究领域各有其以知识生产与组织、出版传播效果为核心的问题结构、学科导向意识。而在学科实践方面，应该立足出版学而又以编辑学为核心价值取向。只有立足出版学才能自觉并明确出版学属于传播学的理论谱系，只有明确并坚守编辑学的核心价值取向，编辑出版的理论研究才能依托知识生产及其组织而永葆其生存根基与生命活力。编辑出版史研究中编辑起源、出版起源等看似艰难的理论问题也就迎刃而解，至少有了另外的解释路径与研究策略。

20世纪八九十年代的编辑出版研究之所以呈现盎然生机有所成就，就因为中国编辑学会着力营造兼容并包、鼓励创新、鼓励争鸣的局面，而不固守一家一说。今天的言说，也该有足够的自省：无力也无意在专业观念、专业意识之外改变什么。如果说略有言说的私心，那在于对前几年某个问题的再次回应，对言说者某句话的借机补充。

2014年11月15日，数字时代出版产业发展暨2014年全国编辑出版高教学会年会在河南大学召开。会议主办方安排笔者做一个分论坛的评议人。分论坛进行过程中，青年教授段乐川陪着笔者的业师王振铎来旁听。笔者坐在主席台上，八旬业师坐在台下。论坛不由笔者主持，笔者只是评议人，平生第一次饱尝"不知如何下台"的滋味。偏偏在提问环节段教授发问："在当今数字传播时代编辑出版理论研究如何突破？在你看来，路径在哪里？如何选择？"笔者不知何故脱口而出说了句——在遵循形式逻辑的基础上追求编辑出版的专业逻辑。面对八旬业师慈祥而又不乏考问的眼光，笔者自然紧张，难以对编辑出版的专业逻辑有所阐述。今天借中国人民大学书报资料中心的会议论坛之机，初步汇报笔者对编辑出版专业逻辑的粗浅思考。编辑有编辑的专业逻辑，出版有出版的专业逻辑，编辑与出版的专业逻辑是相互关联的两个逻辑。媒介融合只是在媒介形态等方面的融合，在专业逻辑的层面既不可能融合也不应该混淆。

出版个案分析的传播视角*

出版是出版理论的核心概念。如果套用黑格尔的观点，核心概念的逻辑展开构成理论，出版理论是以出版为核心概念而合逻辑地展开的话语体系。这一命题既指明了出版在出版理论中的核心地位，也强调了合逻辑对于理论乃至体系的重要性。

到底该如何认识出版，前人已提出出版三要素说予以内部视角的构成解释。可以肯定这是较有解释力也颇有方法指引意义的。如果换成外部视角，将出版外延于社会，又该如何认识出版，是否形成新的认知呢？

本章假定，出版是未出版的完成时态。作为人类一项知识生产和传播活动，对于出版的认知只有在时间维度上拓展到出版之前、出版之后，才能更清晰地洞察作为"之中"的出版。正如只有自觉地站在出版之外，才能认识清楚出版之内。数字传播的迅猛兴盛，为人类认识出版提供了千载难逢的契机。出版理论工作者可以也应该借助技术创设的时空优势，在数字传播的映照下观察和认识到出版的另一番景观，那是拘于出版之内、出版之中既难发现也难言说的。

出版与传播是出版兴起后一直伴随人类的两类社会活动，既在默会知识意义上相互映照，又在社会实践层面相辅相成。本章着眼于出版学之内的核

---

* 本文原载于《现代出版》2023 年第 1 期，题为《出版：未出版及与传播的关联》。收入本书时改为现题。

心概念"出版",导入"未出版",从出版—未出版—传播的三角关系切入,以更深入地认识、解释出版。

一、未出版的概念辨析

出版活动由编辑、印刷(复制)、发行三个环节组成,这三个环节由此被认定为出版活动的三个要素。这已写入中国出版行业通用的专业职务考试用书,其理论的权威性得到认可。在这三大出版要素中,复制是出版的必要条件,无复制则无出版。编辑和发行是出版的充分条件。有复制未必成为出版,还要视有无编辑、发行以及什么性质、什么方式的编辑、发行才能确定复制活动是否属于出版活动。本节以出版要素作为理论工具,辨析某些与出版相关联的传播现象,以认识出版与传播的差异,尤其是指认、分析出版与传播相交叉的重叠部分,并界定其为未出版,通过发现和引入未出版来深入认识出版。

(一)法定许可出版单位的未出版

这是指政府核准的出版单位实施了选题或审稿等编辑活动环节而因故终止后续的编辑出版活动,进而造成实施的编辑行为没有结果,或者出版物的内在构成明显残缺的传播活动类型,它又分为两个亚类型:作为知识生产终止的未出版;作为知识生产残缺的未出版。这两种亚类型的未出版在本章后两节以案例形式讨论。

(二)非法定许可出版单位的编印发齐备的"未出版"

原国家出版事业管理局代局长陈翰伯 1980 年 5 月 4 日在全国出版工作座谈会上专门讲"出版社以外"的问题:

> 到了 1979 年,滥编滥印急遽上升,大为泛滥,比 1978 年初严重多了。现在非出版单位编印图书的品种、数量、发生范围逐渐扩

036

大，编印单位由大专院校扩展到中学、小学，一直到党的机关、政府机关、企业单位、事业单位，主要是学校、教育部门。编印的东西从升学指导、升学考试复习资料，一直发展到翻印、翻译国内外作品，侵犯别人的著作权和版权。印数原来是3000、5000，现在到了三万、五万、十几万，甚至于几十万。发行范围除了本县、本省以外，已经采用了新华书店的办法，广为征订，由内部发函，发展到在报上登广告，还广播。①

1978、1979年的"滥编滥印"有当时高考恢复后出版物极度短缺，而出版管理制度不健全、措施不到位的特定背景，后被及时有效制止。作为"另一面"，它用以认识出版的"正面"则是颇为典型的。这就是知识需求的正当性与满足需求的出版行为非合法性之间的矛盾。陈翰伯在大会上审慎地称其为"非出版社出版物"。"非出版社出版物，这个名词是一个比较客气的说法，还有一个名词叫作非法出版物，那就更严重了。"②陈翰伯也指出此类现象发生的根本原因："对非出版社出非正式出版物这些现象，为什么会出现，我们也可以分析一下。我们出版社出版的正式读物不能满足读者的需要。"③

这类"非出版社出版物"后来简称为非法出版物。认定其为非法出版物有两个要件：其一，发起并实施编辑行为的单位不是法定许可的出版单位；其二，实施的发行行为获得了出版物发行收入并将发行收入的一部分转移给非法定许可出版单位。非政府许可的出版单位却获得了发行收入，这种编印发齐全的活动被认定为非法出版。这便是行为事实发生但行为不合法的"未出版"。

---

① 陈翰伯.在全国出版工作座谈会上的讲话［M］//《陈翰伯文集》编辑组.陈翰伯文集.北京：商务印书馆，2000：140.
② 陈翰伯.在全国出版工作座谈会上的讲话［M］//《陈翰伯文集》编辑组.陈翰伯文集.北京：商务印书馆，2000：141.
③ 陈翰伯.在全国出版工作座谈会上的讲话［M］//《陈翰伯文集》编辑组.陈翰伯文集.北京：商务印书馆，2000：142.

在数字传播时代，放大拉长了看，这种非法定许可单位的印刷媒介传播形式的未出版，可界定为，采用了印刷媒介形式但印刷媒介生产者非政府许可出版单位，因而其印刷媒介产品为政府禁止出版物的信息与知识传播行为。

（三）非出版单位合法编印的"未出版"

人类传播的需求总是层出不穷，社会就在产生并满足传播新需求的反复中发展与进步。2001年中国加入WTO后，国际国内的资本进一步活跃了市场经济。"国家工商总局提供的资料表明，不包括和路雪、阿尔卡特等著名公司或商务楼内部出版的免费杂志，截至2003年5月，全国正式批准发行的DM免费广告有40家，申报备案的还有200多家。像北京的《生活速递》《目标》《品味》《资讯生活广告》，广州的《新生活》，深圳的 *Flink Life*，上海的 *City Weekend*、*Shanghai Walker*、《生活在 IIGII》与《上海·百花》都颇具影响。"① 这在当时是既普遍又活跃的印刷媒介传播现象。首先，应该认定这类传播物是合法的。它们在相应级别的工商管理部门完成了工商登记后才在相应区域范围内实施传播物派送。其次，它们虽然有编辑、印刷、派送的行为实质，但派送时免费，没有直接收取哪怕是一分钱的派送收入，因而规避了出版管制。在此意义上称为"未出版"。此类内容无害且不进入出版物市场流通的印刷媒介传播物，自印刷技术发明以来一直伴随着人类，照应着出版和出版管制。

二、作为知识生产终止的有编辑未出版及案例

中华书局流出的档案显示，南开大学教师沈慕函于1954年6月21日致信财政经济出版社。当时，新中国成立前成立的旧中华书局是新成立的财政经济出版社的副牌。沈信内容如下：

---

① 凌波.免费杂志：品味生活的指南［N］.金融日报，2003-09-05.

同志：

　　这里寄上《经济调查讲义》一册。

　　正如《编者的话》所介绍，还有四章节没写好。原来打算在写好之后，重新编排、整理、加工后，改名《怎样做经济调查工作》或《经济调查的科学方法》，送去出版。但是由于主观的努力不够，一直搁了两年。

　　上月，在南大财经资料室，看到你社一九五四出版计划目录，才又想起这本讲义。《人民日报》六月二十日的《关于出版社工作的某些问题》文章，给了我勇气。因此，把它寄给你社，请你们专家予以评定，如果认为可能作为预备出版的书稿，提出意见，那么，我就准备在暑假期间完成任务。

　　另一方面，在你社的目录中，有些"待约"的书名，我可以考虑接受编写的任务，如果你们认为可能的话。因为这些讲义同时可以作为我的思想水平、编写方法、文字技巧和联系实际的样本看。

　　为节省阅稿时间起见，我建议：先请看85页至91页的第十三章节和75页至85页的第十二章节两章节，然后再从头看下去，因为上述两章节是有代表性的。如果认为可以进一步商议的话，请早日通知，否则请将原稿退回为盼。

　　此致
敬礼

天津南开大学东楼一〇四号　沈慕函上
六月二十一日

沈慕函致财政经济出版社信（著者自存）

严健羽6月24日批示:"请孟默闻同志审阅并提意见。"孟默闻7月24日拟稿函复。函复事由为"退回《经济调查讲义》。想写的书已向外接洽"。以(54)财编字第842号发文,严健羽7月24日核稿,李国钧7月26日签发。函复如下:

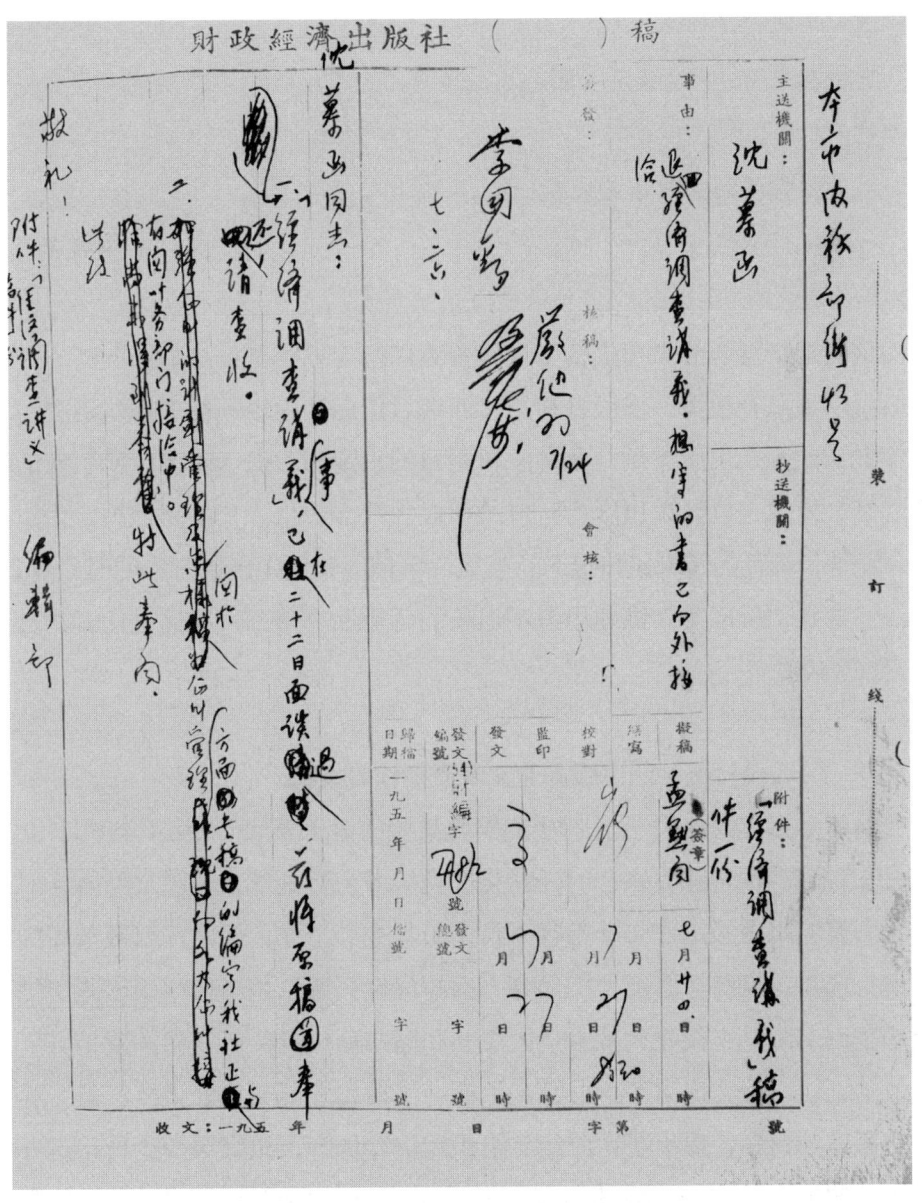

财政经济出版社复沈慕函信底稿(著者自存)

沈慕函同志：

　　《经济调查讲义》事，已在二十二日面谈过，兹将原稿奉还，请查收。

　　关于企业管理方面书稿的编写，我社正与有关业务部门接洽中。

　　特此奉闻。

　　此致

敬礼！

　　附件《经济调查讲义》一份。

编辑部

这两则新发现的未刊史料呈现的关键性行为事实是：沈慕函向新成立的财政经济出版社投稿，出版社初审、面谈后走完社内相关程序正式退稿。本章据此认定为未出版案例。案例解析的目的设定为，揭示未出版所引致的消极性社会效果，以认识出版后可能的积极性社会效果。分析路径拟定为：其一，循沈信提及的《人民日报》所发表文章理解案例中出版行为的时代背景；其二，导入"反事实"推理思考不退稿的可能性；其三，退稿对作者和社会的潜在影响。

（一）《人民日报》的出版专业文章激励作者投稿

沈信中提及的《关于出版社工作的某些问题》发表于1954年6月12日《人民日报》。作者陈克寒，时任文化部党组书记、副部长。陈文结合当时出版社书籍编辑出版工作实际阐释书籍出版与中心工作，新中国出版与新中国建设，选题、组稿与出版社工作等方面的理论关系，是当代中国出版历史研究的基础文献。它被收入《中华人民共和国出版史料》第6卷，就是其历史价值的证明。该文提出了"书籍是保存、传播和发展文化的重要工具"等重要出版理论命题，提出了"团结、组织和培养作家，做好组稿工作，是办好出版社的关键""选题计划是出版社工作的基础""选题计划是出版社的具体工作纲领"等重要出版实践命题，在新中国出版理论史上有重要价值。

沈慕函在信中说陈文"给了我勇气"。出版行政管理部门负责人思考出版专业问题的理论文章激发一位大学教师投稿，应该说不再是一般的报纸阅读现象，而是颇有意味的出版传播现象。尽管其中的关联关系只能推测和想象，难以确凿落实。作为历史思考的关联对象，它与沈慕函投稿的关联关系主要表现在以下方面。

陈克寒对当时出版业态的现实分析有助于认识沈慕函投稿的出版环境。新中国成立初期出版业"显著的事实是新出版的书籍的种数太少。现在每季所出版的书籍中，旧书重版的约占三分之二，而初版新书只有三分之一左右。无论哪一个门类的书籍都极感缺乏。特别缺乏用马克思列宁主义理论来说明我国社会主义建设中的各方面问题的著作，关于中国共产党和中国革命的历史的著作，自然科学和技术知识的普及读物，优秀的适合青年社会生活要求的文艺作品，少年儿童读物，各种有用的教学参考材料以及各种各样的工具书。在已出版的书籍中，翻译书籍占了极大的比重。翻译书籍的出版是必要的。但是相形之下，我国作家的有内容有分量的著作出得太少了。此外，中国古典著作的整理和出版同样做得很不够，许多优秀的学术和文艺著作湮没无闻，使得我国人民不能顺利地接受我们祖先的文化遗产。这种状况的存在，不利于我们国家建设的发展与人民思想文化水平的提高"①。

陈克寒对当时出版业供给不足、需求短缺的社会影响分析极可能激励了沈慕函投稿，他因而有意奉献尚未写完的《经济调查讲义》投石问路，以实现其社会价值。"新书品种少，质量低，内容干燥乏味，这给读者带来了很大的困难。广大求知欲旺盛的工人、农民和知识青年感到无书可读。许多书籍不能引起他们的兴趣，以致读者范围狭，限制了智力的发展。他们特别苦的是：不知道如何经过自修，获得社会科学的系统的知识，从而把握祖国前进途中的许多新事物。许多教育工作者跟学术工作者更深感有内容有价值的参

---

① 陈克寒.关于出版社工作的某些问题[N].人民日报，1954-06-12.

考书太少，在工作中缺乏助手。"① 陈克寒在文中提及"现在不少出版社都在闹'稿荒'"，出版社工作缺位"这就更增加了'稿荒'的程度"②，也多少增加了沈投稿的自信心。

（二）投稿被拒的知识生产终止分析

投稿被拒，且面谈后被拒，是本出版案例中最关键的行为事件。其行为性质在于：出版社行使权力，以不出版意向否定了作者的出版意向。那么出版社拒稿对作者产生了什么影响呢？表面看来，是原稿没有变成书稿，且未变为出版物，更实质性的影响是，作者在出版意向受挫后，终止了相关写作，也就是说，终止了相关的知识生产。

对于前述问题和答案的解释，首先应该明确作者的知识人身份——南开大学教师。其次，由稿件名称《经济调查讲义》不难理解其知识生产的性质：在大学讲授经济调查或相关课程的基础上系统、深化新知识。《经济调查讲义》诚然有待完善，"搁了两年"更意味着1952年完成不完整的初稿后，有冷静批判的时间间隔。再次，由投稿理性表现的知识理性。财政经济出版社向南开大学等单位发布了1954年出版计划目录，并被沈"在南大财经资料室看到"。尽管目前对这份出版计划难知其详，但这无疑是在有限范围内公开的知识生产需求信息。一个月前看到"出版计划目录，才又想起这本讲义"，又读到《人民日报》上的文章，"给了我勇气"才投稿，这就是其冷静的知识理性的证明。最后，由出版意向激励而成的内容、写作时间安排："如果认为可能作为预备出版的书稿，提出意见，那么，我就准备在暑假期间完成任务。"内容及题名调整安排是："打算在写好之后，重新编排、整理、加工后，改名《怎样做经济调查工作》或《经济调查的科学方法》，送去出版。"可见，从《经济调查讲义》到《怎样做经济调查工作》（或《经济调查的科学方法》）既是知识生产过程前后两个不同的阶段，也是有所差异与区分的两种不同的知

---

① 陈克寒.关于出版社工作的某些问题[N].人民日报，1954-06-12.
② 陈克寒.关于出版社工作的某些问题[N].人民日报，1954-06-12.

识形态。

知网、首都图书馆、国家图书馆均不见沈慕函的相关文献，据此推断，因投稿被拒，沈慕函为公众生产公共知识的意愿和活动终止。

（三）退稿引致的出版物空缺分析

关于沈稿被拒的潜在社会影响，也可从作者个体和相关专业领域两个维度推测。就作者个体而言，沈可能心理受挫，放缓、延时甚至中断了经济调查方法的研究，以致信中所说1954年暑假期间补写完书稿的计划极可能因为拒稿而未实施。就相关专业领域而言，经济调查方法属于经济学科，沈稿被拒是否以及如何影响经济调查专业方向及学科发展，一时难以确论。但滞留了一定程度上未满足的社会和专业需求，则是可以从侧面推测的。其基本思想路径如下：新中国成立是中国历史上翻天覆地的社会巨变，重新认识新中国成立后的政治、经济等社会关系，是崭新而重大的时代课题，而认识新中国就要调查研究，从事调查研究就需要掌握调查研究的科学方法，或者说科学地从事调查研究的方法。这是从社会变迁推断经济调查方法的社会需求。毛泽东以中国社会调查及阶级分析为革命思想起点和动力源泉，新中国成立后在全党全国号召并推行调查研究，这是从政治权力维度推断包括经济调查在内的调查方法的社会需求。这方面的供给空白也就是说需求未能满足可从两年后出版的相关书籍中有限推测。

1955年7月，浙江省食品公司调研股吴桂棠致信财政经济出版社，"希望能找到一些关于调查研究方面的理论书籍，为此奔跑了不少书店、图书馆，但总是找不着"。财政经济出版社7月12日复信吴桂棠："你希望我们帮助你介绍一些有关调查研究的理论书籍，你的这种钻研业务的精神是很好的，这方面出版的书还不多。"这封复信由陈肇斌拟稿，严健羽核稿，张北辰签发，可谓郑重其事。郑重其事地告知书籍阙如正反映了一年前退稿的失误。

湖北人民出版社于1956年1月出版了《农村经济调查选集》，全书9.4万字，共收录4篇调查报告，即中共中央中南局农村工作办公室撰写的《中南区 5 省 35 个乡 1953 年农村经济调查》、中共河南省委农村工作部尚店乡调查组撰写的《河南省项城县尚店乡经济调查》、中共粤中区委员会调查组撰写的《广东省新会县北洋乡经济调查》、中共黄冈地委调查研究组撰写的《湖北省浠水县望城乡经济调查》。

《农村经济调查选集》印刷 2000 册。后来成为著名经济学家的苏星认可它"是一本很好的书","这是一幅用生动的事实和数字描绘农村经济面貌的图画,对做理论工作和做实际工作的同志们都很有用处"。苏星痛感"这几年出版的书目,几乎找不到多少反映我国现实社会生活的调查报告和统计资料",在 1956 年 6 月 15 日《人民日报》呼吁《多出版一些社会调查材料的书》。针对这种供给短缺,苏星"觉得唯一的原因就是出版界对这件事情重视不够。有些出版社的计划中过多地注意了出版或翻译解释性的小册子,编印已经发表过的现成的文件,而没有认真地考虑出版关于社会调查材料的书籍,其实它的重要性并不亚于那些一般性的小册子和文件汇编。因此,我建议科学出版社、财政经济出版社和其他出版社能够更多地满足广大读者在这方面的需要"①。两年后苏星指名财政经济出版社间接说明,被拒的沈稿有潜在的学科需求和市场需求,未出版《经济调查的科学方法》所引致的潜在的社会影响也可以适度想象。《农村经济调查选集》的鲜明特征是田野报告,而沈慕函的《经济调查的科学方法》从题目所显的价值是"经济调查的科学方法",理论性和方法价值更强。如果出版,未必不具有填补相应空白的意义。

就发现和捕捉潜在的社会需求而言,沈慕函作为专业人士当然有其一定的专业优势,专业优势又在一定意义上建立了他的"先见之明"。但理解、认同前沿性专业知识生产需要特定的专门制度或路径。从沈慕函信最末段特别提示编辑审读样稿页码来看,沈慕函委婉地表达了他的专业自信。

---

① 苏星.多出版一些社会调查材料的书[N].人民日报,1956-06-15.

(四)审稿人的反事实分析

书稿被拒,即使成熟的书稿被拒,由另外出版社出版而成为名作的书稿被拒都是中外古今极正常的出版社会学现象。所以如此,就因为在特定的出版历史环境中,书稿采纳与被拒都看似简单实际极为复杂,有多种偶然或意外因素不经意地主导了书稿的采纳与被拒。因此,可以也应该分析沈慕函投稿被拒的另外一种可能。

1954年,中国出版业正进行公私合营改造。私营书店哀鸿遍野,难以为继。公私合营的出版社只有两家,分别是由原商务印书馆公私合营的高等教育出版社,由原中华书局公私合营的财政经济出版社。这两家新出版社成立于同一天:1954年5月1日。这也就是说,财政经济出版社是在沈慕函投稿的前一月成立的。而财政经济出版社成立当月即向南开大学投寄了1954年出版计划,可见该社新成立时的干劲与气象。

在对出版业实行公私合营改造的同时,中国出版业还实行体制改革,全面学习苏联,走专业化道路。高等教育出版社的专业分工是出版大学教材,更具体地说是理工医学教材。而财政经济出版社"这个出版机构将密切配合国家经济建设,出版大量的财政经济读物;以加强马克思列宁主义的财政经济理论、政策与业务知识、业务生产技术的教育宣传"[1]。就此而言,沈慕函别无选择,只能投稿给财政经济出版社。

决定沈慕函投稿别无选择的还有当时国家对书稿管制的制度性安排。沈慕函投稿被拒的两个月前,也就是1954年4月26日,出版总署发布《关于机关、团体、学校、国营企业的书稿不应交私营出版社出版的通报》:"今后各地机关、团体、学校、国营企业所有需要公开出版、发行的书稿,原则上应尽先交给国营、地方国营、公私合营的出版社出版,不应径交私营出版社出版,如有国营、地方国营、公私合营出版社不能接受或暂时无力接受出版的书稿,可通过当地新闻出版行政机关或负责兼理新闻出版行政事宜的文教机

---

[1] 出版总署副署长在财经出版社成立大会上的讲话 [M]// 袁亮. 中华人民共和国出版史料:第6卷. 北京:中国书籍出版社,1999:248.

关代为介绍给某些已经核准营业、有适当的编辑机构、出版态度一向比较严肃的私营出版社出版。"①

如果审稿人具备社会科学,尤其是经济学知识背景,沈慕函稿被拒是否有另一种可能呢?

因出版社刚组建,财经专业人员不足②,审处财经类书稿难以如文史类古籍类书稿那样得心应手,这也可能对审处沈慕函书稿造成一定影响。这个推断基本成立。

审处沈慕函书稿的孟默闻是文史专家,后为顾颉刚助手,他未必熟悉财经,更不用说经济调查这样较细窄的专门领域。这不妨聊备一说。如果新成立的财政经济出版社社内有懂经济调查的专业编辑审稿,审稿意见是否不同呢?偏偏出版社因人才短缺导致知识短缺。在出版社内找不到对口的专业编辑,如果出版社想到另送社外专家评审,审稿意见是否不同呢?偏偏新成立的出版社还没有建立完备的书稿外审制度。

从财政经济出版社复函分析,7月22日作者与出版社编辑之间曾有面谈。面谈后两天拒稿,且先由严健羽核稿再由李国钧签发也难以在工作流程上将拒稿视如草率(外审制度不完备另说)。李国钧时任财政经济出版社副总编辑,原任政务院财政经济委员会编译室副主任,由出版总署报请政务院文化委员会后任命。③沈慕函满怀希望的自荐稿最终被拒。他个人的经济调查科学方法的前沿专业知识生产因此终止,于他个人、于他所在的社会,都是令人扼腕的损失。未出版造成了本来有望生成的出版物(知识产品)的事实性缺席。

就沈慕函投稿被拒的案例而言,作为知识生产终止的未出版换一个说法就是作为知识事实缺席的未出版。投稿被拒导致作者不继续写作,不完成已

---

① 出版总署关于机关、团体、学校、国营企业的书稿不应交私营出版社出版的通报[M]//袁亮.中华人民共和国出版史料:第6卷.北京:中国书籍出版社,1999:233-234.

② 1954年6月21日,《出版总署党组关于处理商务印书馆和中华书局公私合营经过的报告(摘要)》中说,"对财政经济出版社派出了主要干部和一般干部61人"。中国出版科学研究所、中央档案馆编.中华人民共和国出版史料1954年[M].北京:中国书籍出版社,1999:333.

③ 出版总署关于成立财经出版社及所派公方董事给政务院文委的报告[M]//袁亮.中华人民共和国出版史料:第6卷.北京:中国书籍出版社,1999:238.

有相当积淀的写作计划，他个人的相关知识生产终止，因而在社会上造成知识产品空白。而知识产品空白又妨碍人类对社会和自然的认识，影响社会进步。因此，未出版之"无"从反面例证了出版之"有"的知识价值与社会意义。当然，这一案例发生在出版生产力低下、出版体制转轨的年份，相对后来发达的出版生产力水平，有出版环境的极端性，这种极端性造成了出版作为传播媒介的唯一性和难以替代性。正是极端出版环境下的未出版才更显其认识出版价值的独特视角和独到的出版史论意义。

知识生产的缘由既有个体自我的主观因素，也有个体所在社会环境的客观因素。本节谨举实例细微说明，作者投稿及被采纳或被拒的复杂性，以及出版与媒介、出版媒介与社会知识生产、社会知识生产与社会发展进步之间转换、互动的复杂性。

三、作为知识产品残缺的有编辑未出版及案例

人民文学出版社曾于20世纪80年代中期出版了五卷本《周扬文集》。由总编辑韦君宜亲自约稿："1979年，我到北京万寿路中组部招待所周扬同志住处，第一次去组《周扬文集》的书稿。当时他很踌躇，不肯点头。我肯定地说：要弄清中国现代文学史，就离不开你的这些文章，无论怎么说也得出。为这部稿子，我追了他几年，到后来，终于了解了他整理这些旧稿时痛苦的心情。想起来，我真不应该催他审阅这些旧稿，要出的话，更应该好好地出一部注释。"① 周扬"作为革命家和文艺理论家，作为革命文艺运动和党的文艺工作领导人之一"，"编辑出版《周扬文集》是十分必要而又具有迫切意义的"。文集的出版价值在《出版说明》中一语道破。文集的编辑体例见于《出版说明》："本文集所收文章，为保留历史原貌，原则上不作改动。凡出过集子或单行本的，文字以集子和单行本为准；凡发表过而未收集子的，文字以发表时的为准；凡未公开发表过的，文字以内部文件为准，或由当时的记录稿

---

① 韦君宜. 记周扬[M]// 韦君宜. 韦君宜文集：第2卷，北京：人民文学出版社，2013：297.

整理而成。"

按照体例，1957年，周扬代表中国作家协会发表的《文艺战线上的大辩论》应该收入《周扬文集》第二卷。该文重大的社会效果和长远的历史影响是："文艺界的'大鸣大放'因这篇杀气腾腾、蛮不讲理的文章而定调，它是大批作家被划为右派、受到20多年政治迫害的理论依据。今天的一些人之所以称周扬为'文化沙皇'，首先是基于这篇文章，它的'臭名昭著'，差不多是文艺界尽人皆知的。"① 人民文学出版社理论组的编辑们主张："本着对历史负责的态度，这篇文章必须收入文集。"韦君宜极力反对。"周扬本人不同意，她需要尊重作者的意见。责任编辑毛承志和罗君策当时很激动，与韦老太发生争执，说这篇文章也算是周扬的代表作之一，不收入，那就成了文过饰非，编出的书就不能叫《周扬文集》。韦老太并不和我们理论，她说文章不收，那就是定案，谁争也没用。"②

人民文学出版社理论组便软抵抗，久拖不发稿。韦君宜只好向时任中国作家协会党组书记张光年汇报。张光年估量了《文艺战线上的大辩论》重新出版的效果后支持韦君宜："'大辩论'的一篇还是不收的好，因为文艺界在粉碎'四人帮'后刚刚团结起来，这篇文章旧事重提，会给人刺激，再次挑起矛盾。"③

此举在当时人民文学出版社理论组编辑们看来，韦君宜是抬出张光年压制编辑们，误解更为加深。周扬去世后，韦君宜撰写了《记周扬》。1995年，《记周扬》收入韦君宜散文集《我对年轻人说》，由人民文学出版社出版，1998年又收入《思痛录》，由十月文艺出版社出版。读过《记周扬》，人民文学出版社理论组编辑们才知韦君宜坚决不收"大辩论"一文的内情。周扬迫不得已向韦君宜"说了句很简单的实话，'这里边有些文章，有些段落，是毛主席改的，还有毛主席写的。那篇'大辩论'就是。如果要用我的名字发表，

---

① 李昕. 本色韦君宜［M］// 李昕. 清华园里的人生咏叹调. 上海：上海三联书店，2015：79.
② 李昕. 本色韦君宜［M］// 李昕. 清华园里的人生咏叹调. 上海：上海三联书店，2015：79.
③ 李昕. 本色韦君宜［M］// 李昕. 清华园里的人生咏叹调. 上海：上海三联书店，2015：80.

我必须一一说明。所以很费事'"①。"原来周扬并不承认这篇文章是他自己的手笔，因为整篇文章是经过最高领导人修改定稿的。有些段落重写，有些段落新增，大删大改之后，文章代表的是最高领导人的意志。"②这才是"大辩论"不能收入《周扬文集》的根本原因。李昕回忆，周扬"原先曾考虑给此文加一个长长的说明，作为文章的附记，那无非是要标出哪些观点是他自己的意思，哪些观点是最高领导人的意见，可是细想之后，他没敢这样做，因为他担心这样做或许会制造爆炸新闻，产生极其恶劣的影响"③。

这不妨认定为另一种意义上的"未出版"的经典性案例之一。表面看来，这仅是文集有遗漏，知识产品残缺欠圆满，实际内涵更为复杂丰富：

1. 出版和未出版的两难选择所折射的出版困境

就"大辩论"编入《周扬文集》而言，"不收入固然是遗漏了重要史料，但收录则是对作者不公正"④。当然，这仅仅是出版关联政治的个案，因为关涉领袖而有某种极端性，但恰恰是这种极端性才赋予了对出版思考的哲学性。

2. 人类社会中出版与传播的紧密关联性与样态差异性

"大辩论"未收入《周扬文集》诚为"未出版"，但未出版并不必然导致未传播。首先，"大辩论"借助组织和报刊等媒介力量，已产生了极大的社会效果，却又没有编入《周扬文集》，这残缺的出版事实本身就向核心读者、专业读者传播了信息量极大的空白信息，可能引起强劲的探究反应（研究有无结果是另外的问题）。其次，"大辩论"的修改定稿过程虽然不为中国文艺界所广泛知晓，但中国文艺界的领导人核心必然必须知晓，如不知晓，则难以集体贯彻执行当时最高领导人的思想意图。比如林默涵，曾任中共中央宣传部副部长，周扬就告诉韦君宜："我跟默涵说了，我们批评错了很多问题，我们应该认错，我希望他和我一起改。"⑤可见，在《周扬文集》的编辑出版过

---

① 韦君宜.记周扬［M］// 韦君宜.韦君宜文集：第2卷，北京：人民文学出版社，2013：301.
② 李昕.本色韦君宜［M］// 李昕.清华园里的人生咏叹调.上海：上海三联书店，2015：85.
③ 李昕.本色韦君宜［M］// 李昕.清华园里的人生咏叹调.上海：上海三联书店，2015：85.
④ 李昕.本色韦君宜［M］// 李昕.清华园里的人生咏叹调.上海：上海三联书店，2015：85.
⑤ 韦君宜.记周扬［M］// 韦君宜.韦君宜文集：第2卷，北京：人民文学出版社，2013：301.

程中，产生过有关"大辩论"的传播意向，但编辑出版者遇到了难以克服的困难，而半途终止了"大辩论"的文集再出版活动。"大辩论"重新审定的行为事实从其发生的那一天甚至那一刻起，它就同步进入一定范围的人类社会，开始了它由相应规则以及由规则而主导的相应机制的社会传播过程，这种相应机制的社会传播过程一言以蔽之就是信息把关（屏蔽）机制。因为信息把关机制的存在，"大辩论"收入《周扬文集》的审定过程和审定内容便在一定时段内成为非公开知识。这一真实事实性知识只能在一定级别范围内传播，不可以也难以公开出版为社会共享。

由上述分析，不难发现，传播是伴随人类社会活动本身的，人类借传播维系社会，实施社会活动。出版是人类信息和知识传播活动的一种类型。它与传播的差异是，它以印刷复制的形式向社会全体成员公开传播公共知识，而传播则除了出版之外还另有人际传播、组织传播等多种社会形式，媒介形式除了印刷复制之外，还有广播、电视、网络、融媒体等。

3. 从未出版到延迟出版的可能性

未出版是在一定时段内拘于一定的客观条件限制而形成的，如果拉长时段，客观条件限制解除，未出版极可能转变成出版。当然，那个时点的出版就构成延迟出版。如此推演开来，"出版—未出版—延迟出版"就约等于新闻传播领域中的"新闻—不闻—旧闻"。所以说约等于，仅因为新闻的传播内容主要为信息，出版的传播内容主要为知识，未出版、延迟出版的知识依然是知识，只是错过了相应的且也许是最应该抓住的出版时机，在出版效果上带来一定的价值折损。

知识产品残缺的未出版就出版结果而言是出版缺席但传播不缺席的未出版。其隐性的另一价值不在于出版结果而在于出版实施的传播过程：在残缺的知识产品（出版物）中内嵌了并不外显的知识生产环节，这种并不外显的知识生产环节已留下人类社会知识活动的痕迹。在未来社会的某个特定条件下，这痕迹得以还原、深刻，赓续着人类的知识进步。这又启示人们要关注知识生产和知识传播的另一对矛盾关系：出版缺席但传播不缺席的未出版，有知识生产（至少有相关知识生产的意图意向，且有所实施）但没有新知识传播。因而这种类型的传播不缺席仅指出版过程意义上的不缺席，在传播结果意义上的新知识传播是缺席的，因为此前的新知识生产是未完成的，意图生产的新知识的结果也是未公开的。

四、"未出版的编辑史"及意义

本章第一节从观念史和媒介史辨析未出版，第二、三节举实例分析未出版，未出版作为历史实存已然揭示。本节提议并进一步讨论"未出版的编辑史"。

这里所说的未出版的编辑史是指中国近现代出版史上政府法定许可出版单位实施了选题、组稿或审稿等编辑活动但因故终止了后续活动的出版行为。它是中国近现代出版史本原的组成部分，正视而不是忽视其存在，有助于还原出版史的本来面目，也有助于从理论上全面认识出版。

中华书局外流档案显示，著名编辑家程毅中于1964年6月30日就周贻白著《中国戏曲史话》写出了审稿意见。审稿意见全文如下：

《中国戏曲史话》审读意见

这本书写得比较简单扼要，大致勾画出了中国戏曲发展的一个轮廓，可供初学戏曲史的读者参考。但存在一些问题：

大部分章节内容与《中国戏剧史讲座》相同，只是稍加删节，并增添了一些理论性的分析。除最后一章《辛亥革命前后的各地方戏曲》是新写的，其余并没有多少新的见解。这本书的特点是材料少，理论较多而创见不多。基本上可说是一个《中国戏剧史讲座》的修订本。（徐调孚在此处旁批："此书似乎不再重印。"——引者注）

文字不大通俗，简而不明。如作为普及性的读物，则需要做较大修改；如作为研究论著，则还可以省略一些一般性的介绍和解释。

论证不大细致，偶有一些资料性问题。如肯定五折本之《赵氏孤儿》为纪君祥原作，肯定《陈州粜米》为陆登善作，肯定《古名家杂剧》本《窦娥冤》为改本，均未举出论据，似不够谨严。论述戏曲发展过程时，运用辩证法有些生硬，并未能概括出戏曲发展的特殊规律，往往只是套用矛盾斗争的公式。

最后一章讲地方戏，主要是讲形式特点和演变源流，头绪纷繁，眉目不清，恐初学者不易接受。其中有些问题尚待探讨，论证是否确切，我也无法判断。希复审时注意。

程毅中

六月三十日

徐调孚在这份意见上批示："此稿当初系作为历史丛书去组稿的（时期相当早）。现在写信去要求他一是改得浅显一些，照顾历史丛书的读者对象，二是具体问题请他考虑。"

1964年8月4日，程毅中代中华书局文学组拟定了致周贻白的退修信。退修信经徐调孚核稿，李姓工作人员8月12日打印，程毅中校对，次日以（64）编字1061号寄发给了周贻白。退修信如下：

周贻白同志：

尊著《中国戏曲史话》一稿，已拜读一过。我们有一些意见，想请您考虑对此稿做一次修改。

我们原来的想法，《中国戏曲史话》应该是一部比较简要的普及读物。读者对象为中等文化水平的干部和青年学生，而不是专业的戏曲史研究者。从这一点出发，在写法上似应偏重于介绍知识，提供必要的材料，文字也该是比较浅显通俗的。

从尊稿的目前情况看，似乎着重在理论的探讨，具体例证少而论断较多，近似一本专科教材。较之您的旧作《中国戏剧史讲座》，反有更深入一步的趋势。同时又限于篇幅，未能做详细的论证。我们觉得，《中国戏曲史话》不妨就《中国戏剧史讲座》的规模加以修订，力求文简而事亦不繁。同时为了与祝肇年同志所著的《中国戏曲》一书又有所区别，似宜偏重于历史的叙述和戏曲文学的分析。这里，我们想提出如下一些建议：

着重介绍中国戏曲史的基本知识，以"史"带"论"，尽量少谈学术上有待讨论的问题。论述时也可以着重谈自己的观点，对别人的错误的学术见解不一定要提出批判。

关于声腔剧种的源流问题不妨少谈一些。如第十七章中所讲各地方戏曲的支派很多，头绪较繁，涉及知识过于专门，恐不易为"外行"的读者接受。有些发展源流问题简单地谈恐怕说不清楚，最好还是在专门著作中去讨论。

文字力求写得简明浅显一些，尽可能避免用文言语汇。戏曲史以外的一般历史知识则可以不必讲解。

稿中强调"民间散乐"与"官方舞乐"两条道路斗争的论点，似未能概括全部戏曲发展的历史，恐需对具体问题做具体分析，再加考虑。

此外，稿中尚有个别论点或资料的问题，请参看稿上所贴浮签。我们的意见不一定对，仅供参改。原稿交邮挂号寄奉，请收。改毕仍希早日寄下，不胜感荷。

此致

敬礼

文学组

周贻白是中国戏曲史家，中华人民共和国成立前在商务印书馆出版了多部中国戏剧史个人专著。1949年后执教于中央戏剧学院，1953年中华书局出版了他的《中国戏剧史》，1958年中国戏剧出版社出版了他的《中国戏剧史讲座》，1960年人民文学出版社出版了他的《中国戏剧史长编》。在周贻白的著述中不见《中国戏曲史话》，可以推断该书后来未出版。审稿意见和退修信见证了它已经过选题、组稿等环节但未出版。

历史错失了大家编大作的佳话。如果周贻白的《中国戏曲史话》后来如期如愿出版，程毅中所撰审稿意见和退修信该导入出版效果予以分析。唯其未出版，出版效果并未显现，因而只能导入编辑意图（编辑出版行为的意向效果）予以分析。

任何编辑出版人一旦实施编辑出版行为，都希望所编出版物能如愿出版。这是包括出版行为在内的人类基本理性。因此，出版效果导向也是出版行为解释人应该采纳的基本理性。同时，实施出版选题受到出版环境的制约，其制约程度与选题的内容、规模、性质以及思想文化意义正相关。因而选题完成总有一定的风险和不确定性。因此，分析未出版的编辑活动，宜把效果导向调整为意向效果导向。出版实际效果和出版意向效果是相关联的两个不同概念。出版实际效果是出版物发行后以该出版物为中心发生并展开的社会反馈，是已然发生并实际存在的。出版意向效果是编辑出版者通过选题报告、审稿意见、退修信等反映和表达出来的，对拟出将出的出版物的社会反响的构想和向往，是有待实现或验证的。

同一部书稿的审稿意见与退修信，因为交流对象不同而话语策略、话语方式不同，程毅中所撰有一定的示范性。就编辑实务而言，先有对《中国戏曲史话》书稿一定的知识创造事实分析，而后有对书稿的退修建议。这先后次序鲜明但在实际审稿、写信的思想过程中缠绕难以辨清。因为审稿意见已经在中华书局文学组内部取得基本共识，程毅中退修信的重点在于《中国戏曲史话》作为新知识产品的构想："《中国戏曲史话》应该是一部比较简要的普及读物。读者对象为中等文化水平的干部和青年学生，而不是专业的戏曲史研究者。从这一点出发，在写法上似应偏重于介绍知识，提供必要的材料，文字也该是比较浅显通俗的。"并着重指明拟出的《中国戏曲史话》与已出的同类书籍的差异定位："《中国戏曲史话》不妨就《中国戏剧史讲座》的规模加以修订，力求文简而事亦不繁。同时为了与祝肇年同志所著的《中国戏曲》一书又有所区别，似宜偏重于历史的叙述和戏曲文学的分析。"基于知识产品总体定位的新构想，才简要言及《中国戏曲史话》的内容取舍建议，编辑法度谨严。

未出版的编辑工作在任何一个出版单位都惯常发生。正视其存在就理论意义而言仅为回归常识。任何一个出版单位的历史都沉没了其特有的未出版的编辑史，对其深入研究有丰厚的出版史论价值。

其一，以过程视角维护出版史形态和学科的完整性。目前通行的出版史最初由图书馆学专家以图书馆学中的书刊流通为主导范式而建构，实质仅为出版物历史，出版机构和出版人点缀或串接其中。如此书写的出版史草创有功，缺陷亦早彰显。今后的出版历史书写首先应该维护出版历史对象的完整性。单维的出版物史仅仅是出版史的外显部分。外显的出版物史和以书稿档案内隐内显的编辑史，包括未出版的编辑史才折射出特定历史时期出版单位内出版人行为、思想及其物化的完整形态。单维的出版物史难免以出版遮蔽编辑，长此以往便形成出版史的学科偏差。导入未出版的编辑史有望力矫此弊，以实在的编辑出版过程视角还原出版史的整体性。尽管目前依然有大批量书稿档案紧锁密室，但也已有零星披露。整理消化已披露的档案有望推进出版史学的相应发展。

其二，以编辑视角反映并呈现出版史的知识生产与传播的本质。编辑总与出版联系在一起，有出版必先有编辑，而有编辑则未必有出版。此当为专业常识。长期以来，编辑出版的史论研究多描述少分析，多笼统概括少行为及环节分析，这导致认识层面上对编辑与出版两者之间少有理论辨析与实践区分。宏观意义上的出版总将编辑包容其中，作为人类文化活动的一种类型，以与传播相对；微观意义上的出版则始于书稿，成于出版物，经由交易物或商品，终于读物。与微观意义上的出版相对相连，编辑始于作者创作信息或原稿，经由组稿、审稿而终于书稿，因而编辑工作是出版工作的实践前提。在工业文明时段的出版实务中，编辑仅为或主要为出版做准备，从无形的创作信息或初步物化的原稿到思想意识社会规范化的书稿就是编辑活动的社会行为区间，正如书稿经由出版物化、商品化成为社会流传的读物是出版活动的社会行为区间。

工业文明时段的出版史伴随着编辑史。细究起来，这伴随性的编辑史如果仅局限于出版物，或者说仅基于出版物史就难以完整、较充分还原。因为编辑过的原稿未必都能成为书稿，书稿也未必都能成为出版物，未必及时成为出版物，从书稿到出版物的时滞亦为书稿价值、出版物价值的变量因素。未出版的编辑活动是因故中止的编辑活动（如未形成书稿），也可能已经完成编辑工作（如打出纸型）而仅仅等待印刷发行。这类未出版的编辑活动绝不等同于不存在，更不该被视如不成功的编辑活动，它同样是一种社会存在，已经完成的社会存在，且同样隐含一定的甚至丰富的知识创造价值。正如脱离编辑没法准确、全面认知出版作为人类知识生产传播活动的内在机理，正如编辑史是出版史中知识创造生产的核心部分，当且仅当打捞未出版的编辑史才能还原、丰富人类的知识创造传播史。

其三，以传播转换视角认识媒介传播史。未出版的编辑历史现象是出版生产力和生产关系相对落后的产物。它与社会一定阶段的信息化水平成反比。也就是说，出版生产力水平越低，出版作为媒介的不可替代性就越高，未出版的编辑现象的存在概率也越高。相反，出版传播技术越发达，出版生产力水平越高，出版作为媒介的不可替代性就越低，未出版的编辑现象的存在概率也越低，越少见。因为人类思想的表达、知识生产和传播的需求可以通过出版以外的媒介渠道得到另一种方式的满足。这类出版传播现象在20世纪90年代后期、21世纪初叶并不少见。因此，未出版的编辑史未必属于编辑史出版史独享的专属领地，它更有可能成为出版史、编辑史和媒介史、传播史的边缘交叉地带。由此开拓，或许发现传播媒介新景观、新天地。

五、结语与讨论

未出版是出版领域中常见多见的出版现象，是具有自觉的出版意愿的出版人或作者初步实施了投稿、组稿、审稿等流程环节，但又因故终止后续编辑出版流程的出版行为。有法定许可单位的未出版、非出版单位合法编印的未出版等多种类型。作者、编辑、出版意愿的同时空存在是未出版行为成立的必要条件。以未出版为内部视角有助于全面认识：①出版的构成要素；②出版所受制约；③出版与传播的社会关系。未出版的编辑史是中国近现代出版史上为最终并未出版的出版物而从事的选题、审稿等知识生产活动事实，具有意图性、未完成性。它与书刊出版物史合成完整的出版史，有独到的出版史论价值。

　　传播技术的迅猛发展、媒介融合的不可逆转严正要求重新认识出版。本章选择两个极端情境下的未出版案例，意在解释出版的本质功能是知识生产与传播，并界定出版为：政府许可的出版单位为社会生产和传播公共知识而实施的媒介产品创造与流通行为。作为现代出版三个要素之一的编辑极大地放大了其职能，而复制、发行则以零复制、零发行（或接近于零成本的复制与发行）而嬗变、沉潜其中，维持着在定义中的虚位存在。知识服务的公共性是出版的本质属性，与媒介和传播的通约性是其关联属性，出版单位的社会组织性是其与自媒体等的区别属性。

延安扫盲课本个案[*]

——《绘图新三字经》的媒介分析

《绘图新三字经》是20世纪40年代后期在陕甘宁边区及其他解放区流传甚广的通俗书籍，其"木刻板现珍藏在中国革命博物馆（现为国家博物馆）"[①]。出版人李文于1978年11月1日曾回忆说："在北京革命历史博物馆里，展出有一本延安韬奋书店出版的《绘图新三字经》，画是木刻家古元同志刻的，文字是徐律同志写的毛笔字体，全书的木刻原版也保存在革命历史博物馆内。"[②] 入藏国家博物馆，是殊为稀见的出版荣光。如何认识这一现代典藏的出版史内涵与意义便成为颇为重要的史论问题。

著名藏书家姜德明收藏了这本书。他说："我存的第四本是《绘图新三字经》，延安韬奋书店出版，作者是毕珏，绘图者是木刻家古元。限于当时的印刷条件，肯定是画家手刻制版印刷的。这原本已是革命文物，我藏的是革命博物馆的复印本。"[③] 惜对这本书的解释过于简洁。包括姜德明在内有限的几位研究者都仅注意到了这本书通俗化的文本形式，而对它通俗化的媒介语境、出版背景、传播影响则未予研究。

---

[*] 本文原发表于《印刷文化》2022年第1期，题为《〈绘图新三字经〉出版价值探微》，收入本书时改为现题。

① 中国革命博物馆编写组.新民主主义革命时期工农兵三字经选[M].北京：文物出版社，1975：29.

② 李文.到革命根据地去：记华北书店、韬奋书店[M]//三联书店史料集编委会.生活·读书·新知三联书店文献史料集：上.北京：生活·读书·新知三联书店，2004：507.

③ 姜德明.梦书怀人录[M].上海：上海远东出版社，2012：194.

《绘图新三字经》的出版史研究需直面一个基本的历史事实：它作为革命文物在"继续革命"的年代里入藏革命历史博物馆；在"告别革命"后，中国革命历史博物馆已更名为中国国家博物馆。有学者提示："我们对其他文明的了解，在很大程度上，有赖于这些文明所用的媒介的性质。我们的了解，要看其是否能够保持下来，或者是否能够被发现。"[①]《绘图新三字经》有幸保存下来了，该如何再发现其意义呢？如果将这一命题中的"文明"置换为"文化"，则可以援引为《绘图新三字经》研究的方法论导引：在陕甘宁边区的革命文化视域中理解《绘图新三字经》这一"革命"媒介，又从《绘图新三字经》的媒介视角理解革命文化。因此，本章基于新发现的史料，尝试运用媒介、传播视角解析这一现代出版典藏的经典性。

笔者最近发现一份手写资料，特披露如下：

关于延安韬奋书店出版毕玢著《绘图新三字经》的资料
访问李文同志记录

时间：一九七九年六月十五日上午

地点：北京钢铁学院

访问人：周永珍

延安韬奋书店是华北书店于一九四四年十一月为纪念邹韬奋同志而命名的。

邹韬奋同志是我国近代历史上杰出的新闻记者、政论家和出版家。在（二十世纪）三十年代旧中国蒋家王朝的黑暗统治苦难岁月里，邹韬奋在上海主编《生活周刊》，创办生活书店，出版发行大量进步书刊，与国民党反动统治进行不屈不挠的长期斗争。一九三一年"九一八"，日寇侵占东北三省，邹韬奋为挽救民族危亡，积极宣传抗日救亡运动，揭露国民党蒋介石反动政府对日不抵抗的卖

---

① 伊尼斯.传播的偏向[M].何道宽，译.北京：中国人民大学出版社，2003：28.

国主义，积极响应中国共产党、毛主席的抗日民族统一战线政策。一九三六年十一月作为全国各界救国会领导人"七君子"之一，被捕入狱，于一九三七年"七七"事变，抗日战争爆发后，才被释放出狱。"八一三"全面抗战，生活书店分布全国有五十五个分支店，出版发行《全民抗战》《世界知识》等十大刊物和数千种书籍，极受全国广大人民群众的热爱和拥护。一九三八年九月武汉失守，国民党反动派对日本帝国主义妥协投降，消极抗战；对内反共反人民，破坏团结，大搞倒退分裂。在国民党反动统治区摧残进步文化出版事业，到一九四〇年六月生活书店各地分支店被查封抓人，被迫停业有四十九处。进步文化事业遭受极大摧残。

敬爱的周恩来同志对韬奋同志和生活书店遭到国民党反动派的迫害，极为同情和关怀。当韬奋同志再次提出希望到延安和敌后抗日根据地去开展文化出版事业时，周副主席请示党中央表示欢迎和支持。当时新知书店和读书生活出版社也同样遭到国民党反动派的摧残。于是生活、新知、读书成立三联书店，在一九四〇年九月派人员去延安和晋东南抗日根据地，建立华北书店开展出版发行工作。

《绘图新三字经》是一九四四年冬在延安出版的通俗读物，为陕甘宁边区开展冬季农民识字扫盲运动的课本。内容紧密结合当时陕甘宁边区的政治经济形势，歌颂伟大领袖毛主席，中国共产党的领导，边区政府三三制民主政治，反映边区人民积极响应党中央的号召，加强团结，组织生产，自力更生，丰衣足食的现实生活，是极为生动形象、丰富多彩的通俗读物。是贯彻毛主席《在延安文艺座谈会上的讲话》的精神，为工农兵服务，为工农兵写作。《绘图新三字经》是当时出版的大量为工农兵广大群众所喜爱、极受欢迎的通俗读物之一。

当时陕甘宁边区周围被国民党反动派蒋介石嫡系胡宗南数十万

军队包围封锁，出版印刷条件极为困难。纸张、油墨、印刷原材料等物资全被封锁禁运。边区人民积极响应毛主席的号召，自力更生，开展大生产运动，以马兰草、大麻、破布、废纸等为原料，大力发展手工业生产各种纸张，自制油墨等印刷材料，以木板刻印出版各种读物。《绘图新三字经》就是用梨木板刻印的，封面和每页上方的木刻插图，是延安鲁迅艺术学院美术系木刻家古元、彦涵等同志的创作。文字的书写，是韬奋书店负责出版编辑工作的徐律同志的毛笔字。回忆起当时《绘图新三字经》出版后，极受边区各地工农兵广大群众欢迎，各地书店和团体纷纷来信，多次增加需要数量，一批印刷装订出来，很快就销售完了，曾不断印刷过好几版，印数有几万册，是当时通俗读物中出版发行量最大的读物之一。①

对照目前所刊相关史料，李文这一访谈录是他最为详细、具体地谈《绘图新三字经》的专门文字，具有重要的史料参考价值。它回忆了《绘图新三字经》的出版机构背景、印制出版活动及其物质条件，提示了这一现代出版典藏的研究线索和路径。

一、韬奋书店折射的革命出版史特征

韬奋书店是《绘图新三字经》封面署名的出版单位。其由来是，1944年7月24日，邹韬奋在上海病逝。中共中央隆重追悼邹韬奋，向陕甘宁边区政府建议将边区政府的华北书店更名为韬奋书店。10月31日，华北书店按照党中央《在延安纪念和追悼韬奋先生的办法》，在《解放日报》刊登启事，公告从11月1日（邹韬奋逝世百日纪念）起更名。11月1日，华北书店举行纪念

---

① 国家博物馆藏品部安莉研究馆员在匿名审稿意见中说："所披露的新发现资料《关于延安韬奋书店出版毕玢著〈绘图新三字经〉的资料访问李文同志记录》，真实可信。经查为原中国革命博物馆保管部文物组工作人员周永珍访问李文的记录，现收藏在该文物档案中。"

邹韬奋座谈会。周恩来、张仲实、林默涵、邹恩洵（邹韬奋之弟）等20余人出席。会议组给邹韬奋家属发了唁电，在唁电上签名的有柳湜、张仲实、林默涵、李文、卜明、徐律等。①

　　李文原名李济安，1912年生。1928年进徐志摩创办的新月书店。1934年进邹韬奋创办的生活书店。1937年，受邹韬奋委派赴重庆创办生活书店分店，并任重庆分店首任经理。1940年8月，接受周恩来指示赴晋察鲁豫边区创办华北书店，日夜兼程走走停停，于当年10月到达位于山西省辽县（现为左权县）的晋东南革命根据地。高铁时代数小时的车程当年却耗时两个月，表明了当时的战争环境和农业社会交通闭塞、物质技术条件的落后。李文名字就因这次长途跋涉改换而来。李文任经理的华北书店在1941年元旦开业。1941年4月，他奉命去延安汇报工作，步行两个月，于6月初到达延安，又奉命筹建延安华北书店。"1941年10月，以民营面目在延安开设的华北书店正式开业，李文任经理。"②《绘图新三字经》的出版就发生在他延安工作期间。1945年9月，李文受中共中央组织部委派赴佳木斯创建东北书店总店，并任总店总经理。1953年5月，李文调任鞍山钢铁公司，任大型轧钢厂厂长。1963年调任北京钢铁学院（现为北京科技大学）党委副书记兼副院长。这就是他1979年在北京钢铁学院接受访谈的由来。

　　1944年11月，韬奋书店新生。就在这个冬天，《绘图新三字经》以韬奋书店的名义出版。该书出版后半年多，李文离开延安，中国革命出版史就如此凝固韬奋和李文、韬奋和韬奋书店、韬奋书店和《绘图新三字经》的媒介关系。于李文，是对出版事业引路人邹韬奋的最好纪念。于中国革命出版史，则为出版人、出版单位与出版物三者之间灿烂辉煌的永恒记忆。邹韬奋是中国革命出版家的典范，创办于革命圣地延安的韬奋书店，亦为20世纪中国革命出版活动的典范和象征。李文受邹韬奋委派而先赴重庆再赴晋察冀的出版旅程，

---

① 赵生明.新中国出版发行事业的摇篮：延安时期新华书店史略［M］.西安：太白文艺出版社.2017：192-193.

② 郑士德.此生近百岁，拓荒无尽时：记出版发行家李文的艰苦创业历程［J］.出版史料.2010（2）：17-23.

典型地显示了中国革命出版活动从上海到重庆再到延安的地理空间转移，进而标示了从都市出版到乡村出版的不同文化图景。国统区、解放区的革命出版活动都如火如荼，解放区的出版活动发生在边远、偏僻的乡村且伴随着民族解放战争，这是理解解放区出版并分析《绘图新三字经》的史论前提。

"印刷业促进了都市化的趋势。"① 如果认同这一命题的普适性并援引为分析李文出版活动的理论起点，再回溯李文从大都市上海到西部城市重庆再到边远地区延安的"逆都市化"的出版轨迹，则不难发现其现代化启蒙意义。就此而言，李文等人从事的出版活动，不仅属于革命出版史，放宽视域后不难看到，它更属于从农业社会的传统出版向现代印刷传播转型的现代出版史，与传教士将现代印刷出版引入宁波、上海等沿海都市从而参与构建都市文明的行为同属启蒙出版或者说出版启蒙。不同处有三：①时间延后；②地域从中国东南沿海切换到中国西北腹地；③出版内容从基督教教义融入都市日常生活转换到革命理论新社会理论融入乡村日常生活。

革命性和现代性相统一是解析《绘图新三字经》应有的史论主张：一方面在战争环境、革命文化的视域中探究其革命出版行为的境遇与影响；另一方面又"超越革命"，在更广阔的中国现代化进程中理解其文化变迁意义。

二、媒介生产方式：木板刻印、油印折射的物质技术制约

李文在访谈中说及"自制油墨等印刷材料，以木板刻印出版各种读物，《绘图新三字经》就是用梨木板刻印的"。《绘图新三字经》木板刻印的印刷文化意义是什么？这是理解《绘图新三字经》的经典性必须回答的问题。

回答前述问题有一个印刷史知识前提，根据当时中国境内的印刷技术水平来看，有铅印、石印、木刻印、油印等形式。李文长途跋涉到晋察冀边区后，因为战时交通受阻，铅印纸型难以如期寄达，便退而求其次："不一定要铅印的，石印、木刻印、油印……都好！"② 这就是整个解放区出版的物质技

---

① 伊尼斯.传播的偏向[M].何道宽，译.北京：中国人民大学出版社，2003：102.
② 刘大明.太行敌后出版、发行"油印本"的回忆：为悼念李文同志而作[J].出版史料.2010（2）：10-17.

术条件环境，也是《绘图新三字经》梨木板刻印的由来。李文在解放区从事的出版活动，以油印最早，铅印最少，铅印是后来逐渐发展起来的。

关于在晋东南根据地华北书店的出版工作，李文曾回忆说：

> 如何搞出版工作呢？这里纸张和印刷都很困难。纸张要从敌占区买来，敌人严加封锁，很不易买到。印刷只有新华日报社，每天要出版报纸，没有余力出版书籍。因此我们决定用油印出版一些通俗读物和文艺书籍。购买文具纸张，要到河北省的阳邑镇敌占区去买。骑牲口去要走三天路程。我们三人商量，由我去跑一趟试试……
>
> 我委托他们买了一架油印机，一批油墨、纸张和一些文具。在店里住了一夜，白天不出门，到晚上出发往回走。在路上，我唱起了"我们都是神枪手，每一颗子弹消灭一个仇敌；我们都是飞行军，哪怕那山高水又深……"好像打了一次胜仗似的心情愉快。刘大明同志刻得一手好钢板字，就由刘大明同志负责编辑和出版工作。自编自刻，自己印刷，自己装订，有时就全体动手，这样就开始了出版油印读物的工作。①

刘大明的回忆是，"1940年底，根据周恩来同志的指示，重庆生活书店、读书出版社、新知书店三家进步书店联合起来，以民间形式赴敌后开办书店。我和王华同志，以李文同志为首，从重庆长途跋涉，突破日寇封锁线，到太行山抗日根据地开办了一个华北书店，初创时因铅印书本条件不成熟，在李文同志决策下，曾克服种种困难，以油印方式，'正规'地出版发行了20来本'油印小册子'，得到了边区各界读者的肯定，堪称出版史上'史无前例的一枝奇葩'，从而也使我们三人结下了深厚的感情"②。相比这批"20来本'油印小册子'"，《绘图新三字经》稍后三年，属于同一个出版家群体的同一个相

---

① 李文.到革命根据地去：记华北书店、韬奋书店［M］//三联书店史料集编委会.生活·读书·新知三联书店文献史料集：上.北京：生活·读书·新知三联书店，2004：502-503.
② 刘大明.太行敌后出版、发行"油印本"的回忆：为悼念李文同志而作［J］.出版史料.2010（2）：10-17.

沿出版机构前后相继的出版行为，则是肯定的。这位革命出版家在回忆时以引号突出这一出版行为"正规"，意在提示：①这是解放区政府许可的华北书店的出版单位行为，有合法性；②油印作为一种替代性的复制方式，虽然落后于此前此后，或相同时段国统区的铅排印刷，但有其合理性、合规律性，以及在解放区落后的印刷技术制约条件下突破封锁以满足社会需求的历史必然性。

李文说《绘图新三字经》"文字的书写，是韬奋书店负责出版编辑工作的徐律同志写的毛笔字"。他在回忆延安出版活动时也说，"为了印刷通俗读物，我们还自办木刻活体字印刷厂。由徐律同志用毛笔写四号大小的活体正楷字，刻成方木块排印书籍，或者刻成木板印刷书籍"①。可见，徐律"刻成木板印刷书籍"并非仅有《绘图新三字经》一例，是当时延安铅印能力极为不足的条件下较为常规性的印刷出版形式。

《绘图新三字经》封面（著者自存）

---

① 李文.到革命根据地去：记华北书店、韬奋书店 [M]// 三联书店史料集编委会.生活·读书·新知三联书店文献史料集：上.北京：生活·读书·新知三联书店，2004：506.

徐律"1933年进上海生活书店工作，1940年赴延安，长期从事党的出版工作"①。他和李文一样，在上海从事的是工业化的铅印出版，而到解放区后从事的则是传统农业社会的手工出版。上海的机制纸、机器印刷和解放区的手工造纸、手工印刷是两种不同的物质技术方式。从上海大都市的铅印出版到解放区乡村的传统木刻出版，这种弃新复旧的"返祖"印刷恰恰是迫于解放区物质技术条件的革命需要，《绘图新三字经》凝结的印刷文化史意涵就在于，解放区作为传统农业社会，印刷媒介的艰难兴起与社会传播的显著变化。

"雕版印刷意义上的印刷机走在排版印刷机的前面。""首先是由于雕版印刷的问世，继后是由于排版印刷的诞生。"②这是中西共同的印刷技术、印刷媒介发展的历史逻辑。在西方，"雕版印刷最普及的形式是图文并茂的《贫民圣经》"③。出于陕甘宁边区贫乏的物质技术条件，韬奋书店采用隋唐以来的中国雕版印刷技术出版了《绘图新三字经》，中国革命博物馆将其收藏，入藏的原因固然是多方面的，该书第一页是《人民救星毛主席像》，这可以推测为关键因素；也有可能是，这本书的整套木刻板及其凝结的印刷出版过程、方式——那绵延近千年的雕版印刷技术在革命文化中催生了新媒介；还有可能是，封面和每页上方的木刻插图出自古元、彦涵④等著名木刻家之手——尽管没有著作人署名。如果说，入藏国家博物馆显示了《绘图新三字经》在时间维度上的印刷技术传承价值，以农民为教育对象的通俗化、解放区新的革命文化的教育内容则是它在空间维度上的新传播。传承与传播既如此紧密结合又那样鲜明突出，就是它特有的出版价值形态的经典性。

曾有研究者发现依据韬奋书店出版《绘图新三字经》翻印的三个版本：其一，新华书店第八支店翻印，油印，1945年4月印；其二，新华书店第八

---

① 宋原放.编辑的匠心：纪念徐律和他主编的《新华文摘》[J].编辑之友，1985（1）：104-106.
② 麦克卢汉.理解媒介：论人的延伸[M].何道宽，译.北京：商务印书馆，2000：203-204.
③ 麦克卢汉.理解媒介：论人的延伸[M].何道宽，译.北京：商务印书馆，2000：203.
④ 徐光在《斯人已故去，钱江潮正涌》中谈及《绘图新三字经》时说："李文于1945年约彦涵同志组织鲁艺著名木刻家古元、力群、王流秋等四人制作插图，1945年出版发行五六万册，很受群众欢迎。"见《爱书的前辈们——三联后人回忆录》，生活·读书·新知三联书店2015年版，第257页。现据李文1979年访谈录，约艺术家画插图时间当为1944年，而不是1945年。

支店再版翻印，油印，1945年12月印；其三，新华书店第八支店翻印，油印，1946年12月印，内容图按翻印版重绘。并考证出"新华第八支店所在地为山西交城县五里铺，属于晋绥革命根据地"[①]。这里所说的油印版和延安的木刻版内容相同，但版面形式是不同的。联系李文说的《绘图新三字经》"一九四四年冬在延安出版"的初版时间，可证其在解放区大受欢迎的程度。关于《绘图新三字经》发行总量，李文于1979年接受访谈时说"印数有几万册，是当时通俗读物中出版发行量最大的读物之一"。定量说虚，定性说实，颇合口述史情理。徐律后人徐光说该书"1945年出版发行五六万册"[②]，不知依据何来。

三、媒介功能："课本"及其知识呈现方式

李文在访谈中说："《绘图新三字经》是一九四四年冬在延安出版的通俗读物，为陕甘宁边区开展冬季农民识字扫盲运动的课本。"课本是《绘图新三字经》作为出版物的类型，那么该如何从课本维度认识其媒介功能的历史文化价值？

首先应该认定对《绘图新三字经》做课本分析的媒介史理论前提。课本是其出版物类型，也明确说明了其媒介生产的意图，但它入藏国家博物馆显然不是由课本这单一因素决定的。国家博物馆固然有教育功能，但国家博物馆不是国家教育博物馆，其专业性质和指向都不在课本。《绘图新三字经》作为课本，其出版意图当然包含但不止于教"农民识字"。显然还有课本之外的另外因素有力合成了它的影响，顺此追问，另外的有力影响因素可能是什么？如何推断？课本的媒介意图、入藏国家博物馆的文化影响作为两个时空端点锁定了这一思考的问题域。在此问题域内，笔者尝试从三个层面予以分析。

（一）《绘图新三字经》作为课本的政治意义

《绘图新三字经》首页为《人民救星毛主席像》。这页文字为："陕甘宁，边区好；共产党，来领导；咱领袖，毛主席；能救国，能抗日；新民主，三三

[①] 周君平，寇月英，王志超.抗战时期的《绘图新三字经》[J].党史文汇，1996（8）：20-21.
[②] 徐光.斯人已故去，钱江潮正涌[M]//仲江，吉晓蓉.爱书的前辈们：三联后人回忆录.北京：生活·读书·新知三联书店，2015：257.

制；谋团结，讲自治；组织起，搞生产；办教育，助抗战；男人耕，女人织；又丰衣，又足食。"这幅毛主席像是不是解放区所出版书籍、教材中的第一幅毛主席像，尚有待进一步考证；但不是解放区出版史上的第一幅毛主席像，则是肯定的。李文于1941年10月在延安创办华北书店并任经理。1942年秋，中央宣传部将华北书店划归西北局宣传部领导，西北局宣传部将陕甘宁边区新华书店和华北书店合并，统一经营，李文任经理。"他亲自联系延安的画家，绘制领袖像、年画、连环画，又联系总参等绘制了多种地图，均由该店出版发行。"①顺带一说，1946年7月，李文担任东北新华书店总店总经理后，又于1948年5月，出版了长达千余页的东北版《毛泽东选集》。机缘巧合，出版有关毛泽东的书籍成为李文作为革命出版家的较为独特的行为特征。

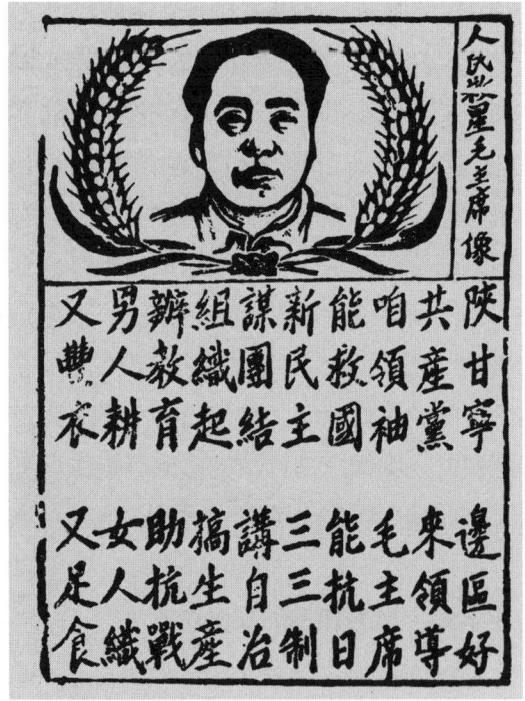

《绘图新三字经》首页（著者自存）

---

① 郑士德. 此生近百岁，拓荒无尽时：记出版发行家李文的艰苦创业历程[J]. 出版史料. 2010（2）：17–23.

意味深长的是,《绘图新三字经》以《人民救星毛主席像》启卷,涉及政治的仅前 5 个竖行,共 30 字,仅占全页正文文字的 1/2,占全书正文总字数 900 的 1/30。版面位置的高度推崇和版面容量的尽力压缩所合成的出版景观引人深思。物质匮乏条件下的媒介稀缺是硬约束,针对农民文盲读者、服务冬季农民扫盲运动的需要,用作"课本"是软约束,正是这种硬、软制约形成了《人民救星毛主席像》的情感无限敬仰和文字极度简约。

(二)《绘图新三字经》作为课本的媒介形式

《绘图新三字经》共 15 页,每页上图下文。上图为木刻线图,示意下文内容,旁边有一个图题,这个图题同时也是文题,成为该页内容的主题。下文三字成句,每页 20 句,分排上下两列,共 60 字。据此推算并统计,全书共 900 字。有人撰文称:"《绘图新三字经》正文共计 15 页,每页图文布局相同,均为上图下文,每页字数 80,正文共计 1200 字。"[①] 其所附正文第一页字数 60,而不是其所言 80 个字。

"三字经"诞生于宋朝,在《绘图新三字经》发行前后,流传着多种版本的"抗日三字经"[②],唯独《绘图新三字经》图文兼具,它组合"绘图",移用"三字经"传统格式,创新了当时媒介技术条件下通俗化出版新形式。"简洁而灵活的文字,留有余地,适应口语。"[③] 可见李文等韬奋书店出版人的用心和匠心。

上图下文是明清以来绣像小说开创的书籍形式。《绘图新三字经》继承了这一传统,有所创新的是单页有题,"题—图—文",三者合成一个完整的内容单元。姜德明也注意到《绘图新三字经》"利用传统旧形式,上图下文填进革命的内容","应该说这是一次成功的尝试"[④]。单页题的嵌入是其关键性的文

---

① 秦晓杰. 毕昇与《绘图新三字经》[J]. 文物鉴定与鉴赏,2020(3):14–16.
② 李延军. 太行山文书中"抗日三字经"的独特学术价值[J]. 石家庄铁道大学学报(社会科学版),2016,10(2):43–49.
③ 麦克卢汉. 理解媒介:论人的延伸[M]. 何道宽,译. 北京:商务印书馆,2000:2.
④ 姜德明. 梦书怀人录[M]. 上海:上海远东出版社,2012:194.

本形式创新。

值得指出的是，文物出版社出版的《新民主主义革命时期工农兵三字经选》仅收录了《绘图新三字经》图下文字，而没有收录这15幅图及标题。严格说来，这有违真实、全面的叙录，删节绘图和15个图题，既彻底否定了该书"绘图"和"新"的独创性，也难免让读者莫名其妙。

（三）《绘图新三字经》作为课本的媒介文化意义

"开放社会之所以开放，是因为它有一种同一的、借助印刷品实现的教育过程，这一过程借助积累的手段可以使任何群体实现无限的拓展。印刷书籍以印刷术在视觉秩序上的同一性和可重复性为基础，它成为最早的教学机器，正如印刷术是手工艺最早的机械化一样。"[①] 开放社会以社会成员的思想开放为物质基础和存在前提。而思想开放以共享知识为条件，因而要实施以知识传播、文明传承为目的的教育。教育与出版的关系由此产生。

出版和教育这两个社会领域的充分发展合成了出版业的教育出版。以教材代表了社会对出版的需求，以教材编纂和印制代表了对社会的知识与技术供给。在社会相对充分地发育，教育出版继而相对充分地发展之后，教育出版的业态构成、需要面对的理论和实践问题已迥然有别。《绘图新三字经》恰好作为落后的农业社会的教材出版样本启发后人思考求解其某种初始意义。

"印刷术既改变了学习过程，又改变了市场买卖过程。书籍是最早的教学机器，也是最早大批量生产的商品。"[②] 这是对人类社会进程中普适性的教育与出版关系的观察。"经过他的精心策划和日夜操劳，1941年10月，以民营面目在延安开设的华北书店正式开业，李文任经理。由于得到边区教育厅支持，边区的中小学课本由华北书店出版发行。"两三年后，李文筹资兴建的陕甘宁边区新华书店是延安南门外商业街区的标志性建筑："一座五间门面的两层楼房，上悬毛主席、朱总司令的两幅巨型画像。""它是当年延安城内最阔气、

---

① 麦克卢汉.理解媒介：论人的延伸[M].何道宽，译.北京：商务印书馆，2000：222.
② 麦克卢汉.理解媒介：论人的延伸[M].何道宽，译.北京：商务印书馆，2000：221.

知名度最高的门面。1947年3月党中央主动撤离延安，1948年4月我军收复延安，中央电影队先后两次拍摄的新闻纪录电影片，均将边区书店作为重点镜头拍摄下来。"① 这是解放区特有的教育出版文化景观，既表明教育出版作为文化革命的先导性，也显示教育出版内在动力之一的商业性。

四、媒介传播：组织化的新社会建构

口语作为媒介、基于口语媒介的传播，印刷作为媒介、基于书面印刷的传播，这是两类不同的媒介和两种不同的传播方式。革命出版活动进入延安以前，在陕甘宁边区社会里，主导媒介是口语媒介，口头的、面对面的交流占主导地位，社会的维系与运行基于口语传播，社会文化也主要是口语文化。印刷出版作为新媒介引入陕甘宁边区后，如何适应原有的口语文化，对边区社会生活产生了什么影响？便成为有待解释的历史、理论问题。《绘图新三字经》静默无言，包含了对这一史论问题的答案。

"新媒介是环境而不是简单的工具，它们能够成为人内心和外表变化的场所。"②《绘图新三字经》用作识字课本，就读者对象而言的新媒介角色显而易见。作为新媒介，该书客观的实际效果是营造了该书发行范围所及的新环境，那是课本内容和形式弥散开来形成的信息空间和思想氛围。在此意义上，新媒介是环境而不是简单的工具。革命出版活动的宗旨是以心灵革命、思想革命乃至身体革命等手段推动社会变革，"人内心和外表变化"正是出版人期望和追求的，以出版内容组织和出版形式适配这样的出版手段去期望和追求。基于这样的认知，本节认同"把媒介看作场所，我们在这样的场所里看人们在特定环境中追求的希望和梦想"③，进而对《绘图新三字经》做关联媒介形式的媒介内容分析。

---

① 郑士德. 此生近百岁，拓荒无尽时：记出版发行家李文的艰苦创业历程[J]. 出版史料. 2010（2）：17–23.
② 林文刚. 媒介环境学[M]. 何道宽，译. 北京：北京大学出版社，2007：269.
③ 林文刚. 媒介环境学[M]. 何道宽，译. 北京：北京大学出版社，2007：265.

《绘图新三字经》共15页，每页一图一题（既是图题又是文题），20句60字。这15个图题（文题）分别是：《人民救星毛主席像》《婆姨送饭图》《米麦瓜菜豆图》《劝二流子搞生产图》《变工队锄草图》《张兴送公粮图》《当初穷苦图》《丰衣足食图》《巫神害人图》《医生治病救人图》《调解纠纷图》《慰劳军队图》《站岗放哨图》《加入合作社图》《送娃上学图》。这15幅图，单页独幅，图下的文字是紧密串联的。这就合成了一个完整的课本叙事：以共产党和八路军领导的陕甘宁边区为背景，以老王所见为主线，讲述老王和他的同伴在边区开荒种地、互助和乐、摆脱贫困、欣欣向荣的社会过程。农业社会男耕女织，农民群众的积极向上溢于言表。值得关注、分析的是在这个串接的媒介叙事中镶嵌的多组社会场景。

（一）"婆姨送饭"隐现的叙事策略

第2幅《婆姨送饭图》的文字为："我老王，蒙教化；不努力，还干啥？吴满有，农民师；要向他，来看齐；拿镢头，带铁铣；到山峁，和川原；照计划，去开荒；一垧地，两天完；婆姨娃，来送饭；有豆腐，有鸡蛋。"这表现了《绘图新三字经》的话语策略：其一，以老王的视角叙说陕甘宁边区社会生活场景和变迁。其二，"说书人"老王与课本读者属于同类群体，从读者中来到读者中去，以他的口吻叙说，有利于消除课本内容和被扫盲者的心理隔阂，增加全书内容的亲和力。其三，老王是"蒙教化"的模范，他以吴满有为"农民师"，开荒种地，过上了"婆姨娃，来送饭；有豆腐，有鸡蛋"的幸福生活。这就使课本内容更有说服力。

（二）"劝二流子搞生产""张兴送公粮"的社会改造

第4幅《劝二流子搞生产图》的文字是："隔我家，二里地；有张兴，懒做事；串门子，不务正；嫖赌吃，可高兴；村主任，叫我劝；说两天，才转变；订计划，搞生产；开荒地，十垧半；没牛驴，我帮他；借犁耙，李四家。"

第6幅《张兴送公粮图》的文字是："不几天，草都光；秋季到，收成好;把张兴,喜极了;交公粮,送得早;都称赞,我们好;过年节,到他家;拉我坐,倒上茶;拍我肩,叫老王;谢谢你,帮了忙;新正月,真欢喜。"

"送公粮"是归顺政府的行为象征。张兴从好吃懒做的"二流子"转变为勤奋有为的新农民,寄托着冬季扫盲的社会理想。正如"老王"对张兴劝说的人际传播,《绘图新三字经》作为媒介传播行为,共同实施了社会改造。

(三)从"当初贫穷"到"丰衣足食"的社会变化

第7幅《当初穷苦图》的文字是:"婆姨娃,穿戴起;包扁食,压饸饹;蒸馒头,炸油糕;一家人,都高兴;太平年,好光景;想当初,真穷苦;衣服破,没布补;有锅灶,没米煮;向人借,受欺侮;婆姨气,哭鼻子。"

第8幅《丰衣足食图》的文字是:"闹离婚,要寻死;到如今,家道兴;夫妇和,没气生;正拉话,李四来;贺新年,笑颜开;女主人,摆碗筷;端出来,几盘菜;炖羊肉,肚丝汤;炒粉条,炸猪肝;喝了酒,就吃饭。"消除贫困是农村稳定发展的社会基础,这里描绘的丰衣足食图景,展示了农民生活的未来。

(四)"巫神害人"与"医生治病救人"的对比教化

第9幅《巫神害人图》的文字是:"一边笑,一边谈;小娃娃,来添饭;不小心,碗打烂;张兴说,无禁忌;不迷信,自吉利;李四说,对对对;谁迷信,谁倒霉;上个月,初八天;陈大嫂,害肠炎;找巫神,来扎针。"

第10幅《医生治病救人图》的文字是:"又画符,又念经;闹一阵,花几千;病人死,很可怜;孙二嫂,也病倒;请医生,来治疗;三剂药,病减半;能起床,能吃饭;信医药,病好了;信巫神,命丢掉;拉完话,回家走。"巫婆谋财害命,医生治病救人,对比鲜明。

(五)"慰劳军队""站岗放哨"的战时动员

第12幅《慰劳军队图》的文字是:"要慰劳,咱军队;我说道,这应该;公益事,大家来;共产党,八路军;是咱们,好救星;没有他,保护咱;你与我，还有啥？正说间，娃来告；叫声大，事真妙；前晌午，在哨地。"

第13幅《站岗放哨图》的文字是："盘查岗，一奸细；像敌探，带小镜；送区府，正审讯；区长说，好能力；请县长，把奖给；我教娃，要牢记；保边区，人人事；该尽责，勿大意；奖不奖，没关系；娃答应，懂得清。"当时的陕甘宁边区属于战时社会，需要围绕军事斗争进行社会动员。这两幅图洋溢着拥戴政府、保卫边区的豪情。

（六）"变工队锄草""加入合作社"的新社会组织

第5幅《变工队锄草图》的文字是："挖过土，溜过畔；努力搞，不迟慢；种洋芋，种糜谷；种蔬菜，务树木；五六月，好天气；下过雨，苗出齐；大家谈，齐欢喜；变工队，组织好；都上坡，去锄草；细细锄，心不慌。"变工即换工，"变工队是陕甘宁边区农业生产中集体互助的劳动组织"①。

第14幅《加入合作社图》的文字是："盘查哨，须认真；寒冬过，又春天；等放晴，去驮盐；多几转，赚大钱；合作社，入股金；都有利，好经营；民办校，要报名；学写算，不求人；讲卫生，爱清洁；衣和被，常洗涤。"如果说，变工队是劳力合作，合作社则是经济合作。这两者都是当时陕甘宁边区从实际条件出发而尝试、推行的经济组织方式，与开荒种植一样是帮助农民致富的新制度安排。《绘图新三字经》当然要作为重点予以宣传介绍。同为新制度安排与推广，《变工队锄草图》安排在"丰衣足食"之前，强调这是解决温饱的初级手段。而"加入合作社"作为倒数第二幅图，显然是有了一定的资金积累后更高级的经济组织方式，描绘的是"老王们"的发展愿景。新中国成立后，农业合作社在全国普遍推广。《绘图新三字经》因而留存了改造农村经济的初始记忆。

"印刷术承担了大批量生产和复制词语的责任。"②《绘图新三字经》以识字课本形式批量复制口语词，教学新语汇，重在建构陕甘宁边区新社会。全

---

① 中国革命博物馆编写组.新民主主义革命时期工农兵三字经选[M].北京：文物出版社，1975：34.
② 伊尼斯.传播的偏向[M].何道宽，译.北京：中国人民大学出版社，2003：118.

书以"老王"视角串接的生活场景和贯穿的主线是"新语词—新人物—新组织—新气象—新知识—新社会"。"和其他任何形式的人体延伸一样,印刷术也有心理和社会的影响,这些影响突然改变了以前的文化边界和模式。"① 就当时陕甘宁边区而言,战时社会动员是宣传的现实目标,而实现目标有赖于社会改造与组织。军事动员依靠政治组织的思想动员,而思想动员以一定的共享知识为前提,因而共享知识,具体说是以出版手段实现的出版者和读者之间的知识共享便成为一种社会需求。"字母表(及其延伸印刷术)使力量的传播成为可能,这个力量就是知识。"②《绘图新三字经》以《送娃上学图》作结,尤为突出了该书对知识的推崇。这也是《绘图新三字经》作为扫盲课本的知识传播意义。

姜德明认为,《绘图新三字经》"更准确地说,这是农民识字课本,主要内容以农事为主,如'挖得深,锄得细;多拾粪,来上地;棉花里,撒芝麻;玉米旁,带豆荚'之类,包括宣传变工队、合作社、送公粮、改造二流子,等等。它带有浓郁的陕北特色,当然也是新文艺工作者为工农兵服务的一次实践"③。说《绘图新三字经》"带有浓郁的陕北特色"未尝不可,更关键的是要看到,"变工队、合作社、送公粮、改造二流子"是陕北新气象,是典型的革命文化实践,作为变革传统农耕文化的结果,在新中国成立后推广开来,成为新中国的社会运动和社会组织方式。需要从 1944 年的陕北转换到 1949 年以后的全国来审视《绘图新三字经》媒介叙事的政治和文化革新意义。"如果仅仅把印刷术看作一种信息贮存,或者是快速检索知识的一种新型媒介,那么它的作用就是结束狭隘的地域观点和部落观念,在心灵上和社会上、空间上和时间上结束地方观念和部落观念。"④

麦克卢汉曾断言:"印刷术是解放的力量(使《圣经》和各种民主思想资

---

① 麦克卢汉. 理解媒介:论人的延伸[M]. 何道宽,译. 北京:商务印书馆,2000:218.
② 麦克卢汉. 理解媒介:论人的延伸[M]. 何道宽,译. 北京:商务印书馆,2000:219.
③ 姜德明. 梦书怀人录[M]. 上海:上海远东出版社,2012:194.
④ 麦克卢汉. 理解媒介:论人的延伸[M]. 何道宽,译. 北京:商务印书馆,2000:217.

源流传）和革命的力量（重造个体意识和集体意识的载体）。"①《绘图新三字经》的革命性不仅在于出版者与国民党的政治斗争和军事冲突的出版背景，更在于它以新媒介的形式和内容改造农民文化，转型为新社会的现代启蒙。

五、结语与讨论

"书籍的外部记忆只有通过一个群体的内部记忆才能产生力量。"② 本章借助出版人的群体记忆来理解《绘图新三字经》的价值，意在尝试印刷文化研究的新路径。

本个案基于新发现的史料，从媒介、传播和传承维度解析其媒介社会关系：极端贫乏的物质条件使出版者选择了古老的木刻雕版印刷；为教化农民，出版了冬季扫盲识字课本；为有效传播并推动农耕文化转型，课本传播破除迷信、组织新型社会的现代知识，并创造了"绘图新三字经"的知识呈现方式；韬奋书店如此策略和行为既是其革命出版活动的内容和特征，也显示了伴随革命出版的革命启蒙和现代文化启蒙。这种革命启蒙与文化启蒙相统一的现代性就是《绘图新三字经》的媒介经典性。

《绘图新三字经》潜存着媒介史、图像史、毛泽东宣传史等多维度的张力。作为国家博物馆的典藏，它在或长或短的未来总有再被言说的机遇。这种必然性要求研究者自省研究路径与方法，以自觉接受未来的挑战。本章从出版单位钩沉革命出版史的语境，以"媒介生产—媒介类型—媒介内容"的逻辑揭示《绘图新三字经》出版文化价值的新认知。

20世纪中国出版史贯穿着从隐到显、从起始到发展到高潮的毛泽东、毛泽东思想宣传史。1944年出版的农民课本中有毛主席像，毛泽东被敬誉为"人民救星"，同时也被称为"咱领袖"，是人而不是神。这当然仅仅是毛泽东宣传史初始阶段的出版景观。这是《绘图新三字经》见证并折射的毛泽东宣传

---

① 林文刚.媒介环境学[M].何道宽，译.北京：北京大学出版社，2007：261.
② 德布雷.媒介学引论[M].刘文玲，译.北京：中国传媒大学出版社，2014：9.

史的出版价值。

20世纪中国出版史的历史背景和发展动力是现代化转型。《绘图新三字经》作为都市出版人到偏僻乡村从事出版活动的产物，遗存并个案见证了从说唱式口头传播到阅读式书面传播的转型。这是《绘图新三字经》的印刷媒介"化石"价值。那种内在的媒介史、传播史价值是显性的红色出版视角难以洞察并揭示的。

1996年有研究者提出"著者毕珩生平不详，待考"[1]。10多年后，徐光认定"作者毕珩是当时晋绥边区主任续范亭的笔名"[2]，惜此说有明确观点而无详尽论证。2016年有研究者叙及《绘图新三字经》时依然称"其作者毕珩目前不详"[3]。新近有研究者提出，"此毕珩为1942年7月至1944年2月设立的陕甘宁边区政府审判委员会书记官，《绘图新三字经》的内容以陕甘宁边区为故事背景而创作，再结合第二部分《绘图新三字经》的印刷时间，最早也是1945年4月，推测此毕珩应为彼毕珩。至于毕珩的其他信息则无从考证"[4]。孤证难成史。此说有待其他旁证进一步确认。

顺便一说，浙江省平湖市博物馆馆藏的《绘图新三字经》，是否与1944年冬至1945年9月存续的浙东韬奋书店构成出版关系[5]，亦有待其他旁证进一步确认。主要原因有二：其一，其藏品如果是木刻翻印本，而不是木刻翻印本的复印本，其木刻翻印的母本何来？其二，浙东韬奋书店存续时间太短，如果真由浙东韬奋书店翻印，在那样的战争年代，可能性到底有多大？

---

[1] 周君平，寇月英，王志超.抗战时期的《绘图新三字经》[J].党史文汇，1996（8）：20-21.
[2] 徐光.斯人已故去，钱江潮正涌［M］//仲江，吉晓蓉.爱书的前辈们：三联后人回忆录.北京：生活·读书·新知三联书店，2015：257.
[3] 李延军.太行山文书中"抗日三字经"的独特学术价值［J］.石家庄铁道大学学报（社会科学版），2016，10（2）：43-49.
[4] 秦晓杰.毕珩与《绘图新三字经》［J］.文物鉴定与鉴赏，2020（3）：14-16.
[5] 秦晓杰.毕珩与《绘图新三字经》［J］.文物鉴定与鉴赏，2020（3）：14-16.

机构个案[*]

——中华书局"公私合营"新闻"不闻"的传播机制分析

中华书局和商务印书馆在中国出版史上双雄并峙，各呈异彩。唯有一个时段是共同被"批处理"的，这就是1954年5月至1958年3月间的"公私合营"。支撑前句所说的"批处理"的历史事实是，1954年4月30日，高等教育出版社、财政经济出版社同日成立，商务印书馆和中华书局则作为私营出版机构"合营"其中。1958年2月，商务印书馆和中华书局又同时独立。相比其百年局史、馆史，四年甚短，出版史家便有意无意地忽视了它的存在。俞筱尧在《社会主义改造时期的中华书局》[①]一文中略有回顾，此外不见专文论及。中华书局这四年历史，折射了政府对私营出版业的改造。中央政府在出版生产力较为落后的社会环境下，整合有限出版资源的最初谋划及其调整，值得细致爬梳。

中华书局自1954年5月至1958年3月由政府安排与新成立的财政经济出版社公私合营，并作为财政经济出版社的副牌存在。这构成了它百年历程中的四年插曲。其间《人民日报》刊发了报道财政经济出版社的两则消息，1954年4月30日报道了财政经济出版社成立，1957年12月20日发表邵霖生通讯《财经出版社出版一批农业书籍 适合下乡上山的干部阅读》，称许其出版特色。从这两则消息的字面看，与中华书局毫无关系。如深入新中国出版

---

[*] 本文原载于《新闻春秋》2022年第3期，题为《中华书局发展史上四年"公私合营"管窥——以〈人民日报〉对财政经济出版社的两篇报道为视角》。收入本书时改为现题。

[①] 俞筱尧，沈芝盈. 书林随缘录[M]. 北京：中华书局，2002：91-92.

历史现场去细思审视，则不难发现不仅关联紧密，新闻话语的历史意味亦绵长悠远。特略加笺注，以略显新闻报道背后被隐匿的中华书局与财政经济出版社"公私合营"的某种复杂性，以释证新中国初期的专业出版形态，并助后来者认识那一小段微观出版史。

一、财政经济出版社成立背后的中华书局

财政经济出版社的筹建启动于1953年11月，筹备于1954年初，成立于1954年5月1日。据陈克寒于1954年11月14日签发的《出版总署关于筹建财经出版社有关问题向政务院的请示报告》[①]，筹建工作"根据乔木同志指示"，习仲勋、齐燕铭、陈云先后同意。1954年4月30日，《人民日报》发布消息："高等教育出版社和财政经济出版社定五月一日在北京成立。"

高等教育出版社和财政经济出版社定五月一日在北京成立

全国性的高等教育出版社和财政经济出版社决定五月一日在北京正式成立。

这两个出版社的成立，将逐步克服目前高等学校和中等专业学校教材以及财政经济书籍缺乏的现象，使国家和人民的迫切需要得到初步满足。

高等教育出版社是由中央人民政府高等教育部会同出版总署筹备组织成立的。它的方针任务是：根据高等学校、中等专业学校的教学情况，大力组织社会著译力量，有计划地出版苏联高等学校和中等专科学校理工农和部分社会科学教材的中译本，并选择出版我国各高等学校自编的比较适用的教材，以适应国家培养社会主义建设人才的需要。

---

① 陈克寒.出版总署关于筹建财经出版社有关问题向政务院的请示报告[M]// 袁亮.中华人民共和国出版史料：第6卷.北京：中国书籍出版社，1999：680-681.

高等教育出版社计划在一九五四年五月到十二月的八个月中，出版书籍二百多种，其中有高等学校的关于机械、航空、电机、土木建筑和水利、冶金、化工、物理、化学、数学、天文气象、农林生物等方面的教材和参考书共一百八十种，高等学校交流讲义八十种，中等技术学校的关于机械、电机、航空、冶金、化学等方面的教材二十二种。

财政经济出版社是由中央人民政府若干财经部门会同出版总署筹备组织成立的。它的方针任务是：遵照党在过渡时期的总路线，配合国家经济建设的需要，组织与培养社会著作翻译力量，以具有中等文化程度以上的财政经济工作干部为主要读者，编译和出版有关国民经济计划、统计、会计、企业管理、财政、金融、国内外贸易、农业经济和生产技术、粮食、合作、气象和一般财经方面的书籍，以加强财政经济工作干部的马克思列宁主义的财政经济理论、政策业务知识的宣传教育。同时编译和出版有关上述各方面的高等和中等学校的一部分教科书。

财政经济出版社计划在一九五四年五月到十二月的八个月中，出版各种财经书籍二百四十多种，其中关于国民经济计划、统计、会计、企业管理、贸易、合作等方面的新书四十五种，关于财政、金融方面的新书二十八种，关于农业经济方面的新书二十种，关于农业技术和高等、中等学校教材方面的新书一百五十种。（新华社）

（一）新社成立报道不见商务、中华的原因

1954年4月30日，财政经济出版社成立大会召开。出版总署副署长叶圣陶在大会上做了长篇主旨讲话。叶圣陶在讲话的前半部分反复提到中华书局，并充分肯定了两社公私合营的历史意义。他说：

> 中华书局实行全面公私合营改组为财政经济出版社，不仅是多

了一块招牌，扩大了业务范围，这样的认识是不够的。中华书局实行全面公私合营，就中华书局本身说，是一个新纪元，是一个新生。从今以后，中华书局的性质根本变了，它已是一个半社会主义的出版企业了；在中华书局工作的职工，所处的地位也根本变了，主要是为国家工作了，与国营企业的工作人员享有同等的地位了。才智能力可以有更充分发挥的机会。成立财政经济出版社，就国家说，这是增加了一个重要的出版机构，这个出版机构将密切配合国家经济建设，出版大量的财政经济读物，以加强马克思列宁主义的财政经济理论、政策与业务知识、业务生产技术的教育宣传。这个出版机构，今后将完全受国家的领导，按国家的要求在自己的专业范围内出版适合国家需要出版的书籍，出版配合国家经济建设和文化建设的书籍。这样，中华书局的发展前途就有了可靠的保证。①

《人民日报》报道财政经济出版社成立的消息中，了无中华书局的只言片语。叶圣陶的讲话符合新闻事实，但与对外报道的新闻有明显差异。其新闻"不闻"的原因是，1954年1月15日，胡愈之在出版总署、中华书局董事会关于中华书局全面公私合营问题的会谈会议上特别指出："改为公私合营一事不必公开登报宣布，亦不在招牌上加注。"②

为何"不必公开登报宣布"？ 1953年4月，《黄洛峰就建立财经出版社问题致习仲勋、胡乔木函》中说："几个月来，我们一直在争取以财委编译室做底子建立财经出版社，但因找不到总编辑等领导同志，始终建立不起来。"③1953年11月4日，中共中央宣传部负责人熊复召集财政部、农业部、

---

① 叶圣陶.出版总署叶圣陶副署长在财经出版社成立大会上的讲话[M]//袁亮.中华人民共和国出版史料：第6卷.北京：中国书籍出版社，1999：248.
② 胡愈之.胡愈之署长在出版总署、中华书局董事会谈会议上的发言[M]//袁亮.中华人民共和国出版史料：第6卷.北京：中国书籍出版社，1999：43.
③ 黄洛峰.黄洛峰就建立财经出版社问题致习仲勋、胡乔木函[M]//袁亮.中华人民共和国出版史料：第5卷.北京：中国书籍出版社，1999：287.

林业部等 11 个部委的办公厅负责人到中南海开会，"为统一领导，集中使用人力，并解决出版、印刷、发行上的困难，建议今天到会的各单位联合起来成立财经出版社，以应国家建设的迫切需要。到会各部门的代表均表示赞成中央宣传部的建议"。"成立财经出版社，准备与中华书局合并，成为公私合营企业。中华书局原已公私合营（公股占 20%），有相当技术基础，过去并曾为农业部等单位经常出书。财经出版社成立后，中华书局的名义仍保留。一些再版的旧书，或质量低的书，可以中华书局名义出版。其他均以财经出版社的名义出版。今后人民出版社有关财经方面的书籍，亦交由财经出版社出版。"①

（二）关于商务、中华的恢复、独立

中华书局与财政经济出版社公私合营终于 1958 年 2 月 5 日。当天，文化部请示中央宣传部："将高等教育出版社和商务印书馆分立为两个独立的出版社。高等教育出版社由高等教育部领导，商务印书馆由文化部领导；将财政经济出版社改组为农业出版社和中华书局两个单位，农业出版社归农业部领导，中华书局归文化部领导。"② 中央宣传部于 2 月 15 日 "同意文化部党组关于重新安排商务印书馆和中华书局的工作任务，调整机构和人事配备问题的报告"，"拟以中华书局为主要出版我国古籍的出版机构，以商务印书馆为主要出版世界学术著作的出版机构"③。胡乔木于 2 月 19 日批示"拟同意"；又经邓小平、彭真审阅同意。可见，中华书局与财政经济出版社公私合营不到四年。

1956 年 4 月 19 日，中央宣传部拟 "成立农业出版社。在今年内将原公

---

① 中央宣传部召开成立财经书籍出版社问题座谈会会议纪要［M］// 袁亮. 中华人民共和国出版史料：第 5 卷. 北京：中国书籍出版社，1999：588.
② 钱俊瑞. 文化部党组关于商务印书馆、中华书局改组及公方董事、主要负责干部配备的请示报告［M］// 袁亮. 中华人民共和国出版史料：第 9 卷. 北京：中国书籍出版社，2004：362.
③ 中央宣传部. 中央宣传部关于重新安排商务印书馆和中华书局的工作任务、调整机构和人事配备问题给中央的报告［M］// 袁亮. 中华人民共和国出版史料：第 9 卷. 北京：中国书籍出版社，2004：360–361.

私合营的财经出版社改组为由农业部直接领导的农业出版社,负责出版农业科学技术书籍和农业经济书籍,并应着重出版适合农村干部和农民阅读的农业科学技术书籍"①。1956年6月16日,文化部党组负责人钱俊瑞专门致信陈云副总理,报告商务、中华两机构现状,"在财经出版社内专门做中华书局编校工作的有16人,在北京有5人,在上海有6人,该书局附属的图书馆有5人,负责人是姚绍华"。"关于恢复商务印书馆和中华书局的问题,我们正在进一步研究,容后再做报告。"②1956年7月2日,钱俊瑞再次向陈云报告:"在听了你和总理的指示后,我们准备分作两个步骤,来改进对商务、中华工作。""第二步准备将商务、中华从高教出版社和财经出版社独立出来。"③可见,中华书局与财政经济出版社公私合营仅两年后,出版管理部门已觉欠妥,党组已作出了让其恢复独立的内部决定,而恢复独立是陈云副总理和周恩来总理过问的结果。

(三)关于中华书局作为副牌

"我们设想原'中华书局'牌号保留时间是一个相当长的时间,所以要两块招牌的原因是:①'中华书局'还有海外机构,考虑到海外环境,以保留原牌号为有利;②'中华书局'有相当悠久的历史,在我国学术文化界中有一定贡献;③还有很多书不宜用'财经出版社'的名义,而用'中华书局'名义更为恰当,例如许多至今仍有价值的旧书、今年准备大量出版的地图等。又必须挂'财经出版社'的牌号,因为去年政府的财政、商业、贸易、合作、金融、农、林、水利、劳动、工商等部门即因客观需要,准备筹组一个财经出版社。财经书籍都是实际应用的书籍。以财经出版社名义出版,读者知道

---

① 中央宣传部.中央宣传部关于加强农民读物的出版和发行工作的报告[M]//袁亮.中华人民共和国出版史料:第8卷.北京:中国书籍出版社,2001:81.
② 钱俊瑞.钱俊瑞关于商务印书馆和中华书局目前情况给陈云副总理的信[M]//袁亮.中华人民共和国出版史料:第8卷.北京:中国书籍出版社,2001:129-130.
③ 钱俊瑞.文化部党组关于商务印书馆和中华书局实行公私合营后的情况和改进意见给陈云的汇报[M]//袁亮.中华人民共和国出版史料:第8卷.北京:中国书籍出版社,2001:148.

这是政府办的，买书时放心些，书就可多销些。"① 这里有两点值得注意：很多书用中华书局的名义出版更为恰当；读者对政府所办出版社的书籍更放心，书销得更多。

"中华书局也于同年实行公私合营，改组为财政经济出版社，同时保留了中华书局的牌子，出版财政、金融、贸易、合作、农业书籍，以及原由中华书局出版的文史哲书籍。"② 文化部出版事业管理局汇总《1955年出版统计资料》就将中华书局列为财政经济出版社副牌、商务印书馆列为高等教育出版社副牌，正如将生活·读书·新知三联书店和世界知识出版社列为人民出版社副牌。

（四）财政经济出版社成立当年的出版计划

1954年4月30日，《出版总署叶圣陶副署长在财经出版社成立大会上的讲话》，透露该社成立后当年出书计划种数空缺："你们今年的出版计划已订出来了，要出版新书□□□种，二千□百万字，这不是一个小的任务。"③ 出版种数、字数在当时如此庄严的大会讲话中，叶圣陶不可能不讲。讲话稿及档案失记或许另有因由。倒是当天《人民日报》的会议报道有所披露，但仅为财经书籍的计划品种数。50天后，出版总署写给"中央宣传部、中央文委党组、中财委（资）并主席和中央"的报告中说："根据方针任务所制订的本年度出版计划，高等教育出版社5月到12月出书约500种（含新书200种），4000万字，400万册；财政经济出版社出书约520种（含新书约270种），2500万字，600万册。"④ 显然，这里520种是含中华书局副牌的出版计

---

① 出版总署、中华书局董事会关于中华书局全面公私合营问题第一次会议纪要 [M]// 袁亮. 中华人民共和国出版史料：第6卷. 北京：中国书籍出版社，1999：38-39.
② 钱俊瑞. 文化部党组关于商务印书馆、中华书局改组及公方董事、主要负责干部配备的请示报告 [M]// 袁亮. 中华人民共和国出版史料：第9卷. 北京：中国书籍出版社，2004：362.
③ 叶圣陶. 出版总署叶圣陶副署长在财经出版社成立大会上的讲话 [M]// 袁亮. 中华人民共和国出版史料：第6卷. 北京：中国书籍出版社，1999：251.
④ 出版总署党组. 出版总署党组关于处理商务印书馆和中华书局公私合营经过的报告：摘要 [M]// 袁亮. 中华人民共和国出版史料：第6卷. 北京：中国书籍出版社，1999：330.

划，新成立的财政经济出版社的财经图书和旧牌中华书局的文史类书籍各占一半。

二、财政经济出版社农业图书出版特色的背后

1957年12月20日《人民日报》发表邵霖生通讯《财经出版社出版一批农业书籍 适合下乡上山的干部阅读》，是继1954年4月30日《人民日报》发表的有关财政经济出版社的第二篇报道。报道如下：

> 本报讯，财政经济出版社最近出版一批关于农业方面的书籍，这些书适合于下乡上山参加农业生产的干部阅读。
>
> 《祖国农业的新面貌》：这本书系统地介绍了我们伟大祖国农业的新面貌。它的内容包括祖国优越的自然环境和富饶的农业资源，祖国的农业遗产，共产党和人民政府对农业生产的领导和帮助，社会主义的农业合作化，国营农场和拖拉机站，各种农业生产技术措施，解放以来农业生产的巨大成就和祖国农业的远大前途，等等。
>
> 《农民生活今昔》：这本书选编了十篇代表全国各类地区（如平原水稻区、平原旱作区和丘陵山地区）的县、乡、社和若干农户的农业生产和农民生活的典型调查。这本书采用对比的方法，以大量生动具体的材料描述了今昔农村两种不同的生活状况。
>
> 《改革耕作制度的初步经验》：改革耕作制度是当前农业增产的措施之一。几年来，全国各地在耕作制度的改革方面积累了许多经验，这本书就是关于这方面的经验汇集。这本书一共有十九篇文章，大体分耕作制度的改革、发展双季稻和扩大复种面积等三个部分。
>
> 《农田水利》《肥料》：兴修农田水利和积肥是全国农业社在今冬明春的中心任务。《农田水利》一书介绍平塘、小型水库、灌溉渠道和凿井等农田水利的构筑方法和灌溉排水技术，有详细的插图。《肥

料》一书专门讲述施肥对农作物的作用，肥料的种类、性质和施用方法。

"中等农业学校专业教科书初稿"这套教科书由中等农业学校各个专业课程的教科书编辑委员会根据现行教学大纲集体编写，已经出版的有《植物学》《气象学》《作物栽培学（一）》《作物栽培学（二）》《选种与良种繁育学》《果树栽培学》《蔬菜栽培学》《养马学》《微生物学》《药理学与处方》《蚕的生物学》《养蚕学》《蚕的病虫害防治学》《蚕的良种繁育学》《桑树栽培附病虫害防治学》《鲜茧收购及处理》《柞蚕》等十七种，明年还将陆续出版三十余种。

该消息中所说的《祖国农业的新面貌》出版于1957年11月，印数1300。从其内容提要[1]可知该书着重于宣传，该书的低印数则表明，在当时纸张、印刷紧张的条件下保持着某种经济理性。

该消息中所说的《改革耕作制度的初步经验》由经济资料编辑委员会编，财政经济出版社于1957年10月出版，首印1100册。1958年7月移交农业出版社第3次印刷，印数2601~7600。消息中对该书的介绍改写自该书的内容提要。[2]该书收入中共安徽省委第一书记曾希圣的《关于农业生产三项改革工作的几点体会》、中共河北省委书记马国瑞的《低洼易涝地区的种植改革》等20多篇文章，其经验推广的历史价值不容低估，可推断为新中国农业创新传播的重要历史文献。

---

[1]《祖国农业的新面貌》的内容提要是："这本小册子是根据《前进中的祖国农业》一书增订改写的。它概括地介绍了全国解放以来农业生产上的巨大成就，对党和政府发展农业生产的政策和措施，以及各项增产技术措施的推广实施情况，都做了简要的叙述。为了帮助读者了解这些成就的意义，还扼要地叙述了我国农业资源的概况和解放前农业生产的一般情况。"
[2]《改革耕作制度的初步经验》的内容提要是："耕作制度的改革是我国当前增产粮食的重要措施之一。几年来全国各地在这方面已经取得了不少成绩并积累了经验，本书就是这一方面初步经验的介绍。内容大体包括三部分：一是耕作制度的改革，二是发展双季稻，三是扩大复播面积。由于我国各地农业生产的具体条件不同，因此在改革耕作制度中所取得的初步经验，仅可供各地农业工作人员在根据当地具体条件进行耕作制度改革时参考。"

该消息中所说的《农民生活今昔》出版于 1958 年 2 月,初印 2.8 万册,就书籍上市而言,仅为图书预告。消息最末一句说"明年还将陆续出版三十余种","明年"也就是 1958 年出版的农业书籍是否还署名财政经济出版社出版,那就只能依据其印刷时间推断了。在 1958 年 2 月高等教育出版社与商务印书馆、财政经济出版社与中华书局这四个出版社独立后,此前以中华书局名义出版的某些农学农业书籍,也大多移交农业出版社出版。

《人民日报》"财经出版社出版一批农业书籍"的报道有其新闻意义与历史意义。新闻意义在于及时报道成立三年多的财政经济出版社特色和业绩,其及时性在于报道时点恰在中华书局将从财政经济出版社独立前夕,极可能源于《人民日报》从内部信源事先知晓了两社分立。历史意义在于以党报的权威性直接确认财政经济出版社、间接确认中华书局农业类图书出版特色的历史事实。历史认知问题因而产生:如何从新中国出版史的角度解析、解释这一历史事实?基本方法是把时点性事件置于时段中审视,将公私合营期间的时点性事件作为"后件"视如"果",关联公私合营前时段中的某些"前件",寻找某种或某些"因",以解释历史事实的因果关系或关联关系。

出版总署的政策性引导。"全国解放以来,政府给了中华书局许多帮助和指导。1951 年,指导和帮助中华书局实行出版与发行的分工,使中华书局能够专业出版,所出的书由中国图书发行公司包销。1952 年,指导中华以农业书籍为出版专业方向,帮助中华与农业部建立关系,由农业部供给书稿,并由政府以调拨价格配给中华纸张。1953 年,指导和帮助中华接受大学教材与地图的出版任务,扩大了经营范围,提高了出版物质量,这样,就使中华书局的出版任务逐步地有了发展,企业经营上的困难得以逐渐克服,与政府的关系也日益密切。在这个基础之上,政府于今年 1 月接受了中华董事会提出的实行全面公私合营的要求,这也正是事情发展的必然结果。"①

中华书局调适、确立农业出版的新专业方向有一个从安排到遵从再到积极争取的过程。新中国成立之初,中国出版体制效仿苏联实行专业分工。1950年9月,第一届全国出版会议在北京召开,会议确定了中国出版专业化体制,且初步商定中华书局"以医药卫生及农业书的出版为主要专业方向,允许逐步走向专业"②。当时中华书局这方面的专业编辑力量殊为薄弱,"编辑所没有医卫人员,农业只有半个,引起编辑所内部不安,怀疑强调专业,意在排挤旧人,高级编审纷纷有离去之意"③。1951年9月,出版总署有心将中华书局的专业方向"重点由医农改为俄文和翻译,逐渐走向外文。因向总署反映目前尚有困难,希望将农业重点保留,总署应允研究"④。1951年11月,"总署同意改以外文、苏联介绍及农业为专业方向"⑤。1952年7月,出版总署认定中华书局为中央一级出版社,对中华书局的"领导关系和专业分工范围,更明确规定为农业、俄文语文及苏联介绍三类"⑥。

出版社会关系重构。1951年,中华书局"与出版总署商定,编辑所迁京后的业务领导关系有农业部、林业部、中国科学院、北京农业大学、华北农业科学研究所"⑦等。相比于1949年以前,中华书局的"业务领导关系"是一种新型的出版社会关系,就中国当代出版管理的主管主办制度及其变迁而言,它折射了后来的出版机构主办制度的缘起。而这种崭新的出版社会关系首先经由与出版行政管理机关商定,其次集中指向农业和农业科学。中华书局"编辑所为实现专业方向,争取业务领导",自1951年4月起,"分别与有关

---

① 叶圣陶.出版总署叶圣陶副署长在财经出版社成立大会上的讲话 [M]//袁亮.中华人民共和国出版史料:第6卷.北京:中国书籍出版社,1999:248.
② 钱炳寰.中华书局大事纪要 [M].北京:中华书局,2002:238.
③ 钱炳寰.中华书局大事纪要 [M].北京:中华书局,2002:247.
④ 钱炳寰.中华书局大事纪要 [M].北京:中华书局,2002:247.
⑤ 钱炳寰.中华书局大事纪要 [M].北京:中华书局,2002:247.
⑥ 钱炳寰.中华书局大事纪要 [M].北京:中华书局,2002:256.
⑦ 钱炳寰.中华书局大事纪要 [M].北京:中华书局,2002:252.

单位订立出版合约：①华北农业科学研究所编的'苏联农业科学丛书''农业科学通讯丛刊''植物病害丛刊''农业生产技术连环图画''农业生产技术浅说'等。②农业部的'农业生产丛刊''农业经济丛书''农业干部丛书'"①。在重建新型出版关系后，出版选题也不再由中华书局独自制定，而是在业务领导的框架下形成。

专门专业指向的农业出版需求调查。"1952年秋，中华书局在北京召开了两次有关农业书刊的座谈会，一次是农业书刊的读者座谈会，一次是著译者座谈会，听取各方面的反映。这两次座谈会都很有收获，为中华书局探索新的出版方向提供了许多建设性的意见。不少人提出，为了建设新中国的农业教材和建立新的农业科学体系，迫切需要参考苏联的农业书刊，作为学习和借鉴，但是各地却很少看到这方面的新书出版，有的新书即使出版了，读者也不知道。还有不少人提出，通俗性的农业书刊，要求作者针对我国农村和农业的实际情况编写，不能依赖翻译苏联的书籍，等等，这些意见给中华书局的干部以很大鼓舞。"②

专业分工背景下的出版单位合并。1947年3月成立的新农出版社于1953年7月合并到中华书局，移转了19名编辑出版人员和一部分图书、书稿。19名编辑出版人士中有5名是农业编辑专业人士。

中华书局在公私合营之前，农业图书板块已经强劲崛起。"明确作为出版专业的农业、俄语和财经类新书的比重增长很快。以1953年为例，全年发稿2750.8万字，农业类1168.5万字（其中高等学校教材692.7万字），占42%；俄语类621.6万字，占24%；财经类150.1万字，占6%；其他760.5万字，占28%。"③农业相关书籍已达发稿总量的42%，占比不小。从图书产品结构可见中华书局"公私合营"前已凸显农业图书的出版特色。

据笔者收集到的档案材料，辽西省人民政府农业厅国营农场管理局于

---

① 钱炳寰.中华书局大事纪要[M].北京：中华书局，2002：250.
② 俞筱尧，沈芝盈.书林随缘录[M].北京：中华书局，2002：92.
③ 俞筱尧，沈芝盈.书林随缘录[M].北京：中华书局，2002：91-92.

1954年6月6日致信"中华书局负责同志：我局拟订购你处出版书籍《植物图鉴》，请函知该书价格及订购手续，以便寄款订购"。财政经济出版社于6月16日复函说："6月6日来信收悉。《植物图鉴》查系开明书店版本，前曾拟将该纸型移转中华书局出版，旋又作罢。目前该书在书店有无供应，不得而知，已将来信转送新华书店处理，即希接洽为荷。"这两封信函的往返发生在中华书局"公私合营"之后一个月，欲订购《植物图鉴》而问询中华书局，可见中华书局出版农业类图书已有口碑。可以说，中华书局在"公私合营"前已将农业类图书发展为一条新的产品线，并初步形成品牌。

简而言之，《人民日报》对财政经济出版社农业图书的报道作为冰山一角，反映了中华书局在公私合营前后的重大变迁。新政权建立既是其历史背景，也提示了政府和出版单位关系考察的思想维度。以此为出版历史的逻辑起点，才可以解释：①社会结构变迁中的中华书局发展专业方向调整；②中华书局20世纪50年代以书籍品种为代表的农业图书出版专业特色及追求；③社会结构—专业结构—品种结构合成一个闭环，总体合成式地解释了变迁中的出版的社会关系。新中国经济激发了农业图书的需求，中华书局作为编、印、发出版体系完备的出版机构顺应社会发展，回应政府导向，是理解中华书局在"公私合营"前后大力出版农业图书的根本。

三、以《作物病害图说》作为案例

新中国成立后，中央政府为发展经济，成立财政经济出版社理直气壮，偏偏出版总署在与中华书局董事会谋划"公私合营"时说："很多书不宜用'财经出版社'的名义，而用'中华书局'名义更为恰当。"这背后的历史用意到底是什么，值得关注。更值得关注的还有如何判断其具体操作，某种书不宜用财政经济出版社名义出版，某种书用中华书局名义出版更为恰当。出版社名称不仅仅代表某一个出版机构，出版机构名称还被新赋予某种政治的或文化的含义。这应该是1953年三联书店作为人民出版社副牌后才逐渐形成的新中国特有的出版文化现象,且一直延续到20世纪八九十年代。就财政经济出版社与中华书局公私合营期间的出版而言,就有《俄华农业词典》由中华书局于1954年12月出版,而不是由当年新成立的财政经济出版社出版。其中的"潜规范"虽没有成文制度,但在重要会议上郑重言及且写入会议纪要,便不是单独个例,值得关注。

《作物病害图说》系日本学者中田觉五郎著,泷元清透校订,尹莘耘、姜广正等5人合译。全书49.7万字,20印张。1955年9月由中华书局出版,1956年11月上海第2次印刷,印数2501~7500;1957年4月上海第3次印刷,印数7501~11000;1957年12月上海第4次印刷,印数2万,总计达13万册。1958年5月上海第5次印刷本署名"农业出版社出版","印数:13001~16000",版权页中其他项目均未变。累积计算印数充分证明了农业出版社重印发行和中华书局初版的承接关系。1961年2月,农业出版社又出版该书"初版";1965年6月,农业出版社再出版该书修订本,首印5000册。如此频密重印,可见其是备受读者欢迎的畅销书。其初版及前4次印刷恰在中华书局和财政经济出版社公私合营期间,却并没有以新成立的财政经济出版社名义出版,而援用旧牌子中华书局出版,最后又移交农业出版社出版。据此可认定其个案分析价值,特此展开分析。

20世纪50年代出版的书籍每种都载有内容提要。《作物病害图说》扉页上的内容提要简明概括,要言不烦,三句话分别指向书籍内容介绍、形式特点、读者对象及功能预设,有内容提要撰写的范式意义。

> 本书内容为普通作物病害、特用作物病害、果树病害、蔬菜病害四大类,共包括75种主要作物的病害394种,每种详述其病菌名称、发生时期、寄生植物、发病部位、病状特征、病菌形态性质、传染途径和防除方法等。每种病害均附有被害植物和病原菌的插图。可供我国农业工作者和各级农业学校教师学生在研究和进行作物病

害防除工作时参考。

该书卷首刊有《译者序》，写于 1955 年 6 月 12 日，交代翻译缘起、经过、某些内容处理，足显当时著译者勤勉务实的学风作风，特转录如下：

解放初期，植物病害防治事业在各地大力开展，农业院校师生的数量骤然增加，大家感到植物病理的缺乏。当时适有中田觉五郎著《作物病害图编》1950 年的改订版寄到。书中罗列的数百种病害，也正是我国所常见的，每种病害都有插图，在病状及病原方面又做了精简扼要的叙述，这种图文对照的书籍，对于认识植物病害来说是有帮助的。我们在北京农业大学植物保护学系领导的鼓励下，于 1950 年夏分工起译，1951 年完成。

本书内各种作物病害的分布地区及品种名称，除少数注明为中国、朝鲜等国者外，均系日本的地名和品种名。因限于翻译的制度和具体资料，未便亦未能将我国植物病害的分布地名和作物品种名称换入，为本书的一个缺点。书中所列的防除方法尚欠具体，亦有与国情不符之处，只能供读者作为参考和批判性地吸取。

为便于读者使用计，已把书中的日本度量衡制换算为我国的度量衡市制。书末并附有《石灰硫黄合剂稀释倍数表》《波尔多液日华制换算表》和《细菌种属标号表》，以供读者查考。

本书由七人分译而成，译成后曾经相互校阅。排版完竣后，在名词方面又按学术名词统一工作委员会所公布的《植物病理学名词》做最后的统一和修正。但限于译者的业务水平和语文修养，书中错误或欠妥之处，恐仍难免，谨希读者严格指正，俾便在再版时订正。

译者序于北京农业大学植物保护学系

笔者有幸收集到一封财政经济出版社为发排该书稿所写的信函，多少记载和反映该书编辑、出版业务进行方式及状态，特予以披露。

财政经济出版社上海办事处编辑科：

尹莘耘等自日文翻译的《作物病害图说》一稿，现已由我处重新整理，交由出版部寄沪进行。但此稿系在两年以前由多人分段译成，因此不但译名不一致，名词不一致，与中国科学院所颁布的统一译名尤多出入，且文字体例亦极不一致，我们虽尽可能地加工整理，仍多不够完善之处。特专函请你科惠予协助，在发排前再加一番整理，并盼于二校时将校样连同原书原稿一并寄京校阅。如为争取时间分次校时，则请将改订版原书一册装订完竣后连同一并寄来，以便校阅（分批寄京亦可）。兹再就有关本稿插图制版及排列事项，另加说明如下：

（一）前半部已经制好版子的图样已贴在原稿上面，但原书增订部分的插图中，还有几幅缺图，请补制。

（二）原书每将一种病害的图分为二图，现在图版既已缩小，不必再照原书分开，上半部的图已经并好，下半部的图，请你们在制好了版子以后视具体情况尽可能予以合并，图序请顺序更改。

（三）前半部仅缺极少数几幅图，拟请先行整理发排，这样可以争取进行得快一些。

（四）插图地位，请参照日文原书，把每一病害的图插在说明文字之内。

在进行中如有何困难或其他问题，盼随时来信联系。

此致

敬礼

（编辑部章）

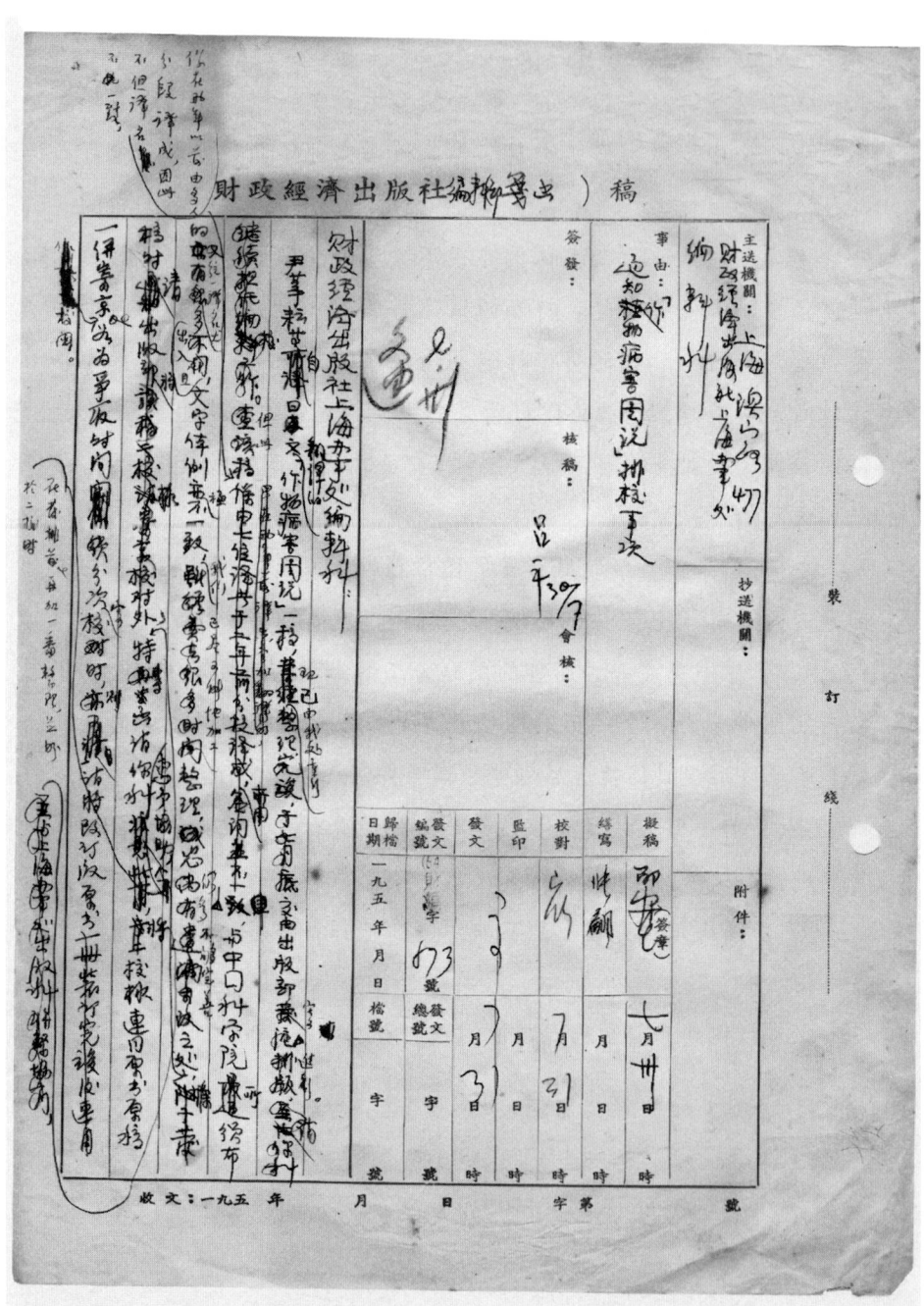

1954年7月31日，财政经济出版社编辑部致信该社上海办事处编辑科（著者自存）

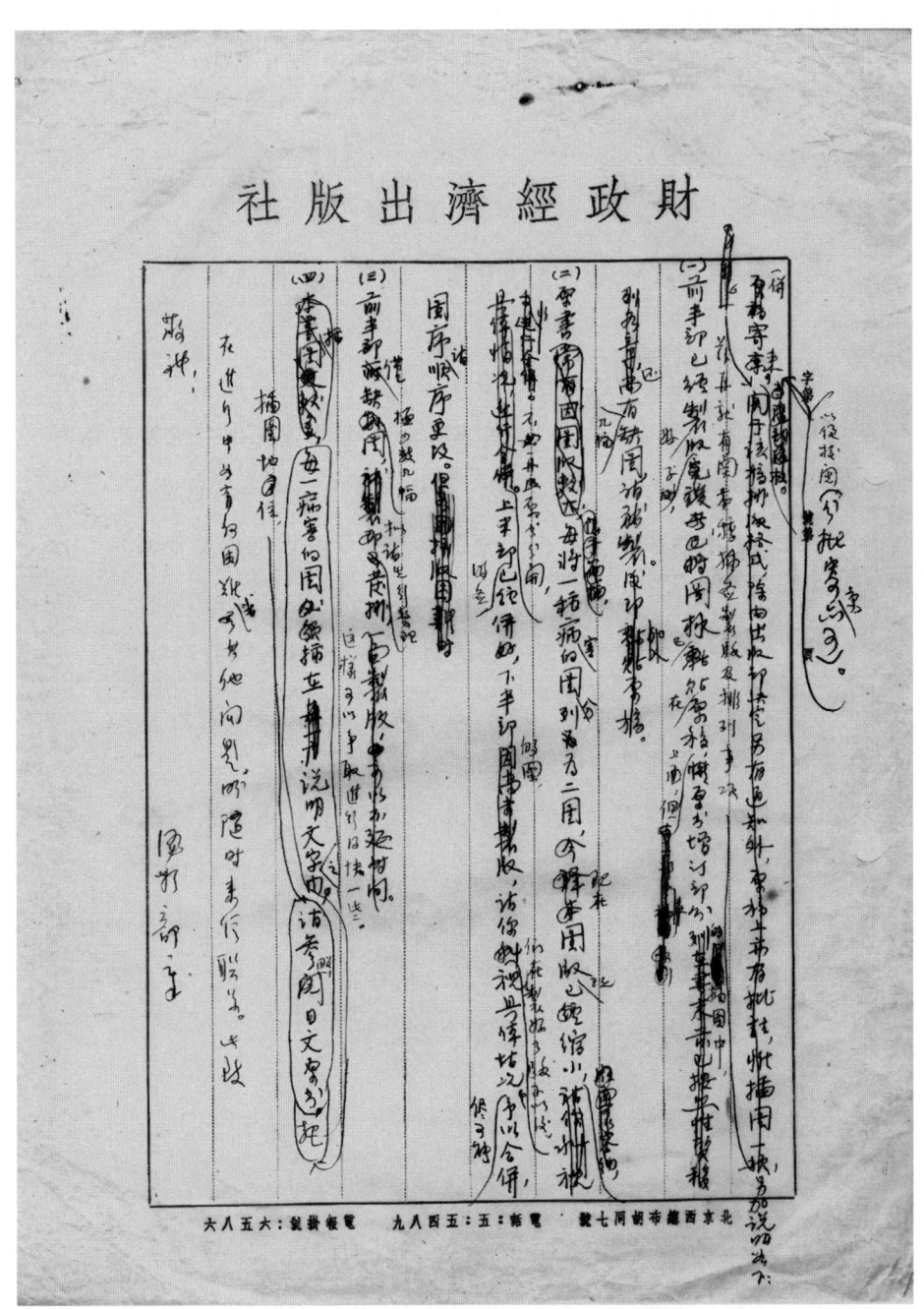

1954年7月31日，财政经济出版社编辑部致信该社上海办事处编辑科（著者自存）

信的发文编号为（54）财编字第873号，1954年7月30日由卢文迪签发，正好在财政经济出版社成立后3个月。卢文迪"公私合营前是中华书局编辑所代所长，合营后任财经出版社副总编辑"[①]。1954年8月10日，财政经济出版社上海办事处编辑科又致函北京。

总社编辑部：

  接读（54）财编字第873号函，敬悉。函中所述各点，奉复如次：

  （一）尹莘耘等译《作物病害图说》一份，日文原版书二册，已一并收到。此稿在发排前，当遵嘱再加一番整理工夫，唯最近期内因编辑科人手稀少，而古书的审订，亟待进行，故尚须稍缓。

  （二）书中插图，当照来函分别整理，如有困难或其他问题，当随时来信请您处指示。

  （三）将来二校样排出时，当连同原书、原稿一并寄奉校阅。

上海信8月16日寄达，总社的回复是：

  （54）财沪编字第272号函敬悉。《作物病害图说》一稿此间在发排前已经整理完毕，只以篇幅较大，图版较多，原稿译文前后不甚一致，整理时可能发生遗漏。你科既感人手缺乏，古书工作又甚繁忙，请将插图制版后即予发排，二校样排出寄京后，如有零星问题，当在京与译者协商解决，争取早日出版。

---

① 刘德麟. 忆文迪同志［M］// 中华书局编辑部. 回忆中华书局：下册. 北京：中华书局，1987：246.

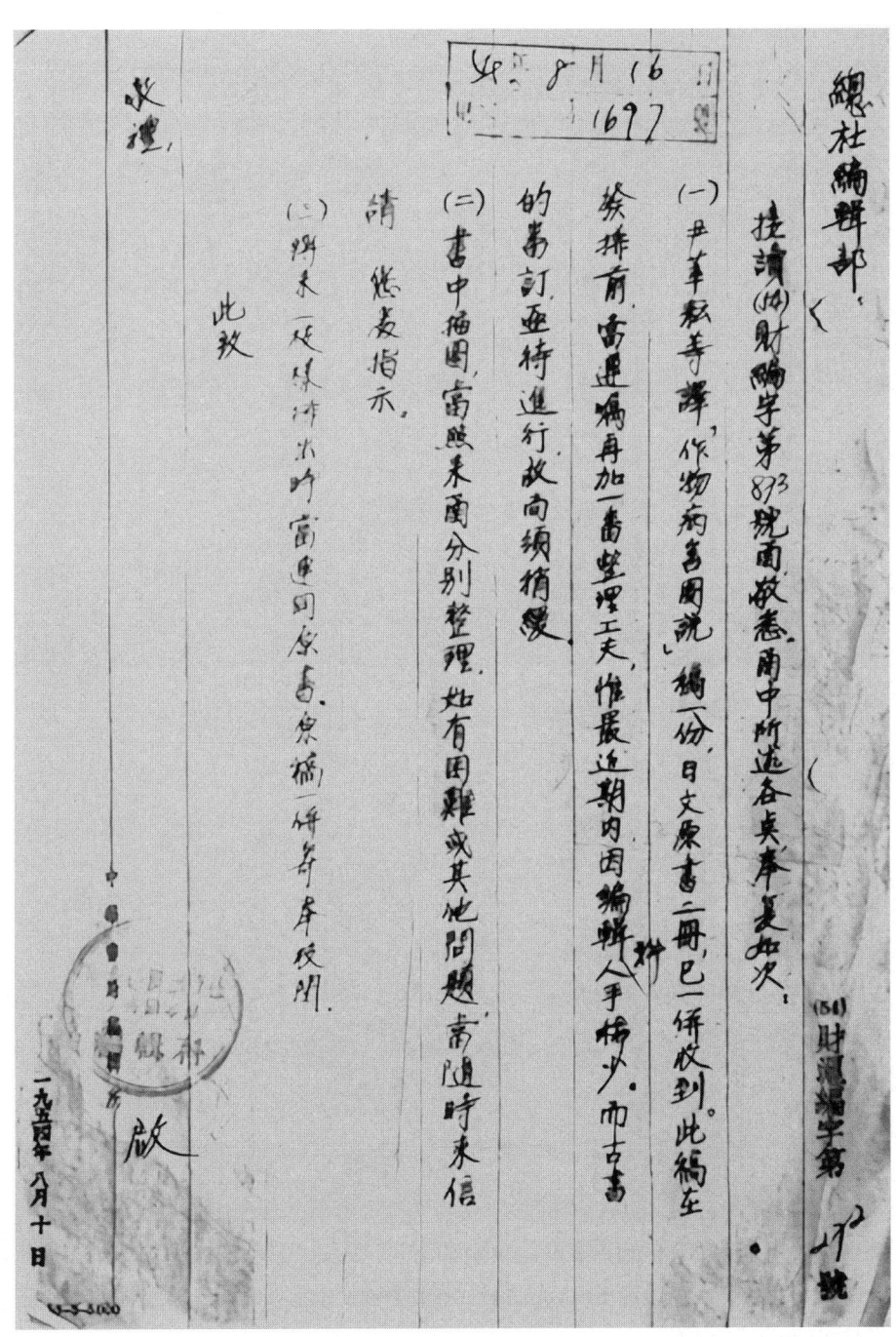

1954年8月10日，财政经济出版社上海办事处编辑科复函总社编辑部（著者自存）

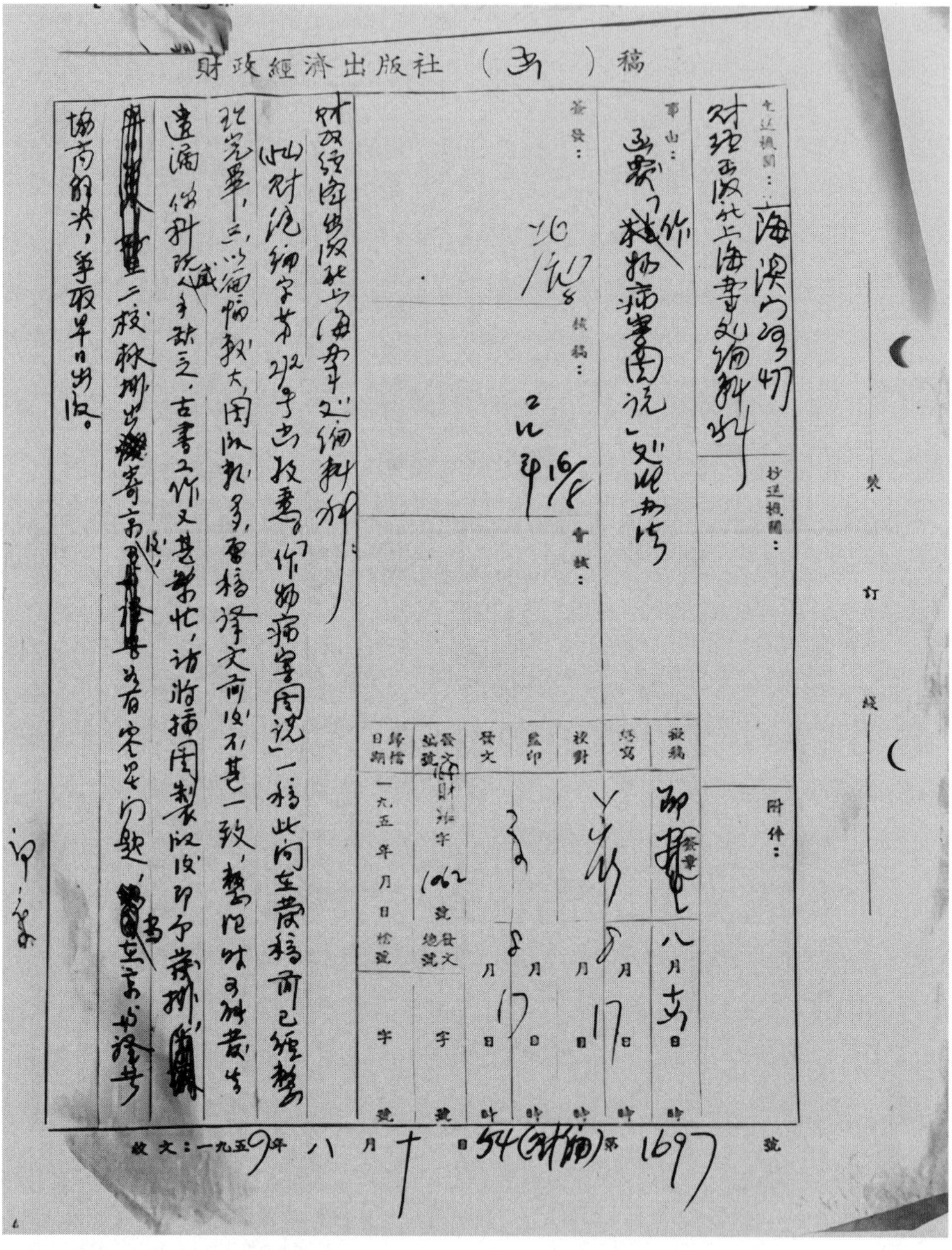

出版个案分析导论 李频自选集

1954年8月17日，财政经济出版社总社编辑部再复函上海办事处编辑科（著者自存）

中华书局迁京后，印刷、出版、发行业务依然在上海进行，因此在上海特设办事机构。公私合营后上海办事机构改称财政经济出版社上海办事处。《作物病害图说》最鲜明的书籍形式特征是"图文对照"，其背后的"图文混排"工序有一定的专业性。在 20 世纪 50 年代较为落后的印刷技术条件下，其图文混排可以说有相当的难度，这也是财政经济出版社编辑部致函上海办事处编辑科着意交代该书插图制版的由来。而中华书局原有的古籍整理工作依然在进行，所以信中说"古书的审订，亟待进行"。中华书局经过 40 多年的发展，已经拥有完备的编辑、印刷、发行体系，这是中央政府倚重其优势资源发展新中国出版体系的意图所在；至于安排财政经济出版社而不是其他出版社与其"公私合营"，那是因为新中国成立不久，财政经济乃国家头等大事，正如此前就引导中华书局转型出版农业图书，当时中国正处于农业社会，农业是国民经济的命脉。

四、结语与讨论

中华书局、商务印书馆的"公私合营"因为出版总署署长胡愈之事先交代不公开报道而成为几乎隐匿的历史。本章以公开报道财政经济出版社的两篇报道为基础，借助后来披露的相关档案材料补充、解释该报道，钩沉了中华书局"公私合营"的历史过程，初步厘清建构了中华书局、商务印书馆"公私合营"的研究框架：时间维度——1954 年 5 月至 1958 年 2 月；空间维度之出版机构关系——出版总署主导下的中华书局与财政经济出版社，出版总署主导下的商务印书馆与高等教育出版社；空间维度之出版活动关系——中华书局适应新中国经济建设需要，开发农业书籍产品线，商务印书馆适应新中国教育事业发展需要，开发高校教材产品线。新闻学界有言，今日的新闻就是明日的历史。《人民日报》有关财政经济出版社的两则新闻报道表明，今日的新闻并不直接成为明日的历史，今日的新闻成为明日的历史有其相应的条件和前提，前提是"今日的新闻"报道全面、公正、没有遮蔽，条件是"今日的新闻"报道可以也有必要更充分地还原其历史境遇与过程。

"社会主义改造时期的中华书局"是俞筱尧提出的意涵较为丰富的新中国出版历史命题。其意涵核心在于：对中华书局的社会主义改造以其作为副牌存在始，以其独立发展终。其始终之间的转换，陈云副总理的过问殊为关键。惜陈云过问的细节未知其详，有待进一步研究。其一，1956年6月16日，钱俊瑞致信陈云，报告商务印书馆、中华书局公私合营现状，这极可能因为陈云主动过问，钱俊瑞才专门汇报，陈云是以什么形式如何过问的？其二，1956年7月2日，钱俊瑞向陈云汇报时说及"听了你和总理的指示"，那么，此前，陈云和周恩来是如何指示的？解决这两个历史细节问题才能充分解释商务印书馆、中华书局这两个中华民国著名出版机构何以在中华人民共和国出版历史上焕发青春。《陈云年谱》显示陈云此时段正高频率处理工商业的"公私合营"，但未见对商务印书馆、中华书局指示的记载，《周恩来年谱》也未见记载。

选题个案[*]

——《读书》创刊号刊发《读书无禁区》影响分析

《读书》深刻烙印并深远影响改革开放30年思想文化进程，这源于其创刊号发表《读书无禁区》。惜长期未见对这刊、文、思想文化三者关联的较为深入的分析。《中国期刊史》第4卷以"《读书》：思想解放的轰鸣与回响"[①]有所提示，因体例和篇幅限制未能展开。袁伟时将《读书》与《新民丛报》《新青年》《观察》并列为"20世纪中国最好的人文杂志"[②]。原国家新闻出版署署长宋木文在2009年4月《读书》创刊30周年聚谈会的发言中透露的历史悖论意味深长："《读书》杂志是改革开放的产物，是拨乱反正的一个成果。这个杂志在创刊的头三四年，在知识界有很大的影响力，有很强的凝聚力，起到了引领学术发展的作用。我现在还留下记忆，《读书》杂志不断地解放思想、不断地提出和解答新的问题，又有好的文风，从不穿衣戴帽，从不说大话、假话、空话，使人愿意看、喜欢看。这是源于领导和主持《读书》的几位老出版、老编辑不断地解放思想，坚定地执行了一条解放思想、实事求是的思想路线。"宋木文也指出："《读书》杂志在成长过程

---

[*] 本文曾以《"读书无禁区"：〈读书〉创刊影响分析》为题发表于《河南大学学报（社会科学版）》2021年第3期。人大报刊复印资料《出版业》2021年第7期全文转载，《高等学校文科学术文摘》2021年第5期长文转载。收入本书时极个别字句有改动。

[①] 李频.中国期刊史：第四卷：1978—2015[M].北京：人民出版社，2017：115-127.

[②] 袁伟时于1996年2月16日致沈昌文信中说："如果要我推举20世纪中国最好的人文杂志，我会毫不犹豫地写上：《新民丛报》《新青年》《观察》《读书》。这是四颗最亮的启明星。"见沈昌文：《师承集》，海豚出版社2015年版，第225页。

中也有曲折，并不是一帆风顺的。在有的历史关头还受到过尖锐的批评。"①尽管这"历史关头"的"尖锐批评"还不见具体披露，但《读书》无疑集聚了时段性的历史高度评价与时点性的"尖锐批评"这样两种不同的思想文化效果。两者之间的张力既折射了《读书》丰厚的思想精神内涵，也反映了中国近40年来曲折、复杂的社会变迁，这就是其评价悖论及其值得探究的意义所在。如何在改革开放观念史的视域中认识学人时段性的积极评价与官员时点性的"尖锐批评"的认知反差及其意义？这种反差认知与《读书》位列"20世纪中国最好的人文杂志"的内在关联是什么？这就是本章试图回答和解释的问题。

《读书无禁区》是《读书》创刊号头条文章。作为响应中国共产党中央"解放思想、实事求是"的号召，最早提出的思想文化基本命题，"读书无禁区"成为《读书》的元命题，并一举奠定了该刊在改革开放思想文化史上难以比肩的崇高地位。读者奔走相告，《读书》亦为此展开了历时有年的反复讨论，被后人赞誉为文化启蒙。②在拨乱反正之当时，"'读书无禁区'——《读书》创刊号上一篇文章的标题，当时自然引发轩然大波，成为'事件'，当然，它亦成为新启蒙时代最为标志性的口号、文化知识界的'集体记忆'"③。作为编辑思想和作者思想的结晶体，《读书无禁区》就如此成为改革开放观念史上影响深远而又独具意涵与魅力的"观念单元"④。《读书》期刊、《读书无禁区》文

---

① 宋木文.《读书》杂志创办初期的独特体制和引领作用［M］//宋木文.八十后出版文存.北京：商务印书馆，2013：109.
② 生活·读书·新知三联书店在回顾本社历史时自豪地宣称"新启蒙：从《读书》杂志开始"。"《读书》是和改革开放的时代脉搏一起律动的，它呼应了这个时代的主题：启蒙。这种精神渗透在《读书》中，又通过《读书》延续到新生代的知识分子身上和笔下。"见邹凯编写：《守望家园——生活·读书·新知三联书店》，生活·读书·新知三联书店2008年版，第22、59页。
③ 邹凯.守望家园：生活·读书·新知三联书店［M］.北京：生活·读书·新知三联书店.2008：27.
④ "观念史研究"这一术语为美国哲学家兼历史学家洛夫乔伊首创，"这一方法首先主张分离出某些构成复杂信条和理论的具有普遍意义的'观念单元'"。见复旦大学思想史研究中心主编：《思想史研究第1辑》，复旦大学出版社2006年版，第5页。

章、"读书无禁区"命题三位一体，构成了"《读书无禁区》事件"的核心要素，或者说《读书》作为出版选题的核心价值。这构成了该个案分析的历史实践起点。

本章首先认同相互关联的基本事实：《读书》创刊及其发表《读书无禁区》是出版选题行为；《读书》在中国改革开放思想文化史上的巨大影响是以"《读书无禁区》事件"为核心的。这两个事实决定了《读书》创刊号刊发《读书无禁区》作为出版选题个案的代表性。本章拟利用陈原有意保存的未刊材料还原该事件，试图呈现该事件中的《读书》期刊、《读书无禁区》文章、"读书无禁区"命题之间的思想发生、社会影响的复杂关系，解释这一出版选题个案内在的社会结构、选题影响形成及其蔓延开来的社会机理，以实证出版选题的社会机制及其复杂性，进而从创刊号名文的特定视角认识、理解《读书》在改革开放期刊史、改革开放思想文化史上的地位。

一、《读书无禁区》由来

以《读书无禁区》为中心的思想文本包括两个系列，它们共同构成了以"读书无禁区"为中心的思想观念单元。其一，《读书无禁区》名作及其后续的回应、讨论文章，可称为作者之间的思想及其关系。期刊以期为单位连续出版，决定了观念单元思想呈现的次第性，一定意义上也是思想深化、升华的阶梯性。期刊以主题、专题为中心，集纳众人之作的"杂志"个性创造了同道在此公共空间切磋、砥砺思想的条件。这也就是说，关涉期刊的思想文化（传播）效果研究，不仅要研究个体的思想，而且要研究与某个体互动的某思想单元的讨论者群体的思想。通过共时性思想的关联分析抵达思想的社会源泉。其二，凝结在期刊之内的编辑思想、作者思想及其关系。期刊是基于作者文稿而再创造的媒介，其中既媒介化了作者思想，更媒介化了编辑思想，因而期刊作为思想文本既有明示的作者主体，也有暗示（或者说潜隐地存在）的编辑主体，两个主体及其互动是期刊史研究要同等重视的"双峰"。

关于《读书无禁区》的由来,《读书》创始编辑董秀玉的回忆是:

> 《读书》在1979年的春天破土而出,《读书无禁区》打响了第一炮,成为思想解放的大旗,也引发了无数的批评。《读书无禁区》一题,最早是陈原先生在讨论选题时提出的,他说:"可否即约李洪林写《读书无禁区》,切中时弊。大胆些,得罪些小人无妨。"当时李先生在中宣部理论局参与中央文件起草小组,正在耀邦同志主持下组织理论务虚会。翰伯指点了李洪林的联络方式,我跑去见到他,他很赞成《读书》的宗旨,一口答应写稿。春节后,跟范先生一起去取稿,李先生说,现在反对的意见很强烈,但这篇稿,他自己用反对者的立场再三审视,不会有任何问题。文章的标题是《打破读书的禁区》,在回来后的会议上,范先生强烈建议还是用回陈原的《读书无禁区》原题,认为简单明确。大家同意,遂由史枚先生改回。这一改改出了《读书》永久的话题。①

"《读书》永久的话题"暗指《读书无禁区》发表后好几年里的内在争议以及每当运动到来后的"据理抗辩"。《读书无禁区》标题的由来,有沈昌文说②、范用说③和董秀玉说,以董秀玉说更可信。因为董是李洪林稿的约稿、取稿人,还因为她披露了原始档案。她说:"在约稿之前陈原就已经提出《读书无禁区》,李洪林写来的文章叫《打破读书的禁区》,范用和史枚同志觉得

---

① 董秀玉.范用先生与《读书》初创[M]//吴禾.书痴范用.北京:生活·读书·新知三联书店,2011:12.
② 据沈昌文回忆,改这一标题的是《读书》创办时的执行副主编史枚。他说:"据说创刊号那篇极为叫座的头条文章《读书无禁区》,原来标题是《读书也要破除禁区》,他改为如此。"见沈昌文:《阁楼人语——〈读书〉的知识分子记忆》,作家出版社2003年版,第17页。
③ 范用的说法是"生不逢时,《读书》甫一落地,即招来种种责难与非议。起因于创刊号头一篇文章李洪林的《读书无禁区》。文章的标题原为《打破读书的禁区》,发稿时我改为《读书无禁区》"。见范用:《泥·脚印》(续编),生活·读书·新知三联书店2005年版,第139页。

《读书无禁区》更为明确和响亮,就将它改回了原题目。"① 从董秀玉披露的原始材料看,陈原在为筹备《读书》创刊写的打印件《出点题目》上批示:"可否即约李××写《读书无禁区》,切中时弊。大胆些,得罪些小人无妨。我本来出个题目叫'人要平反书也要平反',可作第二期台柱,触及海关、邮局、图书馆等专政机关。"可见《读书无禁区》标题的首创权属于《读书》创始主编陈原。

关于《读书无禁区》的由来,作者李洪林回忆:

> 1979年3月,三联书店要出版《读书》杂志,找我写文章。有感于书的命运,于是写了一篇《打破读书的禁区》交卷。这篇文章得到编者青睐,选为创刊号的第一篇。按照习惯,第一篇总署重要文章,自然也就引人注意。一注意就找出问题来了。首先是标题就不地道:《读书无禁区》。读书怎么能无禁区呢?都随便看书,那怎么得了?推而广之,这也无禁区,那也无禁区,不是乱了套吗?其实这标题是编者改的,为的使它更简明。中国的老传统,标题总是很简练,这是个好传统。即使一个长的标题,要挑毛病也是躲不过的。我觉得文章主要看内容。事实上批评者也主要是反对这篇文章的内容。
>
> 文章原来的题目是《打破读书的禁区》,是杂志编者改成《读书无禁区》的。我曾打算恢复原题,现在既然引起争论,我倒不想恢复原题了。②

---

① 董秀玉先生谈《读书》草创之难[N].南方都市报,2008-12-28.
② 李洪林.理论风云[M].北京:生活·读书·新知三联书店,1985:12.

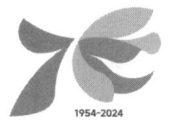

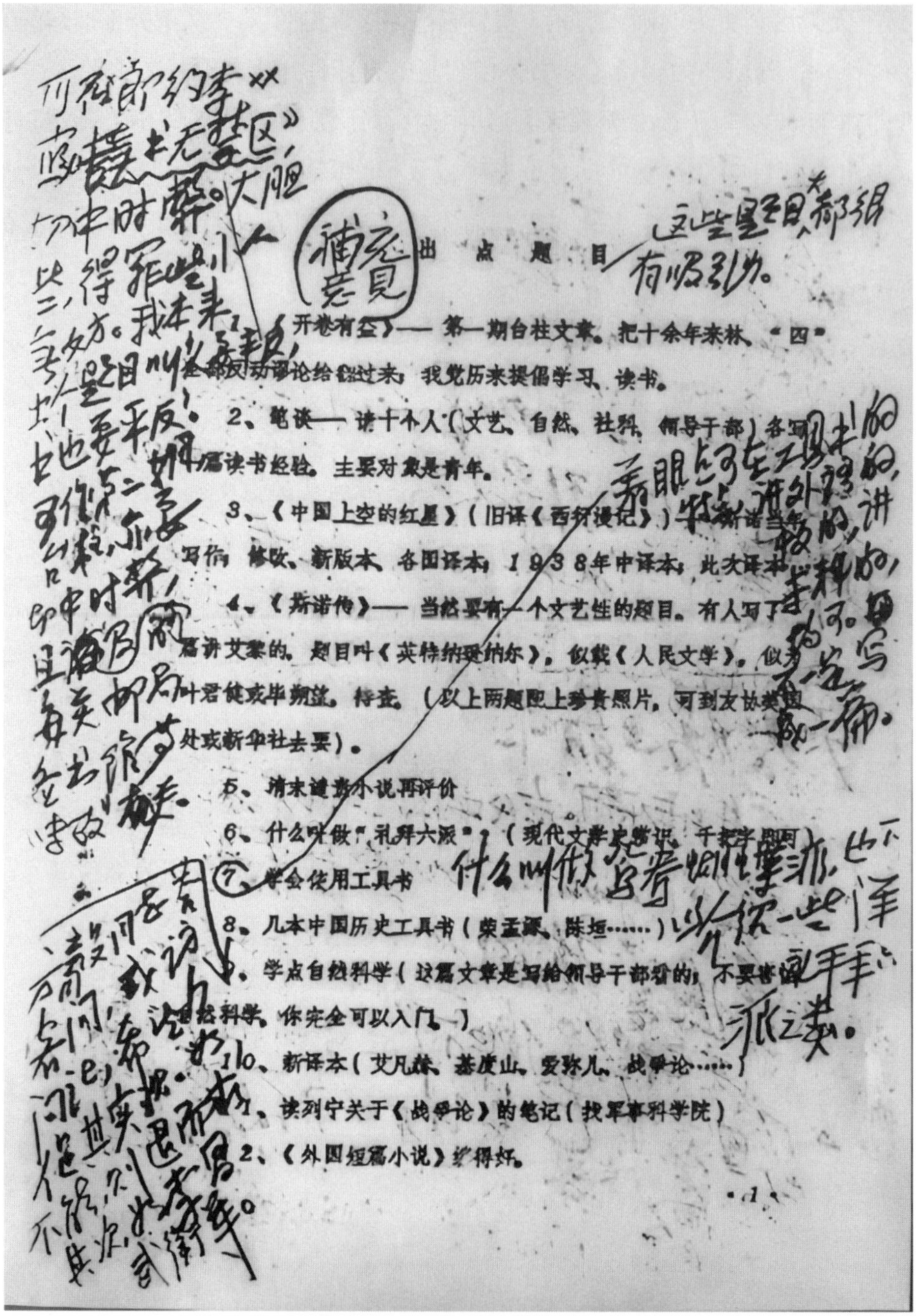
出点题目

1、《开卷有益》——第一期台柱文章。把十余年来林、"四"……派反动谬论给翻过来，我党历来提倡学习、读书。

2、笔谈——请十个人（文艺、自然、社科、领导干部）各写……篇读书经验。主要对象是青年。

3、《中国上空的红星》（旧译《西行漫记》）……写作、修改、新版本、各国译本，1938年中译本，此次译本……

4、《斯诺传》——当然要有一个文艺性的题目。有人写了……篇讲艾黎的，题目叫《英特纳雄纳尔》，似载《人民文学》。似……叶君健或毕朔望。待查。（以上两题配上珍贵照片，可到友协类似处或新华社去要）。

5、清末谴责小说再评价

6、什么叫做"礼拜六派"？（现代文学史常识，千把字即可）

7、学会使用工具书

8、几本中国历史工具书（柴孟源、陈垣……）

9、学点自然科学（这篇文章是写给领导干部看的，不要害怕……自然科学，你完全可以入门。）

10、新译本（艾凡赫、基度山、爱弥儿、战争论……）

11、读列宁关于《战争论》的笔记（找军事科学院）

12、《外国短篇小说》选得好。

·1·

陈原对《读书》创刊号选题的意见（陈原家属提供）

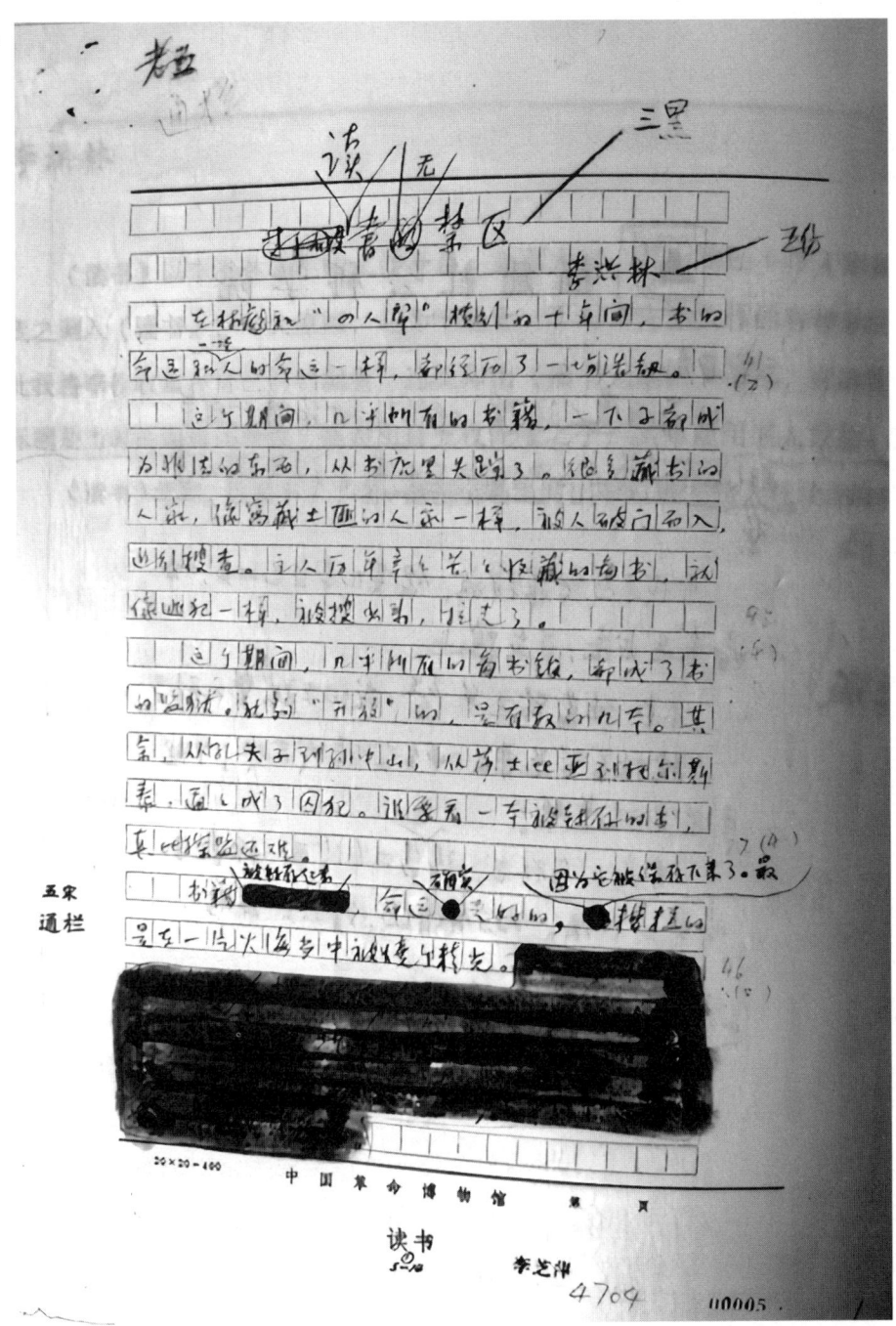

《读书无禁区》发稿手迹（原载沈昌文著《师承集》，海豚出版社2015年版，第144页）

前述已实证发表《读书无禁区》是编辑和作者的群体行为集合。如追问这一文本的经典性及其由来，则不仅要理解李洪林作为作者的言论意涵，也要理解陈原等人作为编辑发表这一言论的编辑意图。如此双维共进，理解才更为全面。

二、回应时代的问答逻辑

思想由问答构成。求解命题，评估其思想价值主要锁定三个要素及其关系——语境、问题和答案。有意义的命题是对特定环境中的问题的回答。问题是居于答案之先的思想形态。由答溯问、由答追问是思想探寻的一般技巧，而不该笼统归于学术研究领域普泛的问题意识。

问答逻辑是柯林武德在其自传中提出的概念。他说："我打算用我所谓的问答逻辑（logic of question and answer）来取代命题逻辑。"[①]"真正的'思想单元'不是命题，而是某种内涵更为丰富的综合体，在这个综合体中，命题是针对一个问题的答案。"[②] "一个既定的命题是真还是假，有意义还是无意义，其根据在于此命题所要回答的问题；如果你想知道一个一个既定的命题是真是假、有意义还是无意义，你就必须找出它所要回答的问题。"[③] 如果认同这是对思想自身存在方式的有效说明，那么，思想史研究最重要的任务便是根据思想者留下的答案去追溯、重构已经消逝的问题，在由答及问的还原、复合过程中重估过往思想在推进人类认知和社会变迁等方面的价值。

改革开放历史的专门课题之一就是，以十一届三中全会决议中解放思想为社会背景和动力源泉，厘清"读书无禁区"这种思想文化领域总体性观念从强烈冲突到初步确立，从再犹疑到最终确立以至成为常识的时空过程，以理解、认知改革开放的艰难起步，进而明确继续改革开放的艰巨任务。为求解《读书无禁区》的价值，本节试图回答这样一个问题：陈原等人把"读书

---

① 柯林武德.柯林武德自传［M］陈静，译.北京：北京大学出版社，2005：38.
② 柯林武德.柯林武德自传［M］陈静，译.北京：北京大学出版社，2005：36.
③ 柯林武德.柯林武德自传［M］陈静，译.北京：北京大学出版社，2005：40.

无禁区"这个命题当作什么问题的答案？

思想解放在1978—1981年间的幸运可归因于当年的思想者所曾经历、见证的种种事件。任何一位经历了十年"文革"的人都会不由自主地询问其前因后果。正如他会渴望在这样那样的对前因后果的求索中发现或质疑某种意义一样，也会进一步追问如何避免"文革"重演。有学者指出，20世纪"'80年代'的中心问题是'如何避免"文革"的重演'"，贯穿80年代文化思潮演变"各个环节的中心线索是对'文革'的反思"[①]。这一历史时代问题当然也是当时出版界不会回避也难以回避的现实理论问题。

《读书无禁区》"写在党的十一届三中全会之后，目的是批判'四人帮'的文化专制主义，打破他们设置的精神枷锁，并未主张放任自流"[②]。陈原也说：《读书》是同'读书无禁区'共生的。这个勇敢的命题，当时令人耳目一新，却又引起某种不愉快的命题，是在开拓一个新时代的真理标准问题激辩前后，针对绝灭文化的'大革命'许多倒行逆施而提出的。"[③] 陈原后来还说：

> 那时，编辑部同人谁都不以为已经离经叛道了。不。我们提出这样的命题，只不过是针对绝灭文化的十年现实说的，只不过是针对泛滥多年的极"左"思潮说的。我们的信仰，我们的理想，丝毫没有改变，更绝对没有想过脱离领导。独立思考，解放思想，跟脱离领导、反对领导绝对不是同义语。

思想文本只有以问答逻辑为中心对其进行历史语境的分析与梳理才能够真正得到理解。"历史语境是影响文本之历史意义的成套条件。"它"包括所有外在于该文本并影响其意义的那些条件，而且，这些条件与文本最初的创

---

① 王学典. "80年代"是怎样被"重构"的：若干相关论作简评[J]. 开放时代，2009（6）：44-58.
② 李洪林. 理论风云[M]. 北京：生活·读书·新知三联书店，1985：20.
③ 陈原. 十五年：记《读书》[M]// 陈原. 不是回忆录的回忆录. 上海：文汇出版社，1997：141.

作是同时代的"[1]。由"文革"结束的历史语境而再现避免"文革"重演的历史问题是认知认定"读书无禁区"思想价值的必要条件或者说关键步骤。

陈翰伯在《读书》《两周年告读者》中依然强调思想的针对性和现实问题的重要性。他说:"我们重申我们赞成'读书无禁区'的主张。在我们的当代史中,人人尽知,确实发生过史无前例的禁书狂飙。'四人帮'垮台后,风沙虽然已过,不敢重开书禁的还大有人在。当时我们针对时弊,喊出'读书无禁区',深受读者欢迎,我们非常感激。"[2]

"问题和答案在一个综合体中必须是相关的,同'属于'一个整体并在其中占据着各自的位置。"[3]"读书无禁区"就是出版界的党内理论家们提供的如何避免"文革"重演的答案。以"文革"为"后景",以问题和答案为"前景",才能更清晰地理解《读书》期刊、"读书无禁区"命题的思想价值与历史时代意义。

三、重构思想场域及进路

在改革开放历史视域中审视,不难发现,"读书无禁区"作为原初性的思想观念,兼具反思性观念内蕴、批判性现实张力和建构性思想策略。这种价值判断来自其思想观念之间的内在张力和对社会观念变迁的实际引领。

事过境迁40余年,"读书无禁区"的观念已为社会广泛接受。1979年看来专属于少数精英人士的高级观念、只有文化前沿的思想者才有的先锋观念,以及1981年看来值得政治批判的异端观念,已"飞入寻常百姓家",融入社会生活而成为一般常识。其专业性、前沿性的消解象征了社会的巨大进步。这就提出了一个重要问题:"读书无禁区"在提出之初意味着什么?在拨乱反

---

[1] 格雷西亚.本文性理论:逻辑与认识论[M].汪信砚,李志,译.北京:人民出版社,2009:50.
[2] 陈翰伯.陈翰伯文集[M].北京:中国书籍出版社,1995:108.
[3] 柯林武德.柯林武德自传[M]陈静,译.北京:北京大学出版社,2005:38.

正的关键时段,这一观念到底扮演了何种角色或发挥了何种作用?这一问题及答案成为历史地理解这一思想的关键步骤。

昆廷·斯金纳主张,观念史研究不应当将目光局限在文本或观念单元上,而应当集中于关注特定历史时期总体的社会环境,从而"能够将那些重要的文本放在其恰当的思想语境之中,将目光转向这些文本得以产生的意义领域,并进而为这种意义领域作出贡献";并认为"这一新方法"是"观念史要具有一种真正的历史特性"的基本前提。① 迈克尔·佩蒂斯也说:"对于观念价值的判断必须从属于恰当的历史解释,即这些观念如何、为什么以及何种程度上流传开来。"② 循此研究路径,本节试图:①导入思想论域③作为理论工具,试图解析"读书无禁区"的相关理论结构,并在观念发生学角度追踪"读书无禁区"对相邻相近观念的影响路径,进而呈现以"读书无禁区"为核心的观念群集及其基本样态;②在社会传播层面导入期刊主编意识及其议程设置,再现《读书》当年所刊发文章的思想结构,进而从这两条路径完成以"读书无禁区"为核心的关联考察。只有回置历史语境并建构以"读书无禁区"为中心的思想论域,才能将改革开放初期思想解放的路径与情境具体化。

---

① 复旦大学思想史研究中心.什么是思想史[M].上海:复旦大学出版社,2006:15-16.
② 复旦大学思想史研究中心.什么是思想史[M].上海:复旦大学出版社,2006:10.
③ 林同奇认为,改革开放以后中国知识分子"趋向于形成一个新的、共同的思想论域(th. intellectua. discourse)。""这个新的思想论域始于1978年,成形于20世纪80年代中期。它从一开始就对1949年以来由国家资助、支配中国思想界的老的思想论域提出了富有生命力的挑战。尽管这两种思想论域紧密关联,但其中心关怀、争论焦点及其理论预设都大相径庭。""新的论域是20世纪70年代后期基本上由知识分子群体自身所开创的。此一论域,在历经了数番蹉跌之后发展成为思维活跃的相对独立的空间。其中心关怀聚焦于对中国现代的种种理解,其理论预设可以被称作'人文寻求'(th. humanis. quest)。它确立自己的独立议程,选择自己的辩论课题,甚至显示出自己的某些语言特征。"见林同奇:《三角张力与人文寻求——中国大陆25年来思想论域之演变(1978—2003)》,林同奇:《人文寻求录》,新星出版社2006年版,第345页。

（一）"读书无禁区"拓展"新的思想论域"

《读书无禁区》的现实反响，众多思想者和学人都留存了记忆，陈原有回忆①，建筑学家陈志华有记忆②，如果说他俩的话语建构归旨宏大，以下思想历史分析则由宏大而细微、由抽象而具体：

> 一九七九年四月《读书》杂志的创刊（或曰复刊③），却是我和我的朋友们当时奔走相告的一个事件。创刊号头条文章《读书无禁区》，在我们的感觉中，几乎相当于破冰船启动时发出的一声鸣笛！在此之前，真理问题大讨论已经展开，"思想解放运动"方兴未艾，那当然是非常令人振奋的事。没有那场讨论，只怕"读书无禁区"的论调根本就出不了笼。不过，那场"讨论"毕竟离我们这些小人物比较远，诚如三十年后的今天有人指出的那样，所谓"思想解放"的意义其实一直在于解放领导干部的思想。"读书无禁区"的意义当然就有所不同，那是直接针对普通民众的"解禁"。这么说吧，"思想解放"的运动是在为"转向经济建设为中心"的政治路线开道，"读书无禁区"的呼吁则说到底是在为公民权利辩护。在当时，两者的分量

---

① "如果说这篇文章当时震撼了整个读书界，那也许是夸大其词，但是这样的命题确实得到了许多读书人的共鸣。//海内外不少读书人好像遇到奇迹。人们奔走相告：啊啊，读书无禁区？啊啊，读书无禁区！// 自然，有高兴者，就有不高兴者；有拍手称快者，也有忧心忡忡者；有认为离经叛道者，甚至有认定是脱离党的领导的奇谈怪论者……"见陈原：《〈读书〉起步那几年——深层记忆里抹不去的人和事》，陈原：《界外人语》，商务印书馆2000年版，第184页。

② "一九七九年，改革了，开放了，但那是个乍暖还寒季节，读书人心有余悸，连说话还得字字斟酌，忽然晴天打霹雳，有人大喊一声'读书无禁区'……这句呐喊，是三联书店主办的《读书》杂志创刊号开篇文章的标题。所以，一见到《读书》创刊号的广告，冲着那一句'读书无禁区'，马上就去订了一年。一卷在手，那滋味比当年走进生活书店坐藤椅读五花八门的书强多了。"见陈志华：《此情可待成追忆》，《我与三联》，生活·读书·新知三联书店2008年版，第26、27页。

③ 陈乐民也在《三联印象》一文中写道："在当时几乎是唯一的人文性质、复刊不久的《读书》。"见《我与三联》，读书·生活·新知三联书店2008年版，第32页。如何认知《读书》的创刊、复刊问题，本文暂不论及。

本不可同日而语，后一种声音要微弱得太多。但就是那一点微弱的声音，却给我留下了更为清厉鲜明的记忆。十年回顾，二十年回顾，三十年回顾……我忍不住要从《读书》杂志的创刊号说起。①

显然，"读书无禁区"代表了改革开放以来持续、强劲的思想潮流，即力图重建1978年解放思想、拨乱反正这样党中央号召下普适性的思想文化观念，当然，重建基础性观念的前提归根到底还是理解解放思想、拨乱反正的预设。

（二）陈原自觉重构"新的思想论域"

事后推断，在陈原当时的思想中，当年读书、出版界存在一组而不是一两个思想疑难。其中的核心问题或者基础性理论命题是"读书无禁区"。只有确立了这一基础命题，才能以此为理论前提和思想基础去解决其他相关的疑难"杂症"问题。所以他在1979—1981年间不遗余力地推行、推广"读书无禁区"的观念。他说：

> 实际上，那时人们已经畅谈科学无禁区了；可是读书难道可以跟科学研究相提并论吗？那时，《读书》编辑部同人（其实所谓编辑部只有那么几个人，连日后出版界传为佳话的编辑部"四朵金花"都还没有到位）对这个问题却一致给出肯定的答复：如果读书设置禁区，那么怎能做到研究无禁区呢？况且，连读书都设置禁区，怎能响应"解放思想"的伟大号召呢？②

继《读书无禁区》后，《读书》先后发表了9篇讨论文章，可见《读书》

---

① 朱正琳.老字号的老[M]//王世襄，周有光，杨绛，等.我与三联.北京：生活·读书·新知三联书店，2008：86-87.
② 陈原.《读书》起步那几年：深层记忆里抹不去的人和事[M]//陈原.界外人语.北京：商务印书馆，2000：184.

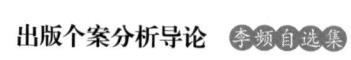

将"读书无禁区"设置为思想议程并组织讨论的编辑用心。值得说明的是，如此安排讨论，于陈原不过是出于坚定信念、明确动机而做的策略性的思想交锋布阵，并非为了借助讨论来形成编辑部认识，统一编辑部思想。它对树立改革开放新刊风、新文风产生了相当影响，《中国青年》于1980年5月开始的"人生意义讨论"就以某种呼应、唱和形式进一步引领思想解放的潮流。这延伸到《读书》个案之外，或者说属于期刊组织思想争鸣讨论的另外专题个案，既有《中国青年》自身传统的继承性，也有《读书》选题方式方法的影响性。在此按下不表。

第7期署名"子起"的《读书应当无禁区》以回顾缘起和讨论开头，最后落实为"读书应当无禁区，这才是正路"。在此文末尾，《读书》加了《编者附记》："本刊第一期李洪林同志的文章，原题《打破读书的禁区》，是编者改为《读书无禁区》。这个问题现已引起争论，我们欢迎读者、作者继续发表意见。"主动披露编辑部内幕是出于承担编辑责任还是为了把讨论引向深入？讨论有了起伏波澜。

1980年第2期《读者·作者·编者》专栏里，发表了三篇读者来信。"编者按"说："关于读书应否设置禁区的问题，我们收到了不少来稿来信，大多数是赞成无禁区的，个别是反对的。因本刊篇幅有限，仅选刊以上三篇。"这三篇读者来信分别是：卢纯田的《"禁区"不可无，处置要慎重》、王焱的《也谈读书与"禁区"》、甘铁生的《读书设置禁区是荒谬的》。

"读书无禁区"是一个命题。就中华人民共和国成立以后尤其是"文革"以来的意识形态而言，它也是一种提法。读者白先才致信编辑部《这样的提法不恰当》（见1979年第6期）："你刊第一期刊登李洪林的《读书无禁区》，是一篇思想解放的文章。但我总觉得'读书无禁区'的提法不尽恰当。"作者既援引毛泽东的话，又阐明"禁书的必要""禁书如禁鸦片"，"所以我认为'读书无禁区'的提法是不尽恰当的"。可见"提法"作为当时理论形态的寻常性、普及性。

陈原作为有思想的语言学家，当然知道命题、"提法"两者之间话语内涵的细微差异，因而注重联系语境来区别使用。在自己的回忆文章中，他明确肯定这是一个"命题",而"在一次有几位我尊敬的同志在场的汇报会上",做"包揽'错误责任'的检查"时,他用"提法":"如果认为'读书无禁区'的提法有严重错误,我承担全部责任,愿意接受最严厉的处分。"①陈原"提法"的话语转换并不表明他对当时惯常话语的认同,正好相反,其用意或许正在于提请批判。"读书无禁区"这种在后来被人们视如常识的命题之所以在当时引致如此强烈的反弹,就因为是陈原主编的《读书》提出了,而不是"文革"以来最权威的"两报一刊"提出了这一"提法"。这种近义词弃取背后的微言大义足显陈原作为编辑家的思想品格,也有助于我们更清楚地认识陈原编辑行为的思想意义。

从思想论域的视角厘清《读书无禁区》发表后接连推出的图书馆开禁、公布畅销书等主题文章,可见陈原主编殊为难得的前瞻性和战斗性。如果说"读书无禁区"作为一种普世的共同观念在1979年被广泛关注与它反思"文革"这样重大而现实的时代问题及其切入点有关,那么,伴随着这一观念的深度引介,图书馆开禁、引进国外畅销书制度、学术自由等必然摆到读书界、知识界面前。这种思想观念之间的对话脉络既共同生成以"读书无禁区"为圆心的思想论域,也显示"读书无禁区"所导向的逻辑与理论关联。

《读书》于1979年第6期同时发表了一组四篇文章。分别是秦牧的《定期公布畅销书目》、张守白的《读书不能"无禁区"》、吴越的《禁锢不好,完全开放也行不通》和读者白先才的来信《这样的提法不恰当》。张守白文章第一句话是:"《读书》第一期的《读书无禁区》一文,我看了题目就有气,很别扭,认为是不能接受的。"吴越认为"读书无禁区"的呼声得到赞同是长期以来形成的读书难的现实造成的,并从书籍的内容辩证地说明,读书需要开放,也需要禁锢一些内容,应该区别对待。在秦牧文章末尾,加了"编者附记:我们支持秦牧同志的建议。怎样做,当然还可以商讨。规定的学习文件,销售量大,但恐不宜列入畅销书目。高级的学术著作,读者面狭,应另

---

① 陈原.《读书》起步那几年:深层记忆里抹不去的人和事[M]// 陈原.界外人语.北京:商务印书馆,2000:185.

有畅销标准",表明编辑对秦牧文章的回应。20 年后,定期公布畅销书目成为中国畅销书市场运作的基本环节,但当年《读书》不仅难有首倡的荣耀,相反要为此作出检讨:"秦牧同志希望我国实行定期公布畅销书的办法,作为一个建议,原本无可厚非。但是我们以编辑部名义加一按语,表明'我们支持秦牧同志的建议',有欠慎重。今后应避免由编辑部表态给出版行政机关和有关单位施加压力的办法,必须用编辑部表态,应由编辑讨论通过、有关领导批准。"①

《读书》创刊号发表了黄仑的《海关这一关》。1981 年就此检讨说:"本文对海关扣书提出意见,这原是可以的和必要的,但文中没有肯定海关同志的工作成绩,并有些文句挖苦讽刺,不是与人为善,文风不正,思想带有片面性。为了纠正缺点,以后发表了海关说明情况的来信和海关工作人员的文章,并按领导指示今后不再发表对海关的评论。"②

在相关论域的思想讨论中,《读书》着力最多、绩效显著且最无争议的当推图书馆解禁。当时图书馆尚未全面解禁,很多"图书馆仍然不敢开门或只敢小开"。人民出版社负责人曾彦修"在《读书无禁区》文发后,用笔名写一长文,题《'圕'必须四门大开》,供我们发表。当时他的敢于坚持真理实在让我吃惊"③。曾彦修以范玉民为笔名的文章明确主张开放图书馆,少设禁书,《"圕"必须四门大开》发表于 1979 年第 2 期。

有研究表明,在《读书》从 1979 年创刊到 2009 年第 7 期总共 364 期刊物中,出现"图书馆"字样的文章共有 1115 篇,其中"提及甚至专门论述图书馆功能、定位及利用等的文章"有 1047 篇。这 1047 篇文章中,发表最多的年份分别是 1979(56 篇)、1980(54 篇)、1981(53 篇)、1982(56 篇)、1983(59 篇)、1984(49 篇),这 6 年共发表有关图书馆的文章 327 篇,占 30

---

① 《读书》编辑部于 1981 年 4 月 20 日致国家出版局党组《报告》附件 "《读书》杂志若干文章的情况和问题",未刊稿,陈原家属提供。

② 《读书》编辑部于 1981 年 4 月 20 日致国家出版局党组《报告》附件 "《读书》杂志若干文章的情况和问题",未刊稿,陈原家属提供。

③ 沈昌文. 师承集 [M]. 北京:海豚出版社,2015:253.

年间同主题文章总数的31%。①刊发文章的数量可见编辑意图和用心。黄克的《借书难》(1979年1月)、范玉民的《"圕"必须四门大开》(1979年2月)、陈原的《访英书简》(1979年7月)、亢泰的《英国的图书馆》(1980年1月)、常犙的《要废除专业对口的借阅办法》(1980年4月)、万搂一的《"归口"》(1981年8月)、冯英子的《书门遐思》(1982年12月)等是这些文章中的代表作。

1980年第6期《读书》头题发表杨茵的《学术自由与自由化》文章开门见山，提出问题："学术自由，或者科学无禁区，是一件事情的两面。从肯定的、积极的意义上讲，是学术自由；从否定的、消极的意义上讲，是科学无禁区。""为什么要讲学术自由或者科学无禁区？"该文第二节开头又设问："人们很容易有个疑问：学术自由，或者科学无禁区，不就是搞资产阶级自由化吗？我们不要资产阶级的自由化，为什么要学术自由或者科学无禁区呢？这其实是个误会。"该文末尾说："有人认为科学无禁区就是鼓励科学工作者不按科学规律去乱搞，并且说这就是自由化，我以为这样的理解是违反事实的。不按科学规律去乱搞，置科学上的客观规律于不顾，必然受到科学规律的惩罚，那不是禁区问题。禁区，是指人为地对科学研究设立种种禁令而言的。"读书和学术研究是两种不同的社会活动，从1979年创刊号发表《读书无禁区》到1980年第6期发表《学术自由与自由化》，可以看出《读书无禁区》及其讨论对于20世纪80年代初期整个中国思想文化界的深刻影响。

（三）"读书无禁区，出版有禁忌"的悖论解析

黄宗江由"读书无禁"排列"出书无禁""思想无禁"②并止于科学民主，其思想的层递演进关系固然难免期盼向往之类的情感介入，但也不可否认其

---

① 金武刚，钱国富，刘青华，等. 当代中国知识分子的图书馆认同变迁研究：基于《读书》杂志：1979—2009的文本分析［J］. 中国图书馆学报，2010，36（4）：31-36.
② 黄宗江在《但求读书无禁》中说："'文革'后，三联的《读书》创刊，以《读书无禁区》开篇，能不为之喝彩，但得读书无禁，才有出书无禁、思想无禁，便有千呼万唤的科学民主了。又30年过去了，解禁未？你知、我知、天知、地知。"见《我与三联》，生活·读书·新知三联书店2008年版，第20页。

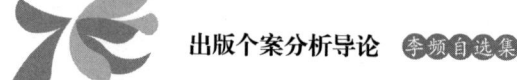

思想的内在逻辑性以及关联分析的路径启迪意义。

据袁亮回忆，1981年1月13日，国家出版局和中央宣传部出版局一起邀请在中央党校学习的出版部门负责人进行座谈，到会的有省一级出版局正副局长15人，出版社社长、副总编辑、党委副书记9人。在这次座谈会上，"有同志提出，前段宣传'读书无禁区'，影响不好。读书无禁区，那出书还能有禁区吗？这样宣传就把问题搞乱了"①。1981年2月19日，中宣部出版局局长边春光在听取《读书》副主编倪子明、沈昌文的汇报时也转述了这次座谈会的相关意见，他说：

> 办杂志可以文责自负，自由讨论，不搞文化禁锢，不打棍子。不要只是一家之言，学术垄断。但对有争议的问题，如"读书无禁区"的问题，经过充分讨论后，要有一个比较科学的结论意见。关于这个问题，现在还有争论。对有的人是开卷有益，而对另一些人则开卷无益。最近出版局找在党校学习的同志来开会，会上有人说，读书无禁区，出版就无禁区，这样《金瓶梅》就可以出。我们内部反映材料上写了这个意见，上报时勾掉了，因为还有不同意见，还不能做结论嘛。从讨论到作出这种结论意见，可以是半年、一年乃至二年。要注意：有人有分辨能力，但有的人分辨能力较差，会把讨论中的问题当作正确意见来接受。②

边春光这里所说的"内部反映材料"就是指中宣部出版局主办的高级别内参《情况反映》。边春光所谈和袁亮事后多年公开的内参文章较真实地再现了会议前后相应的观念分歧。这分歧本身实证了"读书无禁区"的思想牵引力和观念延展性。在当时的热议中牵扯《金瓶梅》已见于多种文献。李洪

---

① 袁亮.当前出版管理工作需要解决五个问题［M］//袁亮.出版和出版学丛谈.北京：人民教育出版社，2004：466.
②《二月十九日边春光同志谈话》，打印未刊稿。

林说：

> 这是一场真正的风波。《读书无禁区》一发表，有人就质问说："小学生能看《金瓶梅》吗？"刊登这篇文章的《读书》杂志很重视读者的不同意见，为此还组织了公开的讨论。见仁见智，各有千秋。作为一个作者，我很喜欢看看这些讨论的文章，虽然自己并不参加争论。不过，对于"小学生看《金瓶梅》"的指责，我觉得应该答复一下，就写了一个短文《读书无禁区的风波》。①

李洪林在《读书无禁区的风波》中说："至于《金瓶梅》到底算什么书，以及应该怎样对待，不在这里讨论，反正我在那篇文章中，绝无向小学生推荐《金瓶梅》之意，是清楚的。天日昭昭，此心可鉴。如果看一看那篇文章的全文，多半不会这样指摘的。"②

从"读书无禁区"到"出版无禁区"再到"《金瓶梅》就可以出"，表面上逻辑链环紧密相扣，实际以偷换思想、行为两个不同概念的形式将"读书无禁区"论者逼入了进退维谷的境地。因此，值得在这里做如下两点概念辨析。由于作者、编者均明确否认"向小学生推荐《金瓶梅》"之意，且读书、读书所要求的心智水平能力是两个概念，"小学生能看《金瓶梅》吗？"属于诡辩，不予置论。

第一，读书和出版显然是相互关联而又性质不同的两种行为类型。读书固然有朗读、诵读等仪式化的公开行为类型，但更为普遍的是私密性的个人行为，而出版则是以传播、共享思想为目的的社会行为，出版如果存在私密性则自毁了其存在的社会基础。

第二，与"读书无禁区"相关联的思想观念类型应该说为数不少。唯其如此，才认可"读书无禁区"是改革开放历史上响应中共中央"解放思

---

① 李洪林.理论风云［M］.北京：生活·读书·新知三联书店，1985：12.
② 李洪林.理论风云［M］.北京：生活·读书·新知三联书店，1985：20-21.

想""拨乱反正"的号召而提出的事关中国政治、经济、文化发展的总体性观念，唯其是总体性观念且在"文革"结束后第一次出现在中国人思想的视野中，它才能激起如此热烈、深远的社会反响，酿成一次又一次的思想"风波"。在相关联的诸多观念中，备受争议且意识形态部门不能不决策的当属"出版有禁区"。当时意识形态管理部门内的开明开放人士也基本达成共识："读书无禁区"但"出版有禁区"。有学人言及："2003年刚迁回北京时，因久居海外，对于国内'读书无禁区，出版有禁忌'这种国情，就缺乏具体理解。"① 这可为"读书无禁区"观念关联及其一定时段内流布、传播的实证。

显然，"无禁区"和"有禁区"构成矛盾，"读书无禁区"和"出版有禁区"构成一体两面的悖论。书来源于出版，在社会关联意义上，"读书无禁区"以"出版无禁区"为理论前提。从逻辑上推演，只有明确"出版无禁区"的前提条件，才能在极限意义上满足"读书无禁区"。如果认同"出版有禁区"，那就无法充分满足"读书无禁区"意义上的思想文化需求。如果既在理念上认同"读书无禁区"又在实践上坚持"出版有禁区"，那么"读书无禁区"理念下的某些思想文化需求只能通过其他途径替代性满足，也就是说，"读书无禁区"激发了一个社会对思想和文化的无限需求，而"出版有禁区"则又将一个社会的思想力求规范在一定的、有限的范围内。这种"无限"与"有限"的矛盾一直成为改革开放以来读书界、出版业的根本性矛盾之一，也是出版管理部门一直难以妥善解决的实践难题之一。全球化和"一国两制"的政治制度安排既在一定程度上满足了"出版有禁区"造成的替代性需求，又带来了一定程度上的出版管理难度。数字传播的极致传播力更是相当严峻地挑战了思想开放。人类出版、传播的根本相似性，改革开放以来出版领域根本性问题的持续持久性，使"读书无禁区"这一思想命题超越特定历史阶段而成为恒远公理。读书无禁区，出版有纪律，传播讲规律，进而成为有识之士的共识。

---

① 查建英. 记三联二三友[M]//王世襄，周有光，杨绛，等. 我与三联. 北京：生活·读书·新知三联书店，2008：182.

四、《读书》背后的"党内理论家"团队

陈原"文革"前曾出版《书和人》，20 世纪 80 年代出版《书和人和我》。"书和人和我"成为陈原心目中出版理论谱系中的核心概念。援此以为本章研究路径的导引策略，"思想命题—思想媒体—思想者群体—陈原"，便成为逆序展开的四个重要节点，四点合成本个案一级分析的基本框架。

宋木文曾撰文肯定"《读书》创办初期的独特体制和引领作用"，《读书》创刊 30 周年时他就以此为题撰文。本节探究：①《读书》创办初期的独特体制；②《读书》独特体制与《读书》这种思想媒体、"读书无禁区"这一思想命题的思想结构关系，也就是说，"《读书》创办初期的独特体制"以何种性质、何种程度地影响了《读书》创刊及其《读书无禁区》的文章发表？《读书》创刊的"引领作用"到底该如何认识？

探讨《读书》编辑思想和其"独特体制"的关系，首先要追问《读书》的"独特体制"到底是什么。宋木文称誉《读书》"志同道合的组织体制（架构）"，认为《读书》杂志社的组织架构比较独特。概括起来就是：在陈翰伯的领导下，以三联书店一些老出版、老编辑为主，组成一个合作共事的工作班子，承担《读书》的各项工作"[①]。宋木文还陈述了自己的经历："1979 年创刊时，我在国家出版局工作，同陈翰伯、陈原同志接触比较多，也参加过讨论《读书》的会议。"[②] 据此，可以也应该毫不怀疑宋木文所述《读书》体制的真实性。期刊史的探究显然不能仅停留在宋木文陈述的话语表面，至少要追问：既然是"在陈翰伯的领导下"，那么陈翰伯当年的社会身份是什么？他又是如何具体领导的？"合作共事"的《读书》"工作班子"里的"老出版、老编辑"都是以个人身份凭个人爱好行事？那可是"文革"刚刚结束，没有"社会"也没有个人，只有国家和"国家工作人员"。

---

① 宋木文. 八十后出版文存[M]. 北京：商务印书馆，2013：107.
② 宋木文. 八十后出版文存[M]. 北京：商务印书馆，2013：107.

《读书》创刊于1979年4月。据董秀玉回忆："我从1978年下半年开始参与《读书》杂志的筹备工作，跟在陈翰伯、陈原、范用、倪子明、史枚等老同志后面做小跑腿。"①《读书》副主编倪子明于1981年2月向中宣部出版局汇报工作时也说"1978年第三季开始酝酿"②，说明筹划创办《读书》是在党的十一届三中全会之前。

《读书》创刊及以后的三年间，陈翰伯是国家出版局代局长。宋木文回忆陈翰伯时说："1977年5月后，他协助、支持新局长王匡同志拨乱反正，恢复出版。1978年7月，王匡同志调香港工作后，他任代局长，一直代到1982年机构改革出版局并入文化部。这期间，我作为局办公室主任除了平时他交办、我请示工作外，几乎每周一都向他综合汇报局机关前一周的工作情况，协助他安排新一周的主要工作。我是他的助手，他是我的领导。"③

陈翰伯领导《读书》的方式。国家出版局于1978年11月16日、12月14日两次召开党组会，"先后讨论了刊物的性质、任务、对象，编委会名单，编辑部负责人"④。《读书》编委会由陈翰伯、王子野、许力以、陈原、于光远、夏衍、黎澍、林涧青、戈宝权、郑文光、许觉民、曾彦修、陈茂仪、范用组成，陈翰伯为编委会召集人。创始主编陈原，副主编有范用、倪子明、冯亦代、史枚；编辑部有沈昌文、董秀玉、包遵信等7人。编委会先后开过三次会议，这三次会议的情况是：

第一次（1979年2月17日）讨论编辑方针。陈翰伯同志说明这个刊物由局党组委托编委会领导编辑部的工作，正式定（编辑）

---

① 董秀玉.智者陈原［M］//陈原.我的小屋，我的梦.杭州：浙江文艺出版社，2005：118.
② 《关于〈读书〉的一些情况——1981年2月19日向中宣部出版局汇报要点》，未刊稿。陈原家属提供。
③ 宋木文.陈翰伯同志对出版领域解放思想拨乱反正的重大贡献［M］//《陈翰伯文集》编辑组.陈翰伯文集.北京：商务印书馆，2000：562.
④ 《关于〈读书〉的一些情况——1981年2月19日向中宣部出版局汇报要点》，未刊稿。陈原家属提供。

部主编、副主编人选。人民（三联名义）负责出版工作。第二次（1979年8月17日）回顾半年工作，提出改进意见（如加强组织有分量的书评，介绍国外文化动态、流派等等）。第三次（1980年8月16日）编辑部汇报出版情况、读者反映，讨论原定刊物的性质、任务是否有所改变。大家认为仍应保持原来已形成的特点，着重提高质量。后来据以写成《两周年告读者》的编辑部文章。①

因此，应该认同"《读书》创办于党的十一届三中全会以后，按照1979年4月5日局党组决定，它是由局党组领导的，以书籍为中心的文化思想评论杂志"②。在陈原这一代表《读书》编辑部向国家出版局的陈述中，如果说"局党组决定"基本等同于后来的期刊审批，"由局党组领导"则相当于后来的期刊主管主办。因此，由出版局党组领导是考察《读书》创办初期的独特体制"的核心重心所在，回避《读书》这一基本的媒介组织性质就难以深刻理解《读书》思想品格的根本性成因，尤其难以解释《读书》创刊号何以能推出"读书无禁区"并持续抗衡、较量多年。《读书》由国家出版局党组领导的历史证据除前述外，还有编辑部以外的社会反应③、倪子明披露的编委会策略④，这里补充更关键的两点：

其一，《读书》创刊号上交代其办刊宗旨的唯有《编者的话》，而《编者的话》代表和反映了国家出版局党组意见。"根据党组讨论意见和第一次编委

---

① 《关于〈读书〉的一些情况——1981年2月19日向中宣部出版局汇报要点》，未刊稿。
② 《读书》编辑部于1981年4月20日向国家出版局提交《报告（草稿）》，未刊稿，陈原家属提供。
③ 1981年2月19日，倪子明、沈昌文去中宣部出版局汇报《读书》情况，参与听取汇报的牛玉华说：《读书》"这个刊物名义上是三联书店出的，实际上是出版局的刊物。主编也是出版局的。编委都是头面人物"。《二月十九日边春光同志谈话》，打印未刊稿。
④ "据倪子明回忆，大家起初讨论方案是国家出版局研究室牵头做这件事，但又感觉此方案并不合适，'（出版局）官方色彩太重，不好说话'。"见邹凯编写：《守望家园——生活·读书·新知三联书店》，生活·读书·新知三联书店2008年版，第53页。

会讨论意见，写成《编者的话》刊创刊号。"①

其二，陈原1981年5月3日提请出版局党组的讨论意见：

> 如果仍按照局党组原来规定的方针办下去，必须加强党的领导，充实编辑力量，才能办好。
>
> 如照原定领导方式，建议局党组定期讨论刊物的方针和内容，每期审阅刊物的重要文章，编辑部对重大问题随时向党组反映、汇报或请示。鉴于局党组要处理的问题太多，也许加强对这个刊物的领导有一定困难，也可考虑将刊物交人民出版社党委领导（按目前出版局所属十几个刊物，只有《读书》杂志是局党组直接领导的）。②

于情于理均可推断宋木文知晓《读书》受国家出版局党组领导的历史真实。他能明确告知后人《读书》"在有的历史关头还受到过尖锐的批评"，时任国家出版局办公室主任的他能不知道《读书》受出版局党组领导？他所以采用曲笔而不明言乃因《读书》及其体制饱受争议："对《读书》杂志这种独特的组织架构（体制），有赞成的，有非议的，有人还上纲上线进行质疑。"③因此，《读书》"独特的组织架构"的根本性实质是与国家出版局党组的幕后被直接领导关系。《读书》在历史关头受到尖锐批评使宋木文在回忆、表述《读书》与国家出版局党组的关系上陷于两难，面对两难，他只能用曲笔。

在拨开话语迷雾认清《读书》创刊初期由国家出版局党组直接领导的真相之后，该如何认识、解释这一历史事实及其意义呢？这首先需要回到历史现场。有学者指出，"思想史上的'80年代'，可以具体断分为三截，其中第一截是从'文革'结束到1983年的'清除精神污染'，持续了六七年的光景，

---

① 《关于〈读书〉的一些情况——1981年2月19日向中宣部出版局汇报要点》，未刊稿。
② 《读书》编辑部致国家出版局党组，落款时间为1981年5月3日。陈原手写。未刊稿，陈原家属提供。
③ 宋木文.《读书》杂志创办初期的独特体制和引领作用［M］// 宋木文.八十后出版文存.北京：商务印书馆，2013：108.

这一时期的主题是'拨乱反正''思想解放''反"文革"''反封建',主要矛盾是不同政治力量之间的观念博弈,通常所说的'思想文化界'其时的确尚未形成,这一时期最醒目最活跃的的确是所谓的'理论界'"。"在这一时段活动的,主要是一些'党内理论家',他们主要是以周扬、于光远、黎澍、王若水等为代表,由他们组成并领导的'理论界'主宰了当时整个的意识形态领域。之所以是这批人而不是其他人来叱咤此一时期的理论风云,主要是因为'堡垒是最容易从内部攻破的',思想的堡垒尤其如此。"① 这一历史观照中,"党内理论家"有分析工具的方法论意义。《读书》杂志编委会成员都属于当时出版界顶级的"党内理论家",以出版局党组负责人陈翰伯为编委会召集人的《读书》杂志编委会是国家出版局的"党内理论家"群体。只有建立《读书》杂志编委会与国家出版局的"党内理论家"群体、《读书》杂志编委会成员与国家出版局系统"党内理论家"的等同换算关系,才能突破就刊论刊的研究局限,通过建立"党内理论家"思想与《读书》期刊思想之间的联系,从思想理论资源的维度追溯《读书》期刊思想的理论来源与思想品格。

如果认同前述"党内理论家"作为理解20世纪70年代末80年代初中国思想文化的分析工具,当时出版界的这批"党内理论家"随时间而延展的思想脉络是,"原来1957年以前,他们这些解放后中国出版界第一代元老,思想开明的,天天所议论的振兴出版的做法,大多是'以文会友','言之成理,持之有故','作家是衣食父母','开放唯心主义','重印解放前学术旧着',研究日本明治时期的翻译经验,'拿来主义',等等","可惜的是,1957年话头都给打断。过了20多年,基本上还是这么些人,又借《读书》把话头接上。现在看来,情况比较分明,(20世纪)40年代的一些开明知识分子,提出了关于发展中国思想文化的话头,但他们并没有可能实现自己的理想。50年代上半期,想接这话头,没接上。直到80年代初,才接上"②。熟知历史的见证者如此观察与思考。历史的直接参与者可是一直都在兹念兹。范用说:

---

① 王学典."80年代"是怎样被"重构"的:若干相关论作简评[J].开放时代,2009,(6):44-58.
② 沈昌文.出于无能:我与《读书》[M]// 靳大成.生机:新时期著名人文期刊素描.北京:中国文联出版公司,2003:179.

"在 1970 年前后,我和翰伯在湖北咸宁干校谈起办刊物,我们设想一旦有条件,还是要办读书杂志。"①陈原同样一直魂牵梦绕:"抗日战争胜利后,我回到上海。生活书店把原来一个宣传推广的刊物《读书与出版》改成一个以书籍为中心的思想评论的综合性杂志,一直出到 1948 年冬,因政治环境恶化而停刊。回头一望,这个杂志在那'黎明前最黑暗的'时刻,起了我们预想不到的作用。特别是第一线刊物《民主》《消息》《文萃》相继被迫停刊,这个小刊物对国统区广大读者还是起到一定作用的。"②《读书》的史前史就因为编委会成员的"党内理论家"历史身份而如此悠远深广。

从《读书》创办时空的外在视角看,《读书》编委会成员被赋予启动改革开放的"党内理论家"的类别称谓。从《读书》的期刊思想形成和期刊品格生成的内在视角看,这批"党内理论家"是《读书》编委会成员。这个思想集体既塑造了《读书》品格,也映现了 20 世纪 70 年代末 80 年代初并非个例的期刊组织形式:"党内理论家"们自组编委会创办期刊。陈翰伯作为国家出版局代局长,实际履行《读书》编委会主任的职责,但对外隐匿《读书》的主办单位和陈翰伯担任编委会主任的出版内情,恰是陈翰伯、陈原的期刊出版策略。

剖析《读书》创刊的期刊选题,由期刊人及其思想溯源,必定以阅读和阐释一个漫长而丰富的革命出版传统作为起点,陈原等《读书》创始编辑群体则秉承入党初心,上承 20 世纪 40 年代中国共产党领导下的革命期刊编辑思想,以中华人民共和国成立后的亲身经历经验为起点,下启 20 世纪 70 年代末 80 年代初对"文革"文化专制主义的思想反省和理性批判。

"党内理论家"是支持、支撑《读书》的体制性力量,也是解释解析《读书》事件的重要维度。陈原说:"没有翰伯,《读书》是办不成的;即使办成,也早就夭折了。""在办《读书》以前的漫长岁月里,他编过报、编过书、编过杂志,我与翰伯相处数十年,从未见过他钟情一个杂志像他对待《读书》那样,他把自己的全部生命力都倾注在这个杂志上了。"③

---

① 范用.《读书》三百期［M］//王世襄,周有光,杨绛,等.我与三联.北京:生活·读书·新知三联书店,2008:255.
② 陈原.陈原出版文集［M］.北京:中国书籍出版社,1995:464.
③ 陈原.《读书》起步那几年:深层记忆里抹不去的人和事［M］.陈原.界外人语.北京:商务印书馆,2000:188.

董秀玉说："陈翰伯当时是出版局领导，在上面全力支持，定方向、出方针，是个真正的思想领袖；陈原为主编，出谋划策，出方案、出思想，坐镇指挥；范用是最积极的鼓动者，实际组织筹备，并一力担当起刊物的政治责任和出版责任。还有一位倪子明，当时是出版局研究室的负责人，起草报告、调查研究、方案成文等等，都出自他手，也是创办时的骨干。""在最初的两年里，是史枚塑造了《读书》的体型和品格；没有他，这个新办的杂志要形成自己的特殊风格，可能需要更长的时间。他以渊博的知识、丰富的办刊经验，驾轻就熟地迅速使《读书》成形。"①

出版管理部门规定，"从1988年起，每个刊物要公布主编、副主编的姓名"。《读书》1988年第1期版权页署名主编沈昌文，副主编董秀玉。这个阶段延续此前风格，注重可读性、文学性，继续保持良好的发展势头。当然，这属于《读书》的另一阶段，与本个案讨论有关联但主题性关联不多不深。

五、三次转换《读书》性质表述的背后

工业文明时代的信息交流与思想传播主要依赖书报刊等出版物。《读书无禁区》及其命题引起如此热议争议，发表这一文章的期刊又经受了什么样的遭际，其遭际的历史意义是什么？这是本节试图解释的问题。

本节的解释策略首先基于《读书》性质随时间推移有四种不同表述的话语事实——最早是"书评专刊"，然后是"思想评论刊物"，再后是"文化思想评论刊物"，最后是"评论杂志"。其次认同如许次第转换显然不是简单的文字操作技术问题，值得关联当时拨乱反正、思想解放的历史背景求解其话语转换背后的思想文化意涵。前述四处《读书》性质描述用语②以及相近而又细微的差异折射了该刊在"历史关头"所受到的"尖锐的批评"以及陈原们

---

① 陈原.《读书》起步那几年：深层记忆里抹不去的人和事[M].陈原.界外人语.北京：商务印书馆，2000：189.
② 《读书》1989年第12期《稿约》中说："本刊为以读书为主题的文化评述刊物，凡与读书有关的稿件，包括书刊评论、新书信息、读书感言、书市杂论以及关于文坛人物的记述等，均所欢迎。"有关这次话语转换，本章不论及。

接受"批评"的对策。最后，基于发现和认定，提出并探究的问题是，对于《读书》性质表述三次转换的历史行为到底该如何认识？1981年《读书》性质表述转换的思想背景是什么，关联历史境遇的哪些方面？求解这一问题的可操作方式是，将四种表述确定为三种转换，然后层递地分别解析三种转换背后的思想背景与行为逻辑。

（一）从"书评专刊"到"思想评论刊物"

同为国家出版局主管主办的刊物，《出版工作》1979年第3期发表了署名"《读书》编辑部通讯员"的创刊消息《新创刊的书评专刊〈读书〉即将和读者见面》。消息导语为："新创办的书评刊物《读书》即将由三联书店出版，第一期可于3月下旬与广大读者见面。"消息还较详细地交代了《读书》的办刊宗旨、期刊内容、读者对象等，介绍其内容时着重点明："《读书》主要内容有以'书'为中心，讨论文化思想问题的专论。"① 显然，此消息撰写发稿于1979年2月17日《读书》第一次编委会之前。由此可见《读书》从最初拟议中的"书评专刊"到后来实际追求的"思想评论刊物"有一个意见转化、共识凝练过程，而办刊人意见转化以及《读书》性质转化的关键是（也只能是）1979年2月17日《读书》首次编委会会议。据此可以初步推断，《读书》首次编委会会议是《读书》从"书评专刊"到"思想评论刊物"的积极推进因素。《读书》创刊号中《编者的话》称"我们这个月刊是以书为主题的思想评论刊物"。由《编者的话》"根据党组讨论意见和第一次编委会讨论意见写成"② 可见将《读书》定性为"以书为主题的思想评论刊物"之庄严、慎重，此乃当时出版业大家们集体智慧的结晶。

（二）从"思想评论刊物"到"文化思想评论刊物"

《读书》1981年第1期刊登了陈翰伯亲自执笔撰写的《两周年告读者》，

---

① 《读书》编辑部通讯员.新创刊的书评专刊《读书》即将和读者见面[J].出版工作，1979（3）.40—41.

② 《关于〈读书〉的一些情况——1981年2月19日向中宣部出版局汇报要点》，未刊稿，陈原家属提供。

文中改称《读书》为"以书为中心的文化思想评论刊物"①。讨论这第二次转换首先应该定性话语逻辑。从"思想评论刊物"到"文化思想评论刊物"在形式逻辑上讲是采取增加内涵以缩小外延的话语策略，意在不改变原有办刊宗旨的前提下，将"思想评论"锁定在思想中的一个领域也即"文化思想"，以试图获取上级认可国家出版局主办期刊的政治正确性。

据现有材料可以推断：《读书》"思想评论刊物"的继而定位在当时引起了有关部门甚至高层领导的关注并带来一定的思想压力。陈原记述一事："某一年，在某次会上，一位可敬的同志突然说，你们杂志还是谦虚一点好，比方说'以读书为中心的思想评论'就有点狂。你们怎能进行思想评论？评论思想不是你们分内的事。只有最高权威机关才能发动思想评论。"②以陈原该时段担任国家出版局党组成员的身份，他当然明白"可敬的同志突然"所说（更关键的是"突然""在某次会上"说）的泰山压顶般的分量。无独有偶，沈昌文碰到的类似事件是："有一天，听一位舆论界的领导人在嘟囔，一家出版

---

① 陈翰伯：《两周年告读者》，《陈翰伯文集》，中国书籍出版社1995年版，第108页。创始编辑董秀玉曾回忆此文写作背景和影响："翰伯先生1979年秋曾经中风，但面对压力，毅然亲自拿起笔来，写了《两周年告读者》，重申《读书》坚持'解放思想、平等待人、提供知识、文风可喜'的四种性格；重申赞成'读书无禁区'的主张，明确宣示'这种探索真理的工作绝不是一代人所能完成的。听凭某一圣哲一言定鼎的办法不足为训'，大声疾呼'提倡读书之风、思考之风、探讨之风和以平等待人之风，期以蔚为风气'。这篇文章再次响当当地表明了《读书》的观点和决心，在思想界又一次引起极大反响。《人的太阳必然升起》《实现出版自由是重要问题》《试论'兴无灭资'》等等文章又相继刊出。"见董秀玉：《范用先生与〈读书〉初创》，吴禾编：《书痴范用》，读书·生活·新知三联书店2011年版，第12页。

② 关于这次会议及"可敬的同志"劝告陈原后的会议反应，陈原回忆说："这次会议我在场，翰伯不在场。如果他在场，他会立刻跳起来反驳的。而我不想说话，因为我一听到这位可敬的同志说'发动'两字，我就明白，在意识形态沼泽里打惯滚，得了'思想敏感症'，他理解的思想评论就是发动大批判，就是发动思想改造运动那样的意思。那当然是我们不能为的，我们也决不为。这是常识以下的可笑的命题。不料在座好几位同志（完全与《读书》无关的同志）却对此作出了'热烈的反应'——他们纷纷表示，人只要有思想，就可以去表达，也就是可以去议论。百家争鸣不正是互相进行思想评论吗？权威可以评论，老百姓也可以评论，机关可以评论，个人未尝不可以评论。……这么一来，七嘴八舌说开了，没事了，化解了，阿弥陀佛，不成其为问题了。"见陈原：《〈读书〉起步那几年——深层记忆里抹不去的人和事》，《界外人语》，商务印书馆2000年版，第186页。

社，怎么办起思想评论杂志来了？那不已经有了《红旗》吗！"①

前述两事中的观念预设差异乃"读书无禁区"提倡者和反对者根本性的意见分歧。以"读书无禁区"为观念预设，陈原和《读书》编委会成员共同确立《读书》为"以书为主题的思想评论刊物"。如果坚持"读书有禁区"的预设观念，"读书无禁区"的反对者坚持"思想评论刊物"非《红旗》莫属，《红旗》以外的任何期刊均不得涉足"思想评论"。由此可以认定：《读书》创刊与"读书无禁区"观念传播互为一体；随着"读书无禁区"从"异端"变为平常并深入人心，《读书》确立了在中国期刊史乃至改革开放观念史上少有比肩的重要地位。肯定《读书》"新启蒙"的思想价值亦基于此。

讨论第二次转换还要依据文本划定时间节点以明确分析对象及其思想关系。"文化思想评论刊物"首见于《读书》1981年第1期的《两周年告读者》，由当时《读书》提前两个月发稿的印制周期推断，提出"文化思想评论刊物"的时点当在1980年10月或11月间。该时点前后有两件事值得关联思考。

1980年8月16日《读书》举行了第三次编委会。"编辑部汇报出版情况、读者反映。讨论原定刊物性质、任务是否有所改变。大家认为仍应保持原来已形成的特点，着重提高质量。"陈翰伯就是根据第三次编委会会议讨论精神，亲自执笔写成《两周年告读者》，后收入《陈翰伯出版文集》。既然"讨论原定刊物性质、任务是否有所改变"，就说明编委会面临内在动力或外在压力要求改变刊物性质、任务。

沈昌文就《读书》向陈翰伯做过汇报说明。"当时为创刊号题为《读书无禁区》的文章，觉得压力太大，请他关注。他要我仔仔细细地说了情况，于

---

① 沈昌文.出于无能：我与《读书》[M]// 靳大成.生机：新时期著名人文期刊素描.北京：中国文联出版公司，2003：176.

是在文章中加了一大段态度鲜明的支持这篇文章的话。"① 那一段话以 "我们重申我们赞成'读书无禁区'的主张"开头，这也再次表明了《读书》媒介性质与"读书无禁区"的思想关联。

（三）从"文化思想评论刊物"再到"评论杂志"

"评论杂志"见于 1981 年 10 月 28 日国家出版局党组下发的经过中共中央宣传部批准的《关于加强和改进〈读书〉杂志工作的报告》，其中说："《读书》杂志仍然应当是以书籍为中心的评论杂志。编辑部要加强学习马列主义、毛泽东思想，坚持四项基本原则，努力把《读书》办成一个能广泛联系中等以上知识分子的，在思想上富有启发性的，有材料有观点，不尚空谈的，以书为中心的评介、报道刊物。"② "以书为主题""以书为中心""以书籍为中心"只是话语策略层面的文字技巧，"评论杂志"及其评论对象才是关键所在。分析这第三次转换要锁定的时间区段为 1981 年 1 月至 1981 年 10 月底。从目前掌握的材料看，有以下几个行为节点值得作为观察点、思想点关联起来思考。

1981 年 2 月 19 日下午，倪子明、沈昌文去中宣部出版局汇报《读书》情况。边春光、牛玉华、邓从理、孔祥贵四人参加听取汇报。倪子明时任国家

---

① 见沈昌文：《阁楼人语》，作家出版社 2003 年版，第 11 页。陈翰伯增补的一段可能是："我们重申我们赞成'读书无禁区'的主张。在我们的当代史中，人人尽知，确实发生过史无前例的禁书狂飙。'四人帮'垮台后，风沙虽然已过，不敢重开书禁的还大有人在。当时我们针对时弊，喊出'读书无禁区'，深受读者欢迎，我们非常感激。尽人皆知，谁也没有不加分析地提倡'开卷有益'，胡乱读书。何况在《读书无禁区》一文中，作者早已说过：'对于书籍的编辑、翻译、出版、发行和阅读，一定要加强党的领导，加强马克思主义的阵地。对于那种玷污人类尊严、败坏社会风气、毒害青少年身心的书籍，必须严加取缔，因为这类图书根本不是文化。它极其肮脏，正如鲁迅所说，好像粪便或鼻涕。'我们引此长段，在于说明最初一文已把话说在前头；大可不必草木皆兵、杞人忧天。就此问题，本刊曾经发表过不同意见，今后我们对一些读者关心的问题仍然打算这么办。再补充一句：凡在本刊发表的文章，不就是代表本刊编辑部的观点。文责自负嘛，人人都可以对某篇文章发表不同观感。"见《陈翰伯文集》，中国书籍出版社 1995 年版，第 108 页。
② 文化部出版事业管理局办公室．出版工作文件选编：1981—1983.12 [M]．北京：文化部出版事业管理局办公室，1984：412.

出版个案分析导论 李频自选集

出版局研究室主任、《读书》排名第二[①]的副主编。这次活动双方都较为重视。在听取汇报方，边春光的谈话由有关人士整理出了《二月十九日边春光同志谈话》的打印件；在汇报方，留存了《关于〈读书〉的一些情况——1981年2月19日向中宣部出版局汇报要点》的手写稿（16开纸5页）和边春光等人谈话要点手写稿两页。汇报稿《关于〈读书〉的一些情况——1981年2月19日向中宣部出版局汇报要点》第1节节题为"办刊过程"，第2节节题为"关于编辑方针和编辑思想的几点说明"。第2节的开头和末尾分别说：

> 刊物的特点。我们觉得刊物一定要办出自己的特点，不要搞成一般化，也难以要求适合各类读者的口味。曾经有建议，让办成辅导青年阅读的刊物。我们觉得对象主要还是大学以上水平的知识分子（作者、编辑、教师等等），不宜于多登阅读方法的文章（与《书林》略作分工，同《中国青年》不一样）。也有人建议办成专门介绍新书的。但为了培养广泛读者兴趣，仍应范围宽些。
>
> 以上编辑方针和编辑思想本身，现在看来还是可以的，是符合《读书》原定宗旨、特点的。当然在我们具体编辑工作中，做得不好，存在着问题，要进一步根据工作会议、七号文件精神总结改进。[②]

可以初步推断：①倪子明、沈昌文的汇报不是他俩个人意见，而是《读书》编委会或者《读书》编委会核心人员意见；②从手写汇报稿、手写谈话要点记录稿、打印谈话稿的对照来看，当日交谈双方平和、徐缓，重在沟通

[①]《关于〈读书〉的一些情况——1981年2月19日向中宣部出版局汇报要点》中写道："编辑部组成：主编，陈原；副主编，范用、倪子明、冯亦代、史枚。"1981年10月国家出版局《关于加强和改进〈读书〉杂志工作的报告》中说："编辑部正副主编由下列六人组成：主编，陈原；副主编，沈昌文（常务副主编，主持编辑部日常工作）、倪子明、范用、冯亦代、包遵信。"

[②]《关于〈读书〉的一些情况——1981年2月19日向中宣部出版局汇报要点》，未刊稿。

协商，气氛融洽。

边春光在当天谈话的开始时说，"今天找大家来商量商量，第一件事是怎样加强书评的问题"。"在倪介绍中提到不拟将现在的《读书》办成'文革'前的《读书》，边说"，"恢复原来《读书》杂志的面貌怕是不行的。办了以后，看还是有人看。但要真正办好，怕不行。'文革'前在文化部大楼里讨论过这事。陈原同志主持的。你们现在也很难办，工作很艰苦，当然还是受欢迎。现在知识面很窄，需要扩大知识面，许多重要著作，最好能搞点有分量的评介。这对许多人有帮助"。在听倪子明介绍《读书》情况结束后，边春光说："《读书》的整个编辑方针，是局党组、编委讨论过的，反复酝酿的，以后根据实践经验如何修改是另一回事，我们今天不涉及这事。""我不主张办成'文革'前《读书》杂志那样的刊物。"① 由此可推测汇报重心和听汇报重心的某种不一致（或者心照不宣），而这种不一致也未必表明边春光对要《读书》改变编辑方针的相关议论置若罔闻。他在当天谈话接近尾声时还说，《读书》"这个刊物要办下去，是没有问题的。要办好，也是一定的"。"今天找你们来，就是了解一点情况。我们说不出多少意见。想看看你们的杂志。"②

1981年4月《读书》对已经出版的25期刊物自查，自我检讨有16篇文章③

---

① 《二月十九日边春光同志谈话》，打印未刊稿，陈原家属提供。
② 《二月十九日边春光同志谈话》，打印未刊稿，陈原家属提供。
③ 陈原家属提供的未刊文献显示，这16篇文章的题名、刊期和作者分别是《读书无禁区》（1979年第1期，李洪林）、《海关这一关》（1979年第1期，黄仑）、《黄色，色情，爱情》（1979年第2期，林大中）、《有赠》（1979年第5期，荒芜）、《定期公布畅销书目》（1979年第6期，秦牧）、《漫谈访美观感》（1980年第5期，萧乾）、《新书录：〈罗马尼亚经济教育及管理体制改革〉》（1980年第6期，吴颐）、《师友之间》（1980年第6期，荒芜）、《还〈圣经〉的本来面目》（1980年第9期，杨德友）、《平凡的道理》（1980年第9期，恽逸群遗作）、《廉价品的没落》（1980年第10期，牛洪）、《实现出版自由是重要问题》（1981年第1期，于浩成）、《试论"兴无灭资"》（1981年第1期，孙越生）、《两周年告读者》（1981年第1期，本刊编辑部）、《人的太阳必然升起》（1981年第2期，李以洪）、《为〈论自由〉声辩》（1981年第2期，何新）。

存在或大或小的问题。《读书无禁区》自然居检讨之首①，而重申"读书无禁区"的《两周年告读者》亦在检讨之列。对《读书无禁区》的检讨是：

> 本文原题《打破读书的禁区》，编辑部改为今题。改题后，引起副作用，曾陆续发表一些对本文的不同意见，并就改题问题发表声明，由编辑部承担责任，改题是不够慎重的，只注意生动，而不注意效果，容易造成思想混乱。至于改题后没有告诉作者，也是一个缺点。②

《两周年告读者》的自我检查意见是：

> 此文比较受到读者欢迎，但是也有同志指出，不应当再在这里"重申我们赞成'读书无禁区'的主张"。
> 本刊创刊号有文章提出"读书无禁区"的提法，社会上有一些误解，以为这就是提倡乱看书，反对对读书的必要的指导。我们为此在这里重提"读书无禁区"问题，初意在于对这一提法做正确解释，避免误解。因此，文中除批评了"四人帮"时期的"禁书狂飙"，特别引用创刊号中的下面这段话："对于书籍的编辑、翻译、出版、发行和阅读，一定要加强党的领导，加强马克思主义的阵地。对于那种玷污人类尊严、败坏社会风气、毒害青少年身心的书籍，必须严加取缔，因为这类图书根本不是文化。它极其肮脏，正如鲁

---

① 1981年2月19日，倪子明在向中宣部出版局局长边春光汇报时曾说明《读书无禁区》在第一期发表的情况。文章的内容没有什么问题。文章也提出了'任何社会，都没有绝对的读书自由。……无产阶级的文化政策，当然更不会放任自流'。'对于书籍的编辑、翻译、出版、发行和阅读，一定要加强党的领导，加强马克思主义的阵地。对于那种玷污人类尊严、败坏社会风气、毒害青少年身心的书籍，必须严加取缔'"。《关于〈读书〉的一些情况——1981年2月19日向中宣部出版局汇报要点》，未刊稿，陈原家属提供。
② 《读书》编辑部于1981年4月20日致国家出版局党组《报告》，未刊稿，陈原家属提供。

迅所说，好像粪便或鼻涕。"现在看来，此文如果多征求一些同志的意见，不在这里简单地论述"读书无禁区"问题，而是另外写文章全面说明读书必须有指导，可能道理会说得更充分，效果更好。①

这16篇文章的检讨文字是否由陈原撰写，因为所见为打印稿，难以确证。《两周年告读者》首句的检讨智慧倒确有陈原风格。

1981年春夏确是《读书》的艰难多事时段。4月11日，《读书》专职副主编史枚突发脑溢血病逝，"他临终前只是用手指了指书包——他惦记着他夜里带回来的书包，装满了改过的和尚未加工的《读书》杂志下期的稿子"。陈原于4月19日撰文《记史枚》，悼念"他是个战士，是出版战线的战士"②。

当年春夏，陈原为《关于加强并改进〈读书〉杂志工作的报告》数易其稿，从保存下来的材料看，可谓殚精竭虑。4月10日前，他起草了"《关于加强并改进〈读书〉杂志工作的建议》（草稿）"。这"草稿"系陈原用钢笔手写，最后只写了1981年，没写具体日期。但第一页天头另用粗黑硬笔写了"请即打五份（不要印），都交我。陈10/4"，可据以推断此稿写于4月上旬，姑且称为"4月上旬草稿"。此草稿在4月20日形成打印稿（16开3页，以下简称"4月20日打印稿"）。在这打印稿上，陈原留下了30余处手写文字。16篇文章的检讨文字即此打印稿的附件。5月3日，他又以《读书》编辑部名义起草了一份可推测为给出版局党组的报告（以下简称"5月3日报告稿"）。"5月3日报告稿"最末一句为："此外，我们检查了两年来刊物与外界的联系，除了同作者读者外，我刊编辑部与任何非法刊物没有任何联系。"当年2月20日，中共中央、国务院下发了《关于处理非法刊物非法组织和有关问题的指示》，陈原借机根据中央文件检查汇报本刊工作。

---

① 《读书》编辑部于1981年4月20日致国家出版局党组《报告》附件"《读书》杂志若干文章的情况和问题"，未刊稿，陈原家属提供。
② 陈原. 陈原散文［M］. 杭州：浙江文艺出版社，1997：144.

陈原就《读书》出版致国家出版局党组信(陈原家属提供)

在"4月上旬草稿"中,全文不见改变《读书》编辑方针意向。该"草稿"中有关《读书》的性质表述是:

> 《读书》杂志仍然应当是以书籍为中心的思想评论杂志,通过评介中外图书,传达信息,交流思想。一般地说,它将不发表离开图书编辑出版的纯理论文章。编辑部要加强学习马列主义、毛泽东思想,坚持四项基本原则,努力把《读书》办成一个能广泛联系中等以上知识分子的,在思想上富有启发性的,有材料有观点,不尚空谈的,以书为中心的评介、报道刊物。

对勘经中央宣传部批准下发的正式文件后发现,下发文件中删去了"以书籍为中心的思想评论杂志"中的"思想"二字,也删去了"通过评介中外图书,传达信息,交流思想。一般地说,它将不发表离开图书编辑出版的纯理论文章"。由此可见,陈原依然钟情"思想评论杂志",当然,他补充也是强调《读书》"通过评介中外图书,传达信息,交流思想"的期刊功能。

如果说《读书》创刊消息中的"书评专刊"代表了《读书》的初始意图,《读书》创刊号《编者的话》中"以书为主题的思想评论刊物"代表了"党内理论家"们的群体意愿,是《读书》的继而定位,《读书》1981年《两周年告读者》改为"以书为中心的文化思想评论刊物"则代表《读书》两年实践所形成的期刊风格,而国家出版局党组"报告"《读书》杂志仍然应当是以书籍为中心的评论杂志"的提法反映了出版管理部门的新期待新要求,则既模糊(去"思想""文化思想")又坚守(明确"仍然应当是"),看似突兀的遣词用语实则别有缘由。其中的细微变化既折射了《读书》最初两年在思想领域左冲右突的艰辛,也反映了创始编辑们执着于"思想",加添"文化"以显圆融妥协的智慧。因缘际会,历史因此造就了《读书》,"文化思想评论"是整个80年代的时代主潮，《读书》以"文化思想评论刊物"品格而成为80年代思潮的风向标。

《读书》创始编辑董秀玉曾披露过要求《读书》改变办刊宗旨事：

> 有关部门责令《读书》检查，有人甚至要《读书》改变方针，办成辅导青年读书的杂志。当时有两个方案，一为合并二为交出。范先生一见即大怒，跳起来拿起电话就找翰伯，大声嚷嚷："不行不行，我不同意！"翰伯先生说："我们也不会同意，这是两种不同性质的刊物，会写个意见传你看。"改稿上，那两个方案文字上画了一条粗粗长长的黑色斜杠，旁边有陈原先生的文字："我们对此也反复考虑研究，认为办那样一个杂志，对广大读者的启蒙工作是大有裨益的，要实现这个想法，须请党组统筹安排，另行考虑。"①

董秀玉所说，惜未说破与哪家刊物"合并"，"交出"给哪个部门，目前尚不清楚要《读书》改变方针的为哪位人士。从董秀玉回忆中陈翰伯、范用、陈原的反应看，这意见人士为有相当地位的高层领导，目前尚不知晓这位推测中的高层领导意见传达至《读书》编委会的时间。

陈原就此留下了思想印迹。"4月20日打印稿"末尾有这样一段："至于是否将方针改变为办成辅导青年读书的刊物，我们没有倾向性意见。如果党组作出决定，我们完全赞成，但要做较大的调整，才能适应这种改变。"该件显示，陈原后来又删去了这段文字，手写的替换为"以上措施如果限于人力、物力，暂时未能实现，则建议将《读书》移交团中央续办，以便更有效地进行青年读者的启蒙工作；也可考虑将《读书》合并于《书林》（上海版）"。这

---

① 董秀玉．范用先生与《读书》初创［M］//吴禾．书痴范用．北京：生活·读书·新知三联书店，2011：13．

段拟替换文字后来又被陈原删去，另写了一段取代："我们也考虑过是否将方针改变为办成辅导青年读者的刊物，但这样就要对编辑部做较大的调整，才能适应这种改变。如果限于人力、物力，难以实现，可否考虑商请共青团中央接办《读书》，以便更有效地对青年读者进行启蒙工作。也可考虑将《读书》合并于上海的《书林》杂志。"①

"5月3日报告稿"第4条说：

> 如果考虑将刊物的方针改变，将刊物办成辅导青年读书的刊物，对广大读者的启蒙工作是大有裨益的。要贯彻实现这个想法，可以有两种选择——可以考虑将《读书》与上海性质略同的刊物《书林》杂志合并（要同上海市出版局商洽），便于加强力量，贯彻中央调整方针。合并后由上海《书林》具体负责，这里的编辑部本来就没有几个人，可以做三联书店编辑室的工作，兼管约一些稿件，供给《书林》。
>
> 为了便于加强思想领导，可以考虑将《读书》商请共青团中央接办，由中国青年出版社管具体工作，这样可能做到事半功倍。②

在上述文字之后，陈原本写有"我们倾向于（甲）法比较可行"，后又删去了此句。作为《读书》的创始主编，陈原舐犊情深，他在思索着，焦虑着，期盼厄运到来时《读书》有一个差强人意的归宿。

1983年3月8日，陈原致信刘杲，信中说："胡乔木同志关于创办一个指导青年读书的杂志，我认为是很重要的倡议或指示，这样一个杂志同现在的《读书》一起，就可以构成一副分层次的书评刊物了。"陈原还具体推荐了可以胜任新创期刊的编辑人选："以上诸人都是才人，且有不同程度的出版

---

① 据陈原保存件，家属提供，未刊稿。
② 据陈原保存件手写稿，原件无标题，家属提供，未刊稿。

经验。人不在多，有仙则灵。有两种办法集中：①索性调在一块，交三联；②工作借调一起，编制在原单位。""这种事都是起头难，真的开个头也不是太难的，不知以为如何？"①尽管目前不知胡乔木"创议或指示"的具体内容为何，但陈原的响应是积极的，他致信文化部出版局副局长刘杲就是积极响应的证明。至于胡乔木对指导青年读书的新刊的"创议或指示"，从他1983年7月29日在全国通俗政治理论读物评选授奖大会上发表《对出版通俗政治理论读物的意见》可略窥一二。②

值得庆幸的是，面对"勒令检讨的指令"和"要《读书》改变方针的建议"，"几位先生轮流被谈话，一致据理抗辩，风波终于过去"。"过后，范先生感慨地说：'终究，耀邦同志还在当总书记！'"③尽管胡耀邦与《读书》具体有何实际关联或文件批示目前尚未见权威部门或人士披露。

---

① 沈昌文. 师承集［M］. 北京：海豚出版社，2015：9-11.
② 胡乔木在讲话中说："《读书》月刊是出版局管的吧？编得不错，我也喜欢看这本杂志。但是根据我长期的阅读的印象，我也感觉到，这本杂志不够名副其实。它对于马列主义、中国革命和建设、哲学、经济学、政治学的书籍，偶尔也有介绍，但是非常之少，历史书籍的介绍也不算，大部分是今日文学书籍，以及在国外出版的书籍，也以文学书籍为多。这当然也很好，中国的刊物介绍外国出版的书籍，表明中国人对于世界各方面的情况很了解，而且很感兴趣。但是，作为一个《读书》月刊，它还应该满足广大读者更多方面的需要，而不是一部分读者的一部分需要。也许我的意见是不正确的。因为《读书》已经形成了它的固定风格了，它有自己的读者范围，可能不宜改变或至少不宜做大的改变。如果是这样，那么，我就希望出版局能够出另外的刊物。这种刊物应该有更广泛的读者，有更广泛的范围。现在读者需要书，但是到书店买书，临时选择是很困难。他很难知道究竟什么书是他需要的。"见《胡乔木谈新闻出版》，人民出版社1999年版，第511页。
③ 董秀玉. 范用先生与《读书》初创［M］// 吴禾. 书痴范用. 北京：生活·读书·新知三联书店，2011：13.

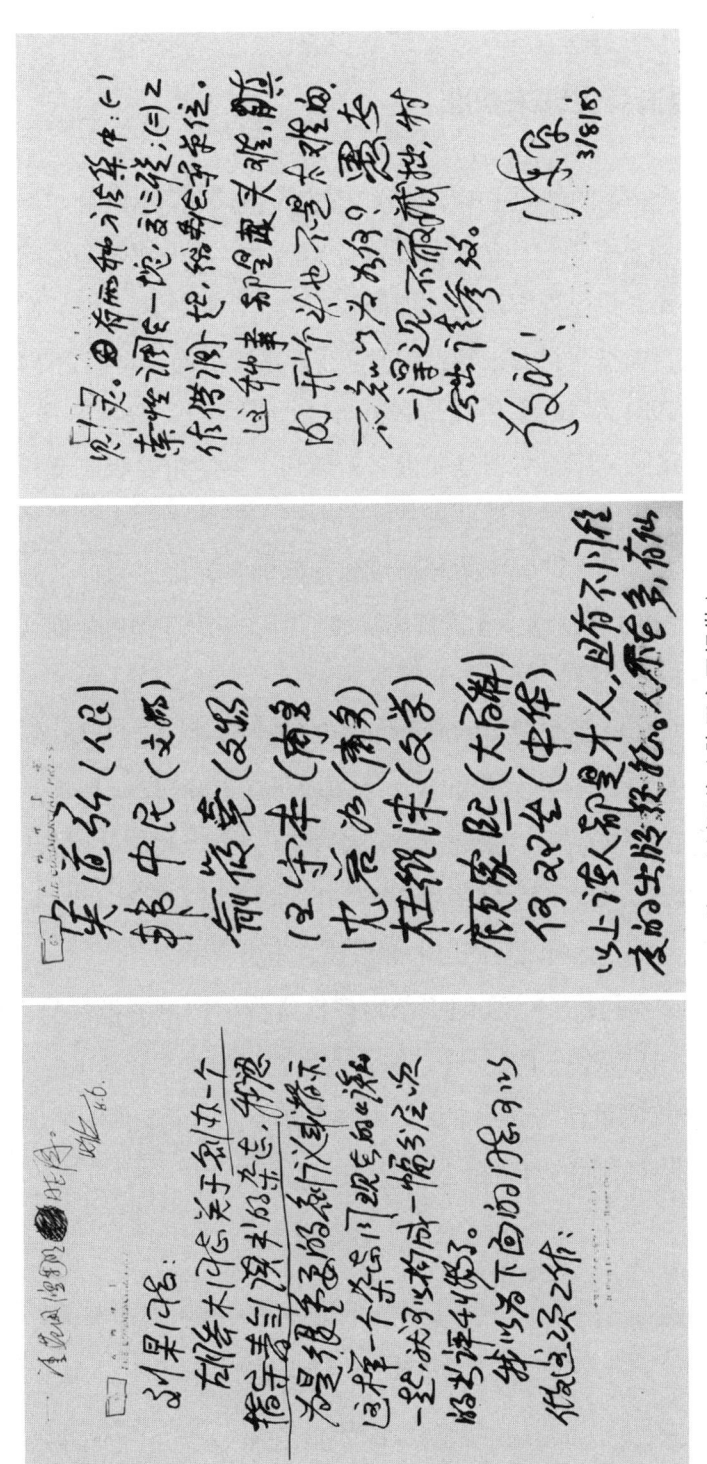

陈原致刘果信（陈原家属提供）

六、陈原请辞主编未获准

陈原是《读书》的创始主编。宋木文在《读书》创刊30周年聚谈会上的发言中说："陈原是被请出山的，曾几次提出辞呈。有一次陈翰伯问我对陈原请辞怎么看，我说我也说不清楚，但据我观察，不管他怎么说，你都不能表示同意。"[①] 从目前披露材料来看，陈原至少3次以书面文字形式请辞《读书》主编，分别是1981年10月12日、1981年12月9日和1983年10月23日。

首先应该认同：陈原辞职是《读书》创刊个案的重要组成部分，以社会负面评价、主编承担签发《读书无禁区》编辑责任的形式表现了《读书无禁区》选题的社会影响。选题个案分析应该追问的是，陈原为什么辞职，为什么在1981年、1983年这两个年度提出辞职？由陈原辞职到底如何认识期刊选题影响的类型与社会机制？

《读书》创刊20周年时，陈原撰写了《〈读书〉起步那几年……》，副标题为"深层记忆里抹不去的人和事"。从他着意保留的材料来看，他"抹不去"的人和事就是作为创始主编出题目让人写《读书无禁区》，并因此在1981年4月中下旬以后承受了巨大压力，他"几次提出辞呈"可以推断与《读书无禁区》的巨大社会反响以及高层内部争议、压力有关。

1981年春夏，《读书》"在编辑部内多次进行了严肃的批评与自我批评，总结经验教训，认真改正工作。今后一定要做到与中央在政治上保持一致"[②]。这"多次""严肃的批评与自我批评"中当关涉《读书无禁区》的选题。陈原以文学语言如此披露他的遭遇和心路历程：

---

① 宋木文.《读书》杂志创办初期的独特体制和引领作用[M]//宋木文.八十后出版文存.北京：商务印书馆，2013：108.
② 关于加强和改进《读书》杂志工作的报告[M]//出版工作文件选编：1981—1983.12.北京：文化部出版事业管理局办公室，1984：412.

幸而那时已不兴棍子了,但压力还是困扰着我们。

其后在一次有几位我尊敬的同志在场的汇报会上,我想迅速跨越过这个深沟,只好用传统的方式,做了包揽"错误责任"的检查。我的"检查要点"是这么几句:

"如果认为'读书无禁区'的提法有严重错误,我承担全部责任,愿意接受最严厉的处分。我是这个杂志的主编,从选题到挑选作者到审稿到清样签字,都由我负责。编辑部同人不熟悉这个杂志的格局,他们完全按照我的意见操作,所有错误跟他们无关。"①

我说话是诚恳的,也说得很沉重。我没有说假话,但我也没有说真话:我用了"如果"两个字。在座的几位可尊敬的同志听了,连连说没那么严重,没那么严重,吸收经验教训就是。

汇报会开过,这个死结似乎就化解了。至于我们,仍然主张"读书无禁区"。②

"读书无禁区"与以"两个凡是"为代表的社会思潮的冲突决定了主编陈原自《读书》创刊就内蕴了一种紧张感。陈原自述的这一"错误责任"检查,可视为这种积淀有年的心境在具体历史情境下的展开与释放。尽管这一历史情境的具体化还有待更详细史料的证实。据推断,这"错误责任"检查事发在1981年4月上旬陈原亲笔起草《关于加强并改进〈读书〉杂志工作的建议》(草稿)之后。如果事先知道"这个深沟"及其如此压力,陈原在"4月上旬草稿"中或许会有另外的措辞。其中第5条说:

照顾到历史情况,正副主编不拟变更,名单为:主编,陈原;副主编:倪子明、范用、冯亦代(不列在杂志上)。建议增加包遵信

---

① 陈原.《读书》起步那几年:深层记忆里抹不去的人和事[M].陈原.界外人语.北京:商务印书馆,2000:185.
② 陈原.陈原散文[M].杭州:浙江文艺出版社,1997:185.

和沈昌文为副主编，并以沈昌文为常务副主编，主持编辑部工作。

鉴于陈原已经中宣部批准退到二三线，主编名义不变动，但不再负责具体事宜。

陈原对《读书》主编职务去留言辞的显晦之别或许意味着1981年上下半年政治思想形势转向导致的具体情境乃至他个人心态的急切变化。1981年10月，陈原执意辞任《读书》主编，未果。1981年12月9日，他再次写信，全文是：

翰伯、子野同志并出版局党组，《读书》杂志编委会：

我从国外回来看到中宣部批准局党组十月廿八日关于加强和改进《读书》杂志工作的报告后，即在《读书》编辑部开会研究，订出措施，以便贯彻执行。这些措施将由各副主编继续加以具体化，并将写成报告上报审核。

关于我本人不继续负主编责任一事，我在出国前多次向翰伯、子野同志申述过我的意见，并于十月十二日正式报告党组（这个报告草稿曾送翰伯、子野同志核阅，他们当时无意见），此前我已反复表明：①照顾到历史情况，我不反对仍把我的名字列为主编（目的系避免海外某些人士妄加议论）；②鉴于中宣部已批准我退出第一线，主编名义虽不变动，但不再负实际责任；③稿件中的重大问题由常务副主编提出向有关编委请示，遇有分歧意见由编委会召集人（陈翰伯）或代召集人（王子野）决定。遗憾的是，党组报告否决了我的上述建议，即我反复向翰伯、子野同志提出而他们也予以谅解（实际不再负主编责任）的意见。

我现在再一次向党组和新成立的编委会申明，我仍然认为，由于我的身体状况、思想水平及领导能力，以及目前的领导方式，我继续主持这项工作是不适宜的，我本人是负不起这个责任的，我恳切请求党组和编委会认真考虑我的要求。我现在仍认为最好由人民出版社党委代编委会领导杂志的全部日常工作（我在党组会上及上述报告中已反复表达过同样意见），因为一是编委中有五人系人民出版社主要负责人或工作干部，二是实践证明过去这种领导方式不利于事业的发展。

我现在正同王敏同志等具体洽商退出第一线后的安排，也已多次向他表示过上述意见。从明年开始，我将不再实际负责这个工作，特报告如上。

1981 年 12 月 9 日 ①

1983 年 10 月，陈原再次致信出版局党组、边春光同志，并在信末写明"抄致""人民出版社领导小组组长张惠卿同志、三联书店总编辑倪子明同志、中国出版协会主席陈翰伯同志"。全文如下：

出版局党组

边春光同志：

去年五月以来，我曾三次恳请解决《读书》杂志的问题，建议出版局洽请人民出版社党组考虑管起来——此事原则上得您赞成，但迄未实现。

自国家出版局与文化部合并后，我作为局党组成员的职务已终止；在这前后，我已多次口头和书面表明再不能过问这个杂志的工作，后来《读书》划归出版协会领导，我亦多次表明本人已无法且无力继续管下去（协会副主席王子野同志后来实际上协助解决了编辑部请示的问题）。我再三考虑，认为这个问题现在到了非解决不可的时候了。

（一）《读书》杂志由出版协会领导，不符合中宣部关于整顿杂

---

① 未刊稿，陈原家属提供。

志的指示，因为协会没有党组党委。这是一个极为重要的问题，必须妥善解决，即必须由出版局分党组或人民出版社（三联编辑部）党组织领导，否则不能办下去。此外，根据上述指示精神，刊物还必须有一个坚强的马克思主义指导的编辑部——现在据我了解，尽管编辑部同志十分努力，但数量过少（专职编辑人员只有二三人），质量很弱，要办下去，必须加强。如领导问题不解决，看来无法调配更多的力量。

（二）现在杂志已办出一个"框框"，读者作者大致都已固定，但是为了适应当前思想战线建设社会主义精神文明的急迫需要，从具体方针、选稿标准和内容安排，都有重新调整的必要。不调整是办不下去的；要调整首先要解决领导问题、班子问题，然后才能考虑调整方案。再拖下去就不好了。

（三）从去年起我因精力体力有限，能力不足，已多次请求退到二三线，因此，我恳请立即解除我《读书》杂志"主编"的职务（虽则相当长时期实际上这个职务已属"挂名"性质了），至于过去一段时期（特别是创刊后一段时期）杂志所出现的缺点错误，我绝不推卸责任，该怎么办就怎么办。

专此报告，请指示。

一九八三年十月廿三日

陈原一方面在心情上梳理《读书》，另一方面在认识上以坚定的立场认同"读书无禁区"命题的公理性以及发表《读书无禁区》的历史正当性。作为一个了然历史与现实、理论与实践之间缠绕纠结的思想者，陈原如风中之苇，动静皆有所待。

有学者指出，"1983年底开始的'清除精神污染事件'，宣告了'文革'结束以来，一段时间内人们可以相对自由地探讨现实政治问题的时代的中断"[①]。陈原辞职之举浸透了那个时点的症候。在这里,补述李洪林当年遭际或许有助于对陈原1983年再辞职心态的同情与理解:

> 到了一九八三年底,事情突然严重了。《读书无禁区》被认为是不要党的领导,反对行政干预,主张放任自流的文章。而且提到文章作者的时候,是直呼其名,不加"同志"二字了。本来直呼其名并没有褒贬的含义,不过在空气较为紧张的时候,再加上批评者的精心安排(对谁称"同志"、对谁不称"同志"都是经过一番斟酌的),问题就升级了。其影响之大,竟使得原来发表文章坚决赞成《读书无禁区》的一位同志,在讨论这个问题时拍案而起,斩钉截铁地说:"我从来就不同意《读书无禁区》!"[②]

七、结语与讨论

《读书》创刊是强力推动中国改革开放思想文化进程的出版事件,自然成为出版研究领域中的典型个案。其典型性集中表现在,在出版选题及影响这一类的个案中,它具有极强的代表性。而代表性又表现为《读书》创刊号刊发的《读书无禁区》社会反响及形态、路径的复杂性。就个案代表性、专业意涵复杂性、影响历史进程的深刻度及这三者的结合而言,这一典型个案又成为一定意义上的极端性出版个案。该个案中的某些指标远超同类型案例的均值(平均水平),而接近各变量类型的最高点。因而对这一个案的解析必须正视案例所涉的广度与范围,在细致清理所涉广度和范围的基础上追求分析的深度和强度。广度、深度和强度的集合决定了解析(更不用说透彻解析)本案例的艰难,不可能单维度、单层面解析清楚,从不同视角、不同路

---

① 王学典. "80年代"是怎样被"重构"的:若干相关论作简评[J]. 开放时代, 2009, (6): 44–58.
② 李洪林. 理论风云[M]. 北京:生活·读书·新知三联书店, 1985: 13.

径与方法可以发现、例证这一案例的不同侧面的认知。在目前史料披露不完全、档案公开阙如的背景下，难以毕其功于一役。比如，"在洛夫乔伊看来，基本的单元观念的数量可能相当有限，各种学说的原创性和新颖性，往往并非来自构成它们的基本单元，而是更多地来自这些基本相同的单元观念构建成为复杂的思想系统的组合模式。观念史考察的就是各个单元观念出现、孕育、发展和组合进入各种思想系统的过程"[①]。如果认同这样描述的观念史研究进路，如果认同"读书无禁区"乃中国改革开放史上的基本单元观念，那么以"读书无禁区"为中心展开的观念史考察，便既要考察这一观念孕育、首发、分歧的过程，更要考察它发展并组合进某些专门领域、其他专业性思想系统的过程。本章于前者有所尝试，而于后者则有待开拓。

从选题视角出发，本个案由期刊选题《读书》、文章选题《读书无禁区》、选题影响三个有机部分组成。这三个组成部分分别要求不同的解析路径与方法。本案例分析自觉于此，借助未刊史料力求把陈原主编《读书》的活动还原到历史情境、思想脉络中去，力求完备地呈现案例事实，力求以此为基础解析案例影响。期刊与文章是不同的思想、知识单位，期刊选题和文章选题是不同的选题类型，各有其功能指向。合成于创刊号，《读书》《读书无禁区》的选题影响又难解难分。文以刊传，刊以文名，《读书》和《读书无禁区》就那样水乳交融，改写着1978年后的中国思想、文化进程。

从选题影响的视角出发，本个案生动、具体地包孕了出版选题效果和影响的几个主要类型，揭示各相关类型的社会效果、社会影响机制和特征，能有力推进认识出版选题发生社会效果（影响）的内在机理。

麦奎尔曾在戈尔丁理论的基础上勾勒出一幅大众传播效果理论的坐标图（见图8-1）。参照麦氏分析框架，沿时间从短期到长期，意图从预期到非预期，总结《读书》和《读书无禁区》的多种社会效果和影响类型，可以更概括地认识本个案的思想文化价值，也可以以本个案为标本，说明出版选题产

[①] 彭刚. 历史地理解思想：对斯金纳有关思想史研究的理论反思的考察[M]// 复旦大学思想史研究中心. 思想史研究：第1辑. 上海：复旦大学出版社，2006：172.

生社会效果和影响的社会机理。

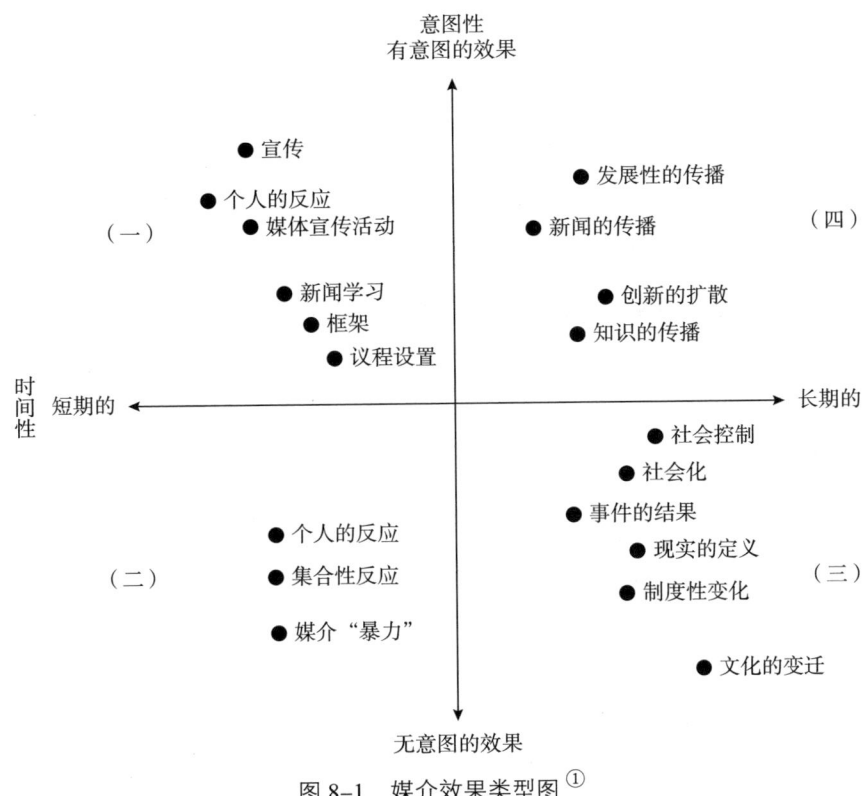

图 8-1　媒介效果类型图①

短期效果和长期影响。短期效果是指出版选题实施完成后，即时性或时点性的社会反响。长期影响是指出版选题实施完成后，时段性的社会记忆、社会反省以及伴随记忆、反省引致的社会文化变迁。这里的短期、长期难以量化标刻。从出版理论上讲，优秀选题所引致的社会影响没有时间限制，选题与效果或影响的时间间隔越大，选题与影响的直接可见联系越不明显，越难指认。

意图效果和非意图效果。意图效果是出版意图以内的社会反响。非意图效果是出版意图以外的社会反响。因为社会的复杂性，出版意图固然有意图

---

① 胡正荣，张磊，段鹏. 传播学总论［M］. 北京：清华大学出版社，2008：247.

效果，但非意图效果更多。非意图效果指的是有目的的出版行动经由特定的出版情境而产生的不同于出版行为实施时所希望的结果，而当时希望的结果才是采取行动的原因。非意图效果"未必一定是未预料的，它们也是预料之中的，但却是不受欢迎的"。陈原在提请李洪林写《读书无禁区》之前一定预料到了，在刚刚开启思想解放的非常时刻发表同题思想文章的重大意义及可能引来的争议。《读书无禁区》的道理并不复杂。如果在意识形态斗争并不紧张的平常时期而不是1979年的非常时期，以陈原的学识和写作能力，他自己写这篇文章一定写得更俏皮精彩，但他要借助李洪林当时的身份（中共中央宣传部理论局负责人）来增强"读书无禁区"思想观点的合法性和权威性。陈原后来面临引咎辞职以示抗争的困境，这是他提出《读书无禁区》选题并签发这一稿件的非意图效果。没有一个主编有签发创刊号上文章得以辞去主编岗位的意图和动机。陈原主编《读书》及《读书无禁区》的伤痛，不妨定性为实现了选题行为最初意图的未预料的结果。

编辑加工个案*
——《组织部新来的青年人》的编辑学案分析

《组织部新来的青年人》是王蒙的成名作,不同版别的当代文学史均有论评。近年来,对这一作品的研究正走向深入。有人汇总散见资料撰成《毛泽东五谈王蒙〈组织部新来的青年人〉》①,提示了解析这一作品的多级传播的政治视角。学人李洁非认为,这一作品的"命运是一笔糊涂账。在当代文学历史上,所有遭批判的作品,唯有这篇小说所经历的过程扑朔迷离,让人如坠五里雾中,几成(20世纪)50年代一桩文学'谜案'。这笔'糊涂账'的'糊涂'之处,根植于整个国家政治从'新萌动'到'始料不及'的突变。作为一篇作品,虽小不起眼,却是戏剧性的1957年很完整的缩影"②。他在专著《典型文案》中以"谜案辩踪"为题予以解析,有力地撕开了解析这一作品及其相关问题的突破口,颇有价值。

对这一问题发生学意义上的清理有助于认识的深化。在编辑事件发生之

---

* 本文原题为《〈组织部新来的青年人〉的编辑学案分析》,发表于《清华大学学报(哲学社会科学版)》2012年第4期,《新华文摘》2012年第23期长文转载。后获第二届"清华—百盛"优秀论文奖。《清华大学学报》发表时加了"编者按":"王蒙的《组织部新来的青年人》早已为文学史家所关注,而李频却将其作为编辑学案,以秦兆阳的编辑活动为中心进行分析,可谓独辟蹊径。他的分析不但建立在大量原始材料基础上,还运用了从秦兆阳家属处获得的第一手资料,此文对理解期刊主编的责任伦理以及如何评价编辑加工行为,具有重要的启发意义。"收入本书时极个别字句有改动。

① 崔建飞. 毛泽东五谈王蒙《组织部新来的青年人》[J]. 长城,2006(2).
② 李洁非. 典型文案[M]. 北京:人民文学出版社,2010:224.

初，新华社国内部文艺记者沈鼎即认可其为"有意义"的"典型事件"。会议报道一个月后，她被打成右派。见识让人赞叹，命运让人扼腕。她在1957年5月写的《在和风细雨之中》中说：

> 早在一个月之前，偶然获得一条颇感兴趣的线索。轰动一时的小说《组织部新来的青年人》中的某些缺点是《人民文学》编辑部修改之后造成的。
>
> 人所共知，作家和刊物编辑之间是存在着矛盾的，而且是文艺界当前的主要矛盾之一。要在文艺领域里贯彻"百花齐放，百家争鸣"的方针，刊物就是一道关卡，而编辑正是这道关卡的把关者。如果通过这一典型事件来揭示这个矛盾，是有意义的。①

可见，《组织部新来的青年人》是包裹着1957年这一特定历史年份文学与政治的复杂关系的编辑事件。对这笔"糊涂账"的清理也就不能局限于文学，应在编辑学的领域中着重解读编辑与作品、编辑与社会以及文学与政治的关系。只有以编辑为核心，透视20世纪50年代文学生产的内在机制才可能在还原历史的基础上厘清"谜案"。因此，笔者主张首先认定《组织部新来的青年人》为编辑学案，其次展开以《人民文学》主编秦兆阳为核心的编辑分析。舍弃以作家创作活动为中心的作品分析，而代之以编辑活动为中心的编辑分析是本章在研究方法上的基本主张。

如果认定"谜案"说，有两事构成"谜案"的重要组成部分。其一，秦兆阳曾就《组织部新来的青年人》撰写过文章②，也有过认真准备的书面发言，且发表在《人民日报》③上。在重要时刻对此重要事件的言说，秦兆阳在1982年编定、1984年出版《文学探路集》中没有收录。这是他新时期自我审定的

---

① 《中国女记者》编辑委员会.中国女记者：2 [M].北京：新华出版社，1989：214.
② 秦兆阳.达到的和没有达到的 [J].文艺学习，1957（3）.后收入《秦兆阳文集》，武汉出版社2016年版，第473—478页.
③ 见《人民日报》1957年5月8日。据《郭小川全集（9）》，广西师范大学出版社2000年版，第88页记载，此发言稿事前交郭小川"看了一遍"，郭认为"尚可"。曾以《秦兆阳关于修改王蒙小说的发言》为题收入中国作协1958年1月编印的《秦兆阳言论》第二辑中。

第一本文学理论集,也是他生前编的最后一本理论集。把 1956 年 11 月 22 日上午在全国文学期刊编辑工作会议上的发言收入《文学探路集》时,秦兆阳将一段有关编辑改稿的发言删去,透露了欲说还休的隐痛。其二,秦兆阳于 1955 年 11 月至 1957 年 2 月执行主编《人民文学》,"刊物的发行份数一年内由十余万份跃至近二十万份","是《人民文学》最好的时期之一"[①]。这一论断由老编辑回忆,由来有据,还综合考量了秦兆阳的编辑思想、杂志"改进计划"和所发作品的影响[②]等多方面因素。《组织部新来的青年人》与"《人民文学》最好的时期"之间的内在关联因而构成"谜案"的连环套式的内在组成部分。揭示"谜案"的这两个构件意在指明解析这一编辑学案进而厘清这一"谜案"的研究维度和研究价值。就研究维度而言,主要是主编和期刊。1957 年 5 月,中国作协就此小说的编辑加工邀约名家专题座谈,《人民日报》全文刊发讨论发言,《人民文学》编辑部在《人民日报》公布修改小说的情况,成为中国当代编辑史上的著名事件。涉及之广、影响之大、保存材料之完整,在中国当代编辑出版史上绝无仅有。这既奠定了它作为编辑学案的材料基础,也使较客观地把握主编的历史行为成为可能。本论文就以公开的材料为主体,结合从秦兆阳家属处获得的部分第一手材料合成证据链展开分析。至于研究价值,则以《人民文学》这一"国家文学"[③]期刊为样本,展开编辑理论、期刊史学领域等方面的专题探讨。

一、影响路径分析

在这一编辑学案中,毛泽东五次谈论《组织部新来的青年人》是关键变

---

① 涂光群.中国三代作家纪实[M].北京:中国文联出版公司,1995:353.
② 涂光群回忆说:"1956 年《人民文学》发表的 50 篇小说,有半数是新作者写的,好些作品很出色,发在头条地位。""'文革'前,在《人民文学》出刊 17 年的历史上,新人的作品,像 1956 年那样,质量如此突出,数量如此之多,留给读者的印象如此之深,那是绝无仅有的。"见涂光群:《中国三代作家纪实》,中国文联出版公司 1995 年版,第 133 页。
③ 吴俊首创了这一概念。吴俊,郭战涛.国家文学的想象与实践[M].上海:上海古籍出版社,2007.

量。这是一个导致这一小说的传播效果最大化的变量，集中体现了该小说及其事件中文学与政治的关系。崔建飞分析"毛泽东支持保护王蒙的两个最大原因"，一为小说主题反官僚主义，一为涉及毛泽东当时提出的"百花齐放、百家争鸣"方针。"这是毛泽东大加谈论这篇小说的两个非常重要的大的政治背景。"崔进而认定王蒙的这一小说是"理解毛泽东'双百方针'内涵的一个范本"[①]。崔的观点提示研究者以"整个国家政治从'新萌动'到'始料不及'的突变"为背景，在作品与时代的关系中清理其多级传播现象，分析编辑角色行为及其传播效果。于此值得进一步追问的是，毛泽东的"五谈"[②]为什么以1957年2月16日中南海颐年堂的谈笑风生开头，以4月中旬指责秦兆阳修改小说戛然作结？如何理解在如此重大政治背景下编辑和编辑工作的"出场"与"在场"？

厘清《组织部新来的青年人》的传播路径以及效果是解析这一学案的首要切入点。《文艺学习》《文汇报》《人民日报》等发表了针对这一小说的文艺评论，构成二次传播。它们与毛泽东"五谈"的相连并持续互动，才形成20世纪50年代媒介环境下一篇短篇小说所能产生的巅峰性的传播效应。其中多级传播的内在机理、大众传播与人际传播的关系对传播效果的影响等同样值得另外的专题探讨。不管以哪个学科视角研究这个"学案"，毛泽东如何知晓这一小说、如何知晓这一小说的编辑修改都是首先要明确的，因为它本身就是小说传播效果的组成部分。

从毛泽东首次谈《组织部新来的青年人》的时间和内容可以推断，毛泽东首先从1957年2月9日《文汇报》文学专版《笔会》中看到李希凡《评

---

① 崔建飞.毛泽东五谈王蒙《组织部新来的青年人》[J].长城，2006（2）.
② 据崔建飞《毛泽东五谈王蒙〈组织部新来的青年人〉》，毛泽东的另外三次谈话分别是：第二次，1957年2月27日，毛泽东在最高国务会议第十一次（扩大）会议上，做了那篇后来题为《关于正确处理人民内部矛盾的问题》的著名讲话。在讲话中，毛再一次提到王蒙和《组织部新来的青年人》，但讲话正式发表时删去了。第三次，1957年3月8日，全国宣传工作会议讲话，见人民出版社1999年出版的《毛泽东文集》中的《同文艺界代表的谈话》。第四次是，1957年3月12日，还是在全国宣传工作会议讲话中。见崔建飞:《毛泽东五谈王蒙〈组织部新来的青年人〉》，《长城》，2006年第2期。

〈组织部新来的青年人〉》，转而看到《文艺学习》的讨论①和《人民文学》的原作。2月16日，毛泽东召集文学界、社科界、团中央等众多人士到中南海颐年堂召开关于"双百"方针的座谈会，首次谈及《组织部新来的青年人》。谈话的内容，据郭小川2月16日日记："主要是对于王蒙的小说《组织部新来的青年人》和对它的批评，主要是李希凡和马寒冰对它的批评。主席特别不满意这两篇批评。它们是教条主义的。他指出：不要仓促应战，不要打无准备、无把握之仗，在批评时要搜集材料，多下一番功夫。而在批评时，应当是又保护又批评，一棍子打死的态度是错误的。"②马寒冰是一位部队评论家，他以《是香花还是毒草？》为题批判《组织部新来的青年人》。毛泽东看到该文的《人民日报》清样，很不满意。此前，马寒冰还和另外几位部队文艺评论家在1957年1月7日的《人民日报》上发表了《我们对目前文艺工作的几点意见》，与毛泽东倡导的"双百"方针唱反调。毛泽东已经在有关会议上做了

---

① 《文艺学习》自1956年第12期起开展了这一小说的专题讨论。该期"编者按"说："今年9月号的《人民文学》发表了王蒙的小说《组织部新来的青年人》，这篇作品引起了很强烈的反应，在某些机关和学校里，人们在饭桌上、在寝室里都纷纷交换着各种不同的意见。有人认为它是一篇好作品，也有人认为它是不健康的、歪曲现实的。本刊决定就这篇作品展开一次讨论，本期先发表7篇来信来稿，正反两方面的意见都有。希望读过这篇作品的读者，踊跃参加讨论。"讨论持续到1957年第3期，共发表25篇文章。作者和篇名如下：
1956年第12期（12月8日出版）：《生活的激流在奔腾》（林颖）、《一篇严重歪曲现实的小说》（增辉）、《清规戒律何其多？》（王践）、《林震值得同情吗？》（王恩）、《生动地揭露了新式官僚主义者的嘴脸》（王冬青）、《真实呢，还是不真实？》（李滨）、《林震是我们的榜样》（唐定国）。
1957年第1期（1月8日出版）：《可喜的作品，同时是有严重缺点的作品》（长之）、《我对〈组织部新来的青年人〉的意见》（彭慧）、《一个区委干部的意见》（戴宏森）、《写真实——社会主义现实主义的生命核心》（刘绍棠、从维熙）、《不健康的倾向》（一艮）、《伤了花瓣的花朵》（赵坚）、《去病和苦口》（邵燕祥）
1957年第2期（2月8日出版）：《作品中的真实问题》（杜黎均）、《一篇有特色的小说》（王培萱）、《要实事求是地分析作品》（江国曾）、《林震究竟向娜斯嘉学到了些什么？》（艾克恩）、《准确地去表现我们时代的人物》（马寒冰）、《林震及其他》（邓啸林）。
1957年第3期（3月8日出版）：《达到的和没有达到的》（秦兆阳）、《谈刘世吾性格及其他》（唐挚）、《道是无情却有情》（刘宾雁）、《一篇充满矛盾的小说》（康濯）、《读了〈组织部新来的青年人〉的感想》（艾芜）。
② 郭小川.郭小川1957年日记[M].郑州：河南人民出版社，2000：37.

批评。见马又来发难《组织部新来的青年人》，毛泽东反感强烈。

李洁非引述韦君宜所说①而认定"毛泽东对王蒙小说的重视，与《文艺学习》引发的讨论有直接关系"②。这里的"直接关系"值得细解。如果说毛泽东看到《文艺学习》有关《组织部新来的青年人》的讨论规模、热烈程度、意见分歧，因而"毛泽东过问王蒙小说一事，并非对一篇小说产生兴趣，而是因为小说引起了争论，而争论的内容又很重要；他是想引导、干预这场争论"③。在这一意义上，"毛泽东对王蒙小说的重视，与《文艺学习》引发的讨论有直接关系"的假设成立，但如果将此"直接关系"解读为毛泽东最初是从《文艺学习》上知晓《组织部新来的青年人》，未必合乎实际。

关于毛泽东如何知晓秦兆阳修改这一小说，有两个版本。其一，黎之回忆说："《组织部新来的青年人》的讨论本来告一段落，其在当年小说年选中作为优秀作品入选，编者在序言中给了不少的篇幅评论。毛泽东听周扬等人说小说缺点部分是编辑秦兆阳改的。毛泽东提出要批评编辑。作协党组原拟让《人民文学》编辑部写篇文章在《人民日报》上发表。茅盾主张先开个座谈会，然后把座谈会记录发表，以便说明《人民文学》修改小说的情况，同时谈谈作家与编辑的正确关系。"④其二，郭小川在1957年4月14日记载："荃麟告诉我，说毛主席看了《宣教动态》登的《人民文学》怎样修改了《组织部新来的青年人》，大为不满……同时认为《人民日报》也是不好的，《文汇报》《光明日报》办活了，《人民日报》在反胡风斗争时是'书生办报'，现在是'死人办报'，现在的'百家争鸣'究竟谁在领导？主席主张《人民文学》的这件事要公开批评，荃麟说，秦兆阳为此很紧张。"⑤

到底是周扬汇报给毛泽东，还是毛泽东从《宣教动态》上看到通报，两

---

① 韦君宜在《忆〈文艺学习〉》中说："但是不料竟因此受到了上至毛主席的注意，说'北京发生了世界大战'，因为讨论了《组织部新来的青年人》。"见邢小群等编：《回应韦君宜》，大众文艺出版社2001年版，第141页。
② 李洁非.典型文案[M].北京：人民文学出版社，2010：233.
③ 李洁非.典型文案[M].北京：人民文学出版社，2010：233.
④ 黎之.文坛风云录[M].郑州：河南人民出版社，1998：98.
⑤ 郭小川.郭小川全集：9[M].桂林：广西师范大学出版社，2000：76.

种信息传播渠道及其背后的传播意义有所不同。周扬等人知晓秦兆阳修改王蒙小说的经过是，在毛泽东会见谈话后，中宣部文艺处处长林默涵抓紧写了评论文章《关于小说〈组织部新来的青年人〉》，写好后先在文艺界高层传阅，同时征求王蒙意见。此后不久，萧殷应《北京文艺》写评论之约也找王蒙，"他约我交谈。我告诉他林的文章的事，并告诉他，林文指出来的几处写得不妥的文字与小说结尾，都不是我的原作，而是《人民文学》杂志编辑部修改的结果。萧殷非常重视这一情况，并强调此事必须说清，才是对党负责的态度。我在给林默涵同志的回信中说及了此事"①。这样，秦兆阳修改《组织部新来的青年人》一事首先由作者披露，且中宣部文艺处直接掌握了情况。林默涵文章以《一篇引起争论的小说》在1957年3月12日的《人民日报》上发表。

有材料显示，在3月10日前后，中国作协高层已经基本了解了秦兆阳编辑加工这一小说的情况。为何到4月14日前后，毛泽东才知晓这一情况呢？在这一个月内，中国作协高层以及周扬等人是如何沟通决策的？不管毛泽东因何种方式知晓秦兆阳修改《组织部新来的青年人》，也不管毛泽东掌握的情况是否全面、准确，一经党中央最高领袖不同寻常的关注和评论，它便不再是一个单纯的编辑事件，而成为被强大的政治力量裹挟的思想文化事件，这在汇报和被汇报的双方都是始料未及的。

二、编辑加工分析：反官僚主义主题引爆社会关注

毛泽东知晓秦兆阳修改《组织部新来的青年人》而不满导致了这一编辑学案中的后续事件，这自然成为学案分析的焦点。焦点问题可一分为二：毛泽东为何不满？秦兆阳为何引起毛泽东不满？秦兆阳修改王蒙小说是职务行为，更准确的说法为编辑加工。这编辑加工为秦兆阳编辑和主编《人民文学》的常态。既有历史必然性，也有基于20世纪50年代出版文化发展阶段的典

---

① 王蒙. "指点"文坛不知深浅[N].北京晚报，2006-06-05.

型性。显然，常规编辑工作最多引起最高领袖关注，难以引发不满。毛泽东不满的是经秦兆阳编辑加工才构成、才强化的小说反官僚主义的主题。毛泽东与秦兆阳此前并无交往，为什么偏偏因《组织部新来的青年人》构成交集呢？或者说秦兆阳编辑加工那么多文学作品难以让社会知晓，为何偏偏对这一小说的加工引起了毛泽东的不满呢？这才是这一焦点问题的关键节点。对这一问题的基本分析是，秦兆阳加工《组织部新来的青年人》是其编辑工作的惯性推动，联系中华人民共和国成立初期的媒介环境和《人民文学》的性质看，有其历史必然性；秦兆阳年度计划中的编辑倾向性是他自觉强化小说反官僚主义主题的内在动力；反官僚主义主题的时代敏感性以及秦兆阳的"错位"进入是毛泽东不满的主要原因。

文艺界高层对这一小说的评价因毛泽东的谈话而发生了从基本否定到肯定的"暗转"[①]，这是有经历者和当事人记载而后来的学人也关注到的特有的期刊传播效果现象。由此提出的问题是：为什么对小说的评价因为毛泽东而从基本否定到肯定，而对这一小说的编辑行为的评价则截然相反，走向公开批评呢？肯定小说却又否定对小说的编辑加工，这正是历史的吊诡，是共和国文化史上文学、文学编辑与政治的难题谜题。在这一历史文化吊诡中，秦兆阳也有其耐人寻味之处：始则沉默劝阻王蒙披露编辑加工真相[②]，外界知晓真相后他继以抗辩。秦兆阳这样在舆论压力下抗辩的理性基础是什么？

出于压力，秦兆阳在1957年4月14日致信王蒙郑重道歉，4月30日在会议上做了检讨。秦兆阳内心则基于他的编辑理性并不认为自己有错，相反

---

① 参见李洁非：《典型文案》，人民文学出版社2010年版，第234–236页。又见黎之：《回忆与思考——1957年纪事》；谢泳《重说〈组织部新来的青年人〉》。

② 据王蒙回忆，在1957年2月，王蒙曾撰文《探索中的教训》："在文章中我曾提到，我的小说，主观上也略想表现一些积极因素，如对于区委书记的描写，结尾……，但被编者删去了。秦兆阳看了后说：'关于改的问题，我也想过的，我觉得可以不必提了，否则读者看到，又会提出一大堆的疑问，怎么改的，改了什么，会给编辑部带来很多麻烦。'后来我就同意了。"《王蒙交代的材料》，《秦兆阳言论》第3辑，中国作家协会1958年3月印行，第31页。郭小川1957年3月10日日记："谈了一下秦兆阳他们修改王蒙小说的问题。这事，秦一直守口如瓶，可见他的为人也不是怎么光明正大的。"见《郭小川全集（9）》，广西师范大学出版社2000年版，第51页。

准备放开来谈。其放开来谈的个人意向事先告知了王蒙。其放开来谈的实际举动是 4 月 30 日的书面发言，有检讨，更有申辩。此发言稿当日会前交郭小川"看了一遍"，郭认为"尚可"①。秦兆阳不认错的言语证据见于王蒙前述记忆和秦兆阳晚年自述："对《组织部新来的青年人》，为了弥补它的缺陷，在关键的地方，也做了重要的修改。"②这"重要的修改"显然不再含有否定意义。秦兆阳抗辩的编辑理性集中体现在出版历史环境下期刊主编的责任伦理、编辑加工行为性质的自我认定。

（一）从工作常态看编辑加工的必然性

秦兆阳编辑加工《组织部新来的青年人》，系无意注意，非有意选择。作为《人民文学》的执行主编，他终审发稿时，编辑加工所发作品有相当的普遍性。这是分析、评价秦兆阳这一编辑加工行为的基本前提。联系 20 世纪 50 年代的媒介环境、《人民文学》的期刊性质确定这一讨论前提，才显示对期刊历史的尊重，才可逐步分析深入。

约稿和发稿过程表明，秦兆阳编辑加工这一小说有一定的随机性。王蒙在《人民文学》1955 年第 9 期发表处女作《小豆儿》，1956 年携尚未出版的小说《青春万岁》作为青年作家出席全国青年文学创作会议，一举成名。《人民文学》负责联系北京作家的小说编辑谭之仁便向王蒙约稿。王蒙说："5 月份我寄去了稿子，6 月份责任编辑谭之仁老师向我转达了主持常务的副主编秦兆阳老师对此稿的欣赏之意，并提出了原稿写得粗糙的地方，要我修改。"③谭之仁为此向涂光群推荐，"认为它很有新意，尖锐地提出了现实生活中反官僚主义的问题，发表后一定会引起热烈反响和关注"④。涂光群连夜读稿件，第二天与谭交换意见后面呈秦兆阳。秦兆阳经手的情况是：

---

① 郭小川. 郭小川全集：9 [M]. 桂林：广西师范大学出版社，2000：88.
② 秦兆阳，秦晴，陈恭怀. 我写《现实主义——广阔的道路》的由来 [J]. 新文学史料，2011，（4）：4-11.
③ 王蒙. 王蒙自传：半生多事 [M]. 广州：花城出版社，2006：137.
④ 涂光群. 五十年文坛亲历记：下 [M]. 沈阳：辽宁教育出版社，2005：525.

我看过后对组里的同志谈了些意见，以后小说组请王蒙同志来谈了一次，回去后他做了较大的修改，又重新寄来。7月17日，第二天就要发8月号①的最后一批稿子了，恰巧有一位作者临时抽走了一篇待发的四万字的稿子，就决定发王蒙同志的这篇。于是连夜赶着修改。②

编辑加工文学作品在20世纪50年代文学编辑界有相当的普遍性。其典型事件是赵树理主编《说说唱唱》时加工陈登科的《活人塘》，陈登科一举成名，且作为文坛佳话为后人传颂。秦兆阳是《人民文学》1949年创刊的6个创始编辑之一，一直编辑到1952年底。"在这将近三年半的时间中，《人民文学》上所发表的小说、散文、特写，大部分都经我做了或多或少的修改。"③王蒙《小豆儿》在《人民文学》上发表时"被删削得'苦'了一点，小说题目也是编者改的。发表后曾引起作者一些不快，写信到编辑部，葛洛接见了他，与之恳谈"④。王蒙则说，"《人民文学》发表我的《小豆儿》时，删掉了三分之一以上"⑤，"我的《小豆儿》的抒情尾巴被《人民文学》杂志副主编葛洛全部删除。我很心疼，便写了信去抗议。葛主编接待了我，指出那一段我写得芜杂和俗气"⑥。可见其普遍性程度。

作者创作水平普遍偏低与期刊质量追求的内在矛盾使编辑加工成为当时期刊工作的必然选择。秦兆阳1956年11月22日上午在全国文学期刊编辑工作会议上发言，谈及编辑改稿，表明了他实身处内外矛盾状态中的编辑苦衷。这次发言收入《文学探路集》时秦兆阳把以下语段删去了：

---

① 原文如此，疑笔误，当为"9月号"。
② 加强编辑部同作家的团结［N］.人民日报，1957-05-08（7）.
③ 加强编辑部同作家的团结［N］.人民日报，1957-05-08（7）.
④ 涂光群.五十年文坛亲历记：下［M］.沈阳：辽宁教育出版社，2005：524.
⑤ 加强编辑部同作家的团结［N］.人民日报，1957-05-09（7）.
⑥ 王蒙.王蒙自传：半生多事［M］.广州：花城出版社，2006：130.

就拿修改稿子来说，现在争论得一塌糊涂，作家骂编辑，编辑心里有气，对于这样的问题，如果从实际出发，就好解决。比如我在《人民文学》这么几年，我不是天生爱修改稿子，也没有这个瘾，也不想沾作家的光；但还是得修改。为什么呢？因为刊物出不来，而刊物出不来编辑要负责。也许有人说，在1950年前后，全国只有一个文学刊物，为什么反而出不来？我们不妨回忆一下，在1952年以前有几个老作家写了作品？据我能想起来的，只有老舍先生写了《方珍珠》和《龙须沟》，另外还有个别作家写了一些诗。像我这一辈不老不少的人，刚进城的时候写了一些东西，很快就写完了，而青年作家们还没有起来。在这样的情况下出刊物，要不修改稿子除非是出不定期的。修改稿子的情况现在还存在，我个人觉得有这样一些原因：第一，我们战争这么多年，学校里的语文教育不能同"事变"以前比，因此，很多的新作者语文程度很低，常有文理不通的现象。第二，不知道为什么，现在写东西的人，无论是搞理论的或是搞创作的，不大注意在自己的稿子上多修改几遍，刚才跟侯金镜同志闲谈，他说《文艺报》如果不修改稿子，每期只能登三四篇文章，因为废话太多，废话登出来固然作者自己要负责，但是刊物销路下降了，没有人买你了，这是实际问题，同时也不是作者所能负责的。不能否认，现在的文风存有这样不严肃的状态，我这几年改了差不多有几百万字的稿子，可以称得上'改稿大王'，但我一边改，一边在生气，我想如果把改稿的时间去写文章或干别的事情，也许还能干出一些名堂来，然而又不能不改。①

---

① 秦兆阳.在文学期刊编辑会议上的发言：记录稿［M］//湖北学习生活编辑室.秦兆阳言论集：第2辑.中国作家协会，1958：28.

对这一小说编辑加工，秦兆阳个人还存在着编辑部成文制度要求与遵守制度不严的内在矛盾。揭示并分析这一矛盾有助于对其中历史必然性的认知。秦兆阳1956年初在《人民文学》编辑部内部的业务工作讲话中明确提出"作者文责自负，编者除个别字句的修改外不改稿子，但要积极提意见请作者自己修改，如作者不同意修改，则尊重作者；发不发表则由编者看情形决定"①。副主编葛洛也说："本来，我们编辑部对于修改稿件曾经规定有这样的方针，即对于可以不修改的稿件尽可能不修改，必须修改时尽可能提意见请作者自己修改，除了文字上的修改以外，经我们修改的稿件尽可能在发表前给作者看过，或者在取得作者的同意后再修改。这些办法虽不能说完全没有执行，但在实际工作中却执行得很不认真和很不彻底。特别当发稿急迫而稿件欠缺的情况下，往往就忘记了这个方针，因而就造成一些缺点和错误。"②编辑部有制度要求，秦兆阳对同事也强调慎重修改来稿，为何他还"明知故犯"呢？

在1957年4月30日的座谈会上，秦兆阳做了关于修改王蒙小说的发言，所谈三点，可以视为对这一编辑加工历史必然性的自我解释："第一，当时《人民文学》的方针是，发表示范性的作品、指导性的理论，并且要树立良好的文风。"此为《人民文学》机关刊的媒介性质要求。"第二，在这三年半的期间里，《人民文学》因为发表了一些有缺点有错误的作品，多次受到报刊的批评，多次做了公开的检讨。"此为当时的媒介环境要求。"第三，自己主观上也不愿意在这样的刊物上出现一些文字不通、标点错乱、内容杂乱拖沓的作品。"③此为主编的职业责任，同时也隐含了主编的理性自觉。

（二）从年度计划看反官僚主义的编辑倾向性

从执行主编秦兆阳的立场理解了编辑加工的必然性，就可以深入其编辑加工的具体内容，进而解释其编辑加工的行为逻辑。回答两个问题：秦兆阳编辑加工了什么？他为什么如此编辑加工？

---

① 秦兆阳：《〈人民文学〉编辑工作发言提纲》，未刊稿，秦晴提供。
② 加强编辑部同作家的团结［N］.人民日报，1957–05–09（7）.
③ 加强编辑部同作家的团结［N］.人民日报，1957–05–08（7）.

秦兆阳编辑加工的文本情况见于《人民日报》1957年5月9日第7版《〈人民文学〉编辑部对〈组织部新来的青年人〉原稿的修改情况》。该文"把牵涉作品的思想内容、人物形象、人物之间的关系等比较重要的修改",按原小说章节,分29则予以公布,提供了研究中华人民共和国成立初期文学编辑活动形态原始性的案例材料。该文基于作者原稿与编辑改稿做对勘性描述,真切却不免失于琐碎。秦兆阳曾尝试分析性描述——"对这篇小说的修改有三种情况:一、有些地方修改好了;二、大多数都是可改可不改的;三、有些地方是改坏了,即突出了原作的缺点。但,我认为,主要的方面,是改得使原来的缺点更突出了。"①这"使原来的缺点更突出"的就是他人指责、他当年事后检讨时也承认加工失误的两个细节:"第一是原作结尾时林震多少有些觉悟,想到在这样充满了矛盾斗争的环境里凭个人的力量是不行的,这段文字被删去了;第二是原作并未明确区委书记是好是坏,结尾处曾点出他派通讯员找过林震三次(在前面赵慧文曾说过区委书记是个'可尊敬的同志'),由于把这几句话删去了,区委书记就可能给人以官僚主义者的印象了。这显然是对林震和区委书记的形象以及对作者的原意有所损害,因而加重了作品的缺点。"②在小说中区委书记周润祥是关键人物,他是区委最高领导,在20世纪50年代的语境中就是党的代表和化身。小说原稿第七节中,林震问赵慧文区委书记周润祥是个什么样的人,原稿中赵慧文回答:"周润祥同志是一个非常叫人尊敬的同志,但是他的工作太多……"秦兆阳把"周润祥同志是一个非常叫人尊敬的同志"删去了。秦兆阳此处删节的文字量不大,但改变了区委书记的人物形象。

"使原来的缺点更突出"是秦兆阳编辑加工这一小说的两个细节的实质。就是这两个细节中关键性语词的删节,构成了强化小说反官僚主义主题的手段。林默涵引述秦兆阳加工过的细节予以评论而王蒙因此叫屈、因此告知真相即为明证。崔建飞以为:"不能说秦兆阳主持的修改,仅仅是文字上的、没

---

① 加强编辑部同作家的团结[N].人民日报,1957-05-09(7).
② 加强编辑部同作家的团结[N].人民日报,1957-05-08(7).

有意义的。它毕竟使小说的政治调子黯淡了一些，艺术性也受到某种削弱，这多少强化了毛泽东和其他读者对小说负面的印象。"① 这里的小说负面印象可以理解为"反官僚主义"等意。因为"使原来的缺点更突出"牵涉编辑加工与小说主题的关系，便成为值得展开多维分析的节点，以回答这些修改是否有违作者原意。

从编辑加工与作者创作主旨的关系看。《组织部新来的青年人》"有些描写也不见得宜于简单地列入官僚主义的概念之下"②，但王蒙"最初写《组织部新来的青年人》时，想到了两个目的：一是写几个有缺点的人物，揭露我们工作、生活中的一些消极现象，一是提出一个问题，像林震这样的积极反对官僚主义却又常在'斗争'中碰得焦头烂额的青年到何处去"③。因此，王蒙的创作思想和小说原稿有一定的"反官僚主义"主题基础。王蒙认为，小说原稿"经编者删改以后，作品更精练、完整些。一方面，却是反映了作者思想上的一些模糊、矛盾。这方面的修改，使作品的不健康情绪更加'明确'了，是有某些不恰当的地方的"④。王蒙定性"使作品的不健康情绪更加'明确'"，与秦兆阳"使原来的缺点更突出"基本相同。

从终审编辑加工与初审编辑意见的关系看。谭之仁"认为它很有新意，尖锐地提出了现实生活中反官僚主义的问题，发表后一定会引起热烈反响和关注"⑤。可见初审意见与终审意见一致。

秦兆阳与初审编辑的一致性、秦兆阳将作者朦胧意识清晰化只是表明《人民文学》执行主编与作者、编辑的外部倾向关系。由此值得进一步讨论的是秦兆阳主编的自我意识，以探究秦兆阳强化"反官僚主义主题"到底是自觉的还是不自觉的？以秦兆阳当时的主编思想、编辑实践的主观自觉性为逻辑起点，笔者倾向于认定秦兆阳是自觉的。尽管在加工过程中因为时间仓促

---

① 崔建飞.毛泽东五谈王蒙《组织部新来的青年人》[J].长城，2006（2）：180.
② 王蒙.关于《组织部新来的青年人》[N].人民日报.1957-05-08（8）.
③ 王蒙.关于《组织部新来的青年人》[N].人民日报.1957-05-08（8）.
④ 加强编辑部同作家的团结[N].人民日报，1957-05-09（7）.
⑤ 涂光群.五十年文坛亲历记：下[M].沈阳：辽宁教育出版社，2005：525.

等难免考虑不周,但细节和局部处理的欠周详并不影响对其整体的认知,即秦兆阳有自觉的反官僚主义的编辑思想倾向。

秦兆阳在1955年12月1日拟就了一个《〈人民文学〉改进方案(草案)》,方案中就"选取创作稿件的标准"作出7点声明。声明之二为:"凡是尖锐地、深刻地、具体生动地反映了现实斗争(尤其是当前的现实斗争)中的矛盾冲突的作品,大胆揭示问题的作品;凡是表现了先进人物的鲜明形象,或尖锐地、集中地批判了落后事物的作品,都是应该受到重视和表扬的。不提倡那种不痛不痒的、缺乏政治敏感性和政治热情的创作。"①此为秦兆阳肯定王蒙小说中某种"不健康情绪"的编辑思想基础。

秦兆阳在1956年1月拟定了《〈人民文学〉一九五六年全年计划概要(草案)》。这一年度计划由"在总的方面"和"全年各期刊物的中心内容与特辑"两部分组成。原计划"8月号以讽刺文学问题为中心",其中拟发"小说、特写(包括暴露性的)共4篇"②。可见,王蒙的小说稿正合编辑部需求尤其是秦兆阳的主编需求。在1957年4月30日的座谈会上,秦兆阳依然把刊登《组织部新来的青年人》的《人民文学》1956年第9期口误为"8月号",可见这一"以讽刺文学问题为中心"的"8月号"在秦兆阳心目中的分量。

秦兆阳晚年回忆,"这个计划经作协党组在会上传阅,大家都没有意见,以后整个1956年的刊物编辑工作,就是按这个方针进行的"③。《人民文学》1956年4月号发表刘宾雁的《在桥梁工地上》,秦兆阳撰"编者按"推荐。"很快就在《文艺报》上见到了赞扬的文字。这也许是中国文学刊物中最早的一篇干预生活的作品。不久,刘白羽在作协的全体干部会上也表扬《在桥梁

---

① 秦兆阳.《人民文学》改进方案:草案[M]//湖北学习生活编辑室.秦兆阳言论:第3辑.中国作家协会,1958:6.
② 秦兆阳.《人民文学》一九五六年全年计划概要:草案[M]//湖北学习生活编辑室.秦兆阳言论:第3辑.中国作家协会,1958:13.
③ 秦兆阳,秦晴,陈恭怀.我写《现实主义——广阔的道路》的由来[J].新文学史料,2011,(4):4-11.

工地上》写得好。"① 年度编辑计划经中国作协党组会通过，作为党组成员，秦兆阳理当竭力执行；执行过程中得到中国作协书记处书记刘白羽的大会肯定，秦兆阳理当再接再厉。

媒介环境客观的历史必然性，与秦兆阳编辑实践的主观自觉性有机结合构成了秦兆阳编辑加工这一小说的内在驱动力，进而使秦兆阳"对自己所修改的稿子非常自信"②。这"自信"二字透露了秦兆阳内心对此事的基本认知。秦兆阳曾对王蒙说："马拉沁夫的《科尔沁草原的人们》都经过我的修改，我甚至认为这是我的一种优点，一种骄傲。"③ 分析他屈从于政治压力的公开检讨和私下里同王蒙的交谈的差异，有助于更清楚地认识秦兆阳对此事的内在理性。

秦兆阳内在理性的首要表现是冷静观察、沉得住气。郭小川在1957年3月10日的日记中写道："谈了一下秦兆阳他们修改王蒙小说的问题。这事，秦一直守口如瓶，可见他的为人也不是怎么光明正大的。"如此评价秦兆阳为人，或许失于简单。诚然，秦兆阳较早劝阻了王蒙披露编辑加工实情。据王蒙回忆，在1957年2月，王蒙曾撰文《探索中的教训》。"在文章中我曾提到，我的小说，主观上也略想表现一些积极因素，如对于区委书记的描写，结尾……，但被编者删去了。秦兆阳看了后说：'关于改的问题，我也想过的，我觉得可以不必提了，否则读者看到，又会提出一大堆的疑问，怎么改的，改了什么，会给编辑部带来很多麻烦。'后来我就同意了。"秦兆阳说："在小说讨论的后期，有一次，王蒙同志来找我谈别的事情，顺便提到他对小说结尾处的修改有点意见（当时他很客气，并未指出具体内容），由于上述原因，我还自信自己改得对（实际上我只记得后边给加添的那一段），对他简单解释了一下，并没有引起应有的注意。"④

文艺界高层对这一小说的评价因毛泽东的谈话而发生了从基本否定到肯

---

① 秦兆阳，秦晴，陈恭怀. 我写《现实主义——广阔的道路》的由来[J]. 新文学史料，2011，（4）：4-11.
② 加强编辑部同作家的团结[N]. 人民日报，1957-05-09（7）.
③ 王蒙交代的材料[M]//湖北学习生活编辑室. 秦兆阳言论：第3辑. 中国作家协会，1958：33.
④ 加强编辑部同作家的团结[N]. 人民日报，1957-05-09（7）.

定的"暗转",秦兆阳一直在冷静地观察,没有将小说的编辑加工情况主动汇报给中国作协。理论家和编辑家的有机结合铸就了他这样殊为难得的沉默。有人回忆说:"秦兆阳在毛泽东谈话后是活跃的。在(1957年)3月的宣传工作会议文学组的讨论中,他做了两次发言。第一次谈悲剧、讽刺、人物性格的复杂化。第二次他谈了《组织部新来的青年人》,秦兆阳说:'真正做工作的同志并不反对王蒙的小说,反对的大都是文艺界。王蒙是有勇气的。在毛主席讲话之前的压力是很大的。'"① 王蒙有压力,秦兆阳一样甚至更有压力。秦兆阳固然没有在第一时间挺身而出承认小说是他改的,但他同样也没有在毛泽东肯定小说时跳出来邀功摆好。他所以沉得住气,主要原因是他认识到了文学创作的复杂性、编辑加工的复杂性。如果他自己主动及时向作协报告,如果不是中宣部文艺处处长林默涵首先从作者处知晓情况,事情是否可能逆转呢?未必。

其次,秦兆阳对事情性质的认定。他知晓编辑改稿"很复杂",同时内心很坚定:这是一个文学创作和文学编辑的业务问题,与政治无关。1957年4月他对王蒙"又说了一遍,说我的小说主要是由于艺术表现上的困难产生了缺点"。"他还提到,他给《文艺学习》写的关于我的小说的文章(按:即《达到的和未达到的》),他说:'写这篇文章时,我不敢看小说原文,一看就会写不下去,很多关于小说缺点的提法,其实很难那么提,如果那样要求,小说就没办法写。'他还说:'毛主席讲了对小说的意见,但是这不是对小说的艺术评论。'我体会他的意思,是说毛主席的讲话并没有解决或完全解决对小说的分歧看法。"②

最后,秦兆阳联系20世纪50年代的媒介环境深入思考,有他自己的独立思考与判断。1957年4月,也就是秦兆阳遵照中国作协领导的意见给王蒙写了郑重致歉的信后,王蒙去看秦兆阳。"在谈到他对小说修改一事时,我觉得他实际上是不接受领导上对他的批评的",秦兆阳还对王蒙说,"最近要批

---

① 黎之.回忆与思考:1957年纪事[J].新文学史料,1999(3):135.
② 王蒙交代的材料[M]//湖北学习生活编辑室.秦兆阳言论:第3辑.中国作家协会,1958:32.

评这件事,我想要谈就把这些问题都摊开"。"原来要开座谈会,现在不知道他们准备怎样搞。""据王蒙口谈,在《人民日报》揭露修改小说问题之前,邵荃麟同志曾找王蒙谈过一次话,王于谈话后见到秦兆阳,告秦说作协准备开会。秦说:'开就开吧,看他们怎么办!'"①

"使原来的缺点更突出"是中年秦兆阳的公开检讨,晚年秦兆阳对此事的说法是,"对《组织部新来的青年人》,为了弥补它的缺陷,在关键的地方,也做了重要的修改"。这"重要的修改"显然不再含有否定意义。脱离了1957年那个政治高压下的检讨语境,秦兆阳在内部言说中坚持表达了自己的原初意见。

1957年4月13日,秦兆阳遵中国作协领导指示致信王蒙,但已于事无补:

> 我必须给你写这封信,说明我对你的歉意,并请求你给我以批评,使我今后能够更好地接受这一严肃的教训。
>
> 从林默涵同志处知道你对《组织部新来的青年人》的修改提出了意见后,我把原稿找来看了看,确实,我的修改有些不妥之处;特别是结尾处删掉了一些句子,有较重要的内容也被删去了,以致对你的小说的缺点有所加重。本来,有一次你曾向我提出过这一问题,当时因我记不清删掉的是些什么样的句子和内容,且以为,我的修改是对的,即或有缺点,也不会大。当时我竟未将原稿找来看,以致直到现在才发觉我的错误——并非我所想象那样的不关重要。
>
> 为什么会发生这样的事情呢?有主观上的原因。主观上,我对你的小说领会和理解不够,一直到讨论了很久我还没有较深的认识,这可见我的思想修养是如何差。客观上,由于改稿时深夜疲劳。另外,当然也是由于我对工作、对作者责任心差……我已对组织上做

---

① 王蒙交代的材料[M]//湖北学习生活编辑室.秦兆阳言论:第3辑.中国作家协会,1958:33.

了检讨,并请求处理。我所最痛心的是,未能在讨论中和在我所写的文章中分担你的责任,对小说的应该被肯定的一面,也未能迎风而立地勇敢地出来说话,虽然我在一定的会议上曾做过一些发言。这将是我的终身恨事!①

(三)从当时反响看反官僚主义的时代敏感性

反官僚主义自延安文艺座谈会以来一直是一个相当敏感的创作主题。王实味于1942年初春在延安写了一篇杂文《野百合花》,批评党内特权现象,在延安文艺座谈会上受到粗暴批判,最后竟然在行军转移途中被处决。《文艺学习》自1956年第12期到1957年第3期开辟专栏,专题讨论《组织部新来的青年人》,连续4期发表了27篇文章,反响之强烈,出乎意外。因为参与讨论者一致认同小说主题为反官僚主义,中国作协在1957年1月下旬已经敏锐意识到该小说讨论的问题严重性。1月29日,中国作协召开党组扩大会议,整天讨论《组织部新来的青年人》。"总的认为这一小说是有毒素的。"决定《文艺学习》的讨论"可如期结束,但请几位作家写些结实的文章"②。郭小川等人认为小说有毒素,就因为他们理解小说的主题是反官僚主义。《文艺学习》正副主编韦君宜、黄秋耘找王蒙谈,"说是他们原没有想到此事闹得这么大,不好收场"③。这里的"不好收场"同样因为反官僚主义问题。

王蒙回忆,在1957年1月,《中国青年报》正副总编辑找他谈话,"他们忧心忡忡,他们认为我捅了一个大娄子,他们告诉我已经有人将此文与王实味的《野百合花》相提并论了"④。为此,王蒙致信秦兆阳,秦兆阳2月8日回信:

> 6日来信收到。青年报中某些人的看法,我早就知道了,也颇为

---

① 秦兆阳致王蒙的两封信 [M]// 湖北学习生活编辑室.秦兆阳言论:第3辑.中国作家协会,1958:17.
② 郭小川.郭小川全集:9 [M].桂林:广西师范大学出版社,2000:24.
③ 王蒙.王蒙自传:半生多事 [M].广州:花城出版社,2006:150.
④ 王蒙.王蒙自传:半生多事 [M].广州:花城出版社,2006:150.

不安。不过，他们并没有决定组织发表文章。韦君宜同志也曾劝过他们不要发表文章。

在作家协会方面，对这篇小说的看法各人有程度上的不同，但与青年报的估计则有极大区别，大家都认为提不到"野百合花"之类的东西上去，因此大家趋向于保护作者和进行实事求是的评论。因此，《文艺学习》的讨论3月号将结束，结束的办法是找几个作家写几篇短文章——各人的意见不一定一致。

你这小说在现在这个时候讨论，造成了一种不利的情势，这是《文艺学习》事先没有料到的。现在是不宜于再无限期地讨论下去了。①

将《组织部新来的青年人》与《野百合花》相提并论，乃富于文艺斗争历史经验的人的高度警觉，无可厚非。秦兆阳的回信及时透露了文艺界的思想动向和基本共识。郭小川1957年2月19日的日记记载："上午由荃麟同志向作家们传达主席的指示，他实已中气不足，传达得也不够鲜明有力，对反官僚主义，他是太顾忌了。"②邵荃麟是文艺理论家，他联系延安文艺运动以来的社会思潮和文艺，考虑到20世纪50年代思想文化高度统一的政治背景，他相当清醒地认识到，以《组织部新来的青年人》为由头来反官僚主义，太复杂了。秦兆阳在1978年9月写给胡耀邦的申诉材料中说："由于相信苏联相信领导，我和葛洛同志也受了这一思潮的影响，在1956年的编辑方案中，就列入了要发表讽刺作品和干预生活作品的条文，并为作协党组讨论通过。同年5月'双百'方针颁布以后，就开始在《人民文学》上选登批判官僚主义和落后思想的作品和短文。在6月以后，刊物有力地配合了当时社会主义三大改造的高潮；6月以后，批判官僚主义和资产阶级思想作风的作品也只

---

① 《秦兆阳致王蒙的两封信》，曾收入《秦兆阳言论》（第3辑），中国作家协会1958年内部刊印本，第16页。秦晴提供。
② 郭小川.郭小川全集：9［M］.桂林：广西师范大学出版社，2000：40.

占少数；从全年来看，不但歌颂正面事物的作品占主导地位，而且有不少深受读者欢迎的中短篇小说。在批判官僚主义和资产阶级思想的作品中，影响较大的有刊载在 6 月号的《本报内部消息》和 9 月号的《组织部新来的青年人》。"① 邵荃麟是中国作协党组书记，秦兆阳上报的 1956 年《人民文学》编辑方案他自然清楚。半个多月前，他召集党组扩大会议商议及时停止《文艺学习》的讨论，如今最高领导又作出新的指示，内心中文艺理性和政治理性的激烈冲突导致他"传达主席的指示""太顾忌"。由此可见，《组织部新来的青年人》的发表，尤其是小说末尾的修改引起强烈的社会反响是必然的。

《组织部新来的青年人》发表之后，引起了赞同、反对等多方面强烈的社会反响，人们一致认定小说主题是反官僚主义。"毛泽东为什么对王蒙的《组织部新来的青年人》情有独钟？反官僚主义便是其中一个重要原因。王蒙小说在揭露共产党工作的阴暗面上，痛切，而不走极端，怨而不怒，哀而不伤，正提供给毛泽东一个借题发挥的文本。"② 中华人民共和国成立初期的社会现实中已经存在官僚主义。反官僚主义是领袖毛泽东当时意识到的重大政治问题。

"1956 年上半年至 1957 年上半年，是共和国阶段的毛泽东在思想上最具朝气、最富于创造性的时期。"③ 此时的毛泽东思想，以最高国务会议扩大会议的讲话即著名的《关于正确处理人民内部矛盾的问题》为代表，"确实形成了一种主动克服自身弊端、及时调整治国方略的改革气象"。与此相联系，在政治上，毛泽东想整治官僚主义；在文艺和学术上，主张并极力推行"百花齐放、百家争鸣"的方针。为宣传推行"双百"方针，毛泽东试图像 1954 年的《红楼梦》讨论中扶持"小人物"李希凡一样，多次发言谈话爱护王蒙。在他的思想中，《组织部新来的青年人》就是"百花齐放、百家争鸣"的范本和榜样。但秦兆阳修改王蒙小说的情况上报，则不仅让毛泽东难堪，而且又一次贬抑甚至彻底摧毁了这一小说在毛泽东想象中的作为样本的政治价值。这或许就是毛泽东怒斥秦兆阳的个人心理原因。

---

① 秦兆阳：《对 1958 年问题的申辩》，未刊稿，秦晴提供。
② 崔建飞.毛泽东五谈王蒙《组织部新来的青年人》[J].长城，2006（2）：173.
③ 李洁非.典型文案[M].北京：人民文学出版社，2010：244.

三、座谈会分析：事后追惩的艰难选择与编辑观念的演进

中国媒介管理实行传播效果的事后追惩制度。党中央"主席主张《人民文学》的这件事要公开批评"等于以最高权力启动了期刊管理的事后追惩程序。其最终结果竟然是"追"而不"惩"，初看奇崛，细想合理，值得深入分析。

主管主办制度是中国媒介管理的基本制度之一。毛泽东传话要"公开批评"，作为《人民文学》的主管主办单位的中国作家协会自然不能不做"公开批评"，其自由裁量的唯一空间是如何做"公开批评"。因而分析的对象要由期刊及其主编的编辑加工转移到期刊主办单位中国作家协会的"公开批评"决策及其运作方式。

（一）座谈会之前的思想交锋

首先，中国作协犹疑过是否进行"公开批评"，而且这种公开批评的犹疑正是此前一月是否将秦兆阳加工小说情况报告毛泽东的犹疑的继续。举证有二：秦兆阳在 1958 年 4 月写的检查《对于一些具体事实的说明》中说："当领导上通知我毛主席对这一改稿问题发表了意见，并未决定公开批评，领导上说要王蒙来谈，并谈到我也可以给王蒙写一封信做一些表示。后我给王蒙写了封信。"① 可见中国作协领导最初在向秦兆阳传达毛泽东意见时对"公开批评"就有犹豫，至少没有立即执行的坚决。即使这仅仅是作协领导个人的意见，也代表了一种意见。沈鼎知晓《组织部新来的青年人》中的某些缺点是《人民文学》编辑部修改之后造成的"后想写成一条消息，他采访了秦兆阳。"这条消息不仅《人民文学》编辑部负责人不同意发表，当时连茅盾、周扬等负责同志也都认为不发为妙，从他们委婉的解释里，我感觉到他们对待这件事情是十分慎重的。"② 茅盾当时是文化部部长兼中国作家协会主席，周扬是主

---

① 秦兆阳：《对于一些具体事实的说明》，未刊稿，秦晴提供。
② 沈鼎.在和风细雨之中［M］//《中国女记者》编辑委员会.中国女记者：2.北京：新华出版社．1989：214.

管文艺的中共中央宣传部副部长。

其次，中国作协的"公开批评"曾经酝酿了"讨论会""勘误表""座谈会"三种方式，最后选定了由中国作家协会出面组织座谈会的方式。其方式选择的商议过程如下。

1957年4月16日，中国作协召开书记处会议，"讨论《人民文学》修改王蒙小说问题。大家都主张把此事公开出去，但方式是用《人民文学》发表编辑部讨论会记录的方式，同时请王蒙参加"[①]。第二天下午，郭小川就此向周扬专门汇报。这一"公开批评"方式的特点是"公开"未必"批评"，组织者似乎是《人民文学》编辑部。由书记处会议时间还可推断两点：秦兆阳给王蒙写信的时间是4月13日，邵荃麟向郭小川传达毛泽东意见在4月14日，作协党组书记邵荃麟先把毛泽东意见告知了秦兆阳，第二天才告知作协秘书长郭小川。可见毛泽东知晓秦兆阳修改并指责他的时间不会晚于13日。

4月21日，中国作协召开党组会，"讨论《人民文学》的处理问题"，"许多同志都不赞成发勘误表"[②]。可见"勘误表"是中国作协动议的"公开批评"的第二方案。这应该是4月16日中国作协书记处会议上"主张把此事公开出去"的激进方案，也是后来由《人民文学》编辑部在5月9日《人民日报》公布《〈人民文学〉编辑部对〈组织部新来的青年人〉原稿的修改情况》的关键由来。问题是，"勘误表"的方案是由谁提议的？如果提议人很普通，显然难以上党组会正式讨论。如果采纳"勘误表"方案，如何判断秦兆阳编辑加工的正误？显然难以一切以王蒙原稿为准简单地将秦兆阳的加工作为"失误"予以公布，取消"勘误表"方案而代之以《〈人民文学〉编辑部对〈组织部新来的青年人〉原稿的修改情况》，应该据此认可中国作协党组在当时情境下集体坚持了对待编辑工作应有的基本理性。但由此不难看出当时就这一编辑加工而展开的思想斗争的激烈程度。

4月23日，周扬给郭小川打电话，"谈了一下对《人民文学》的处理

[①] 郭小川.郭小川全集：9［M］.桂林：广西师范大学出版社，2000：78.
[②] 郭小川.郭小川全集：9［M］.桂林：广西师范大学出版社，2000：81.

问题"①。4月24日,郭小川"到了周扬同志处,与秦兆阳、葛洛一起商量了《人民文学》修改王蒙小说的处理问题,决定开一次座谈会,发表它的纪录"②。开座谈会并发表座谈记录与后来的结果相符,可见"公开批评"的解决方案由周扬主持,有当事人秦兆阳参与而共同决定。与4月16日初议方案相比,"讨论会"变成了"座谈会",会议的组织者由《人民文学》编辑部升格为中国作协。

这一决策结果值得庆幸。中国作协在犹疑中坚持理性与宽容。不难想象其背后中国作协高层领导几经反复、群体博弈的过程。如何看待中国作协领导群体的集体理性和个体理性,以及其中的差异,是一个更为复杂的问题。特提出一些有待解析、回答的观察点引起方家对人对事更进一步的深入思考。

如何看待中国作协两次座谈会的间隔与延宕？1957年4月20日,中国作协主持召开了北京文艺报刊编辑座谈会,此会议颇具"百花齐放、百家争鸣"背景下的思想认识意义。4月22日《人民日报》第2版以《文艺刊物如何贯彻"放"的方针？》为题报道会议。该会议报道共分5节,其小标题分别是:"反'左'和反右,重点是什么？""大放？小放？香花毒草齐放？""片面和全面的问题""反对宗派主义""编辑部改不改原稿？"直接关联编辑工作的只有最后一小节。于此诡异的是,这次会议及报道通篇不见有关秦兆阳的只言片语。其导语中说:"中国作家协会书记处在4月20日召开了北京文艺报刊编辑座谈会的第一次会议,出席会议的有茅盾、周扬、老舍、邵荃麟和《人民文学》《文艺报》等刊物编辑部的主要人员等。茅盾等在会上讲了话。"③这次会议报道中有"第一次会议"字样;"在这一次座谈会结束前,邵荃麟希望各文艺刊物编辑部继续进行讨论"。邵荃麟当时是中国作协党组书记。可见这次会议明显是一次考虑周详的会议。4月16日中国作协书记处内部工作会议在前,也有基本共识,但4天后召开的公开会议了无反应,好像毛泽东要求"公开批评"的事情根本就没有发生。这种内外有别意味深长。

---

① 郭小川.郭小川全集:9[M].桂林:广西师范大学出版社,2000:83.
② 郭小川.郭小川全集:9[M].桂林:广西师范大学出版社,2000:84.
③ 文艺刊物如何贯彻"放"的方针？[N].人民日报,1957-04-22(2).

这样,"公开批评"的时间延缓到 10 天之后的 4 月 30 日。

如何看待中国作协系统内部的意见分歧? 4 月 26 日,中国作协党组会"只到了五人,雪峰、兆阳、康濯都请了假。几个人在一起议论了一阵,萧三认为,有的人就是不肯认错,即使认错时也是轻轻地点几句;韦君宜似乎很同情《人民文学》,人们的不满和分歧是越来越大了,但不知他们怎样看这个问题"①。可见中国作协高层就"公开批评"问题分歧很大。郭小川 4 月 28 日"跟赵寻谈了《人民文学》事,请他发言"②。会议报道中却不见他与会发言,他是没参会还是参会了没发言或是发言了没报道?可见这次会议一定的复杂性。

如何看待茅盾在座谈会决策过程中的作用?黎之的记忆是:"毛泽东提出要批评编辑。作协党组原拟让《人民文学》编辑部写篇文章在《人民日报》上发表。茅盾主张先开个座谈会,然后把座谈会记录发表,以便说明《人民文学》修改小说的情况,同时谈谈作家与编辑的正确关系。"③这回忆因与后来的结果相符,总体而言可信。从后来茅盾举重若轻地主持座谈会所表现出来的深谋远虑来看,很难否定座谈会的建议出自茅盾,他时任文化部部长兼任中国作家协会主席,茅盾建议的过程到底如何呢? 4 月 25 日,郭小川"给茅盾送去开会的通知和名单"④。4 月 27 日,郭小川"接茅盾处电话,编辑会议决定在 30 号召开,发出通知"⑤。这一活动尽管发生在周扬家中碰头会之后,但依然可见郭小川的郑重和茅盾的举足轻重。

如何看待会议组织过程中周扬的处心积虑?郭小川 1957 年 5 月 14 日的日记记载:"四时到白羽处,听他说秦兆阳认为这次揭露《人民文学》的事件,是周扬同志为了过关,所以首先拿《人民文学》做牺牲品,这完全是诛〔昧〕心之论。"⑥秦兆阳的判断诚然只是他个人的看法,难免主观片面。但周

---

① 郭小川.郭小川全集:9 [M].桂林:广西师范大学出版社,2000:85.
② 郭小川.郭小川全集:9 [M].桂林:广西师范大学出版社,2000:86.
③ 黎之.文坛风云录 [M].郑州:河南人民出版社,1998:98.
④ 郭小川.郭小川全集:9 [M].桂林:广西师范大学出版社,2000:85.
⑤ 郭小川.郭小川全集:9 [M].桂林:广西师范大学出版社,2000:86.
⑥ 郭小川.郭小川全集:9 [M].桂林:广西师范大学出版社,2000:95.

扬拍板决定召开后两次座谈会，他自己却没有参加，而第一次会议他是参加并发言了的。即使秦兆阳判断有误，周扬也并非没有吊诡之处。

如何看待刘白羽的作为？秦兆阳回忆："修改王蒙小说公布后，白羽同志在《人民文学》编辑部召开的会上说：'《人民日报》连载了四天，《人民文学》又带了头了！'意即这一公布连载了四天，将给全国以大影响，也就是对克服教条主义、宗派主义及团结作家有大影响。这话颇引起了编辑部反感。"① 连载的是 3 天 4 个版。编辑部对刘白羽的"反感"该如何解释，值得思考。秦兆阳在 1958 年被批判时写的《"双百"方针颁布以后的一些情况，以及我的论文写作和发表的前后过程》中说："1957 年 4 月底，公布修改王蒙小说错误时，据葛洛说，因韦君宜在第一天的会上说了点编辑的甘苦困难，受到了批评。白羽同志并布置陈冰夷勿谈编辑甘苦，只谈检讨。据葛洛估计，戈扬发言也是经过布置的。因而会上形成了一面倒的意见，好像编辑部真的是教条主义和宗派主义的关口。这对全国显然有大影响。"② 可见，刘白羽在 4 月 30 日会议之后，至少干预了 5 月 6 日的会议发言。刘白羽出席了 5 月 6 日会议并发言。"中国作家协会书记处书记刘白羽在发言中批评了《人民文学》编者修改《组织部新来的青年人》的错误，他希望能够恢复这一作品的原来面貌。"③ 联系这一情况看，提议"发勘误表"是否就是他？

如何看待郭小川的诗人、作协秘书长角色的交叉重叠？从郭小川日记看，他在整个事件过程中交织着一个诗人的文学理性与一个作协秘书长的政治理性、行政工作事务的冲突。他在 4 月 22 日的日记中说："很想写一个编辑工作的文章。但我必须抓紧下列四事：①给中央报告；②丁、陈问题；③《人民文学》问题；④编辑会议问题。"郭小川"想写编辑工作的文章"，或许表

---

① 秦兆阳：《"双百"方针颁布以后的一些情况，以及我的论文写作和发表的前后过程》，此为 1978 年秦兆阳送中共中央组织部部长胡耀邦申诉材料附件（二），未刊稿，秦晴提供。
② 秦兆阳：《"双百"方针颁布以后的一些情况，以及我的论文写作和发表的前后过程》，未刊稿。秦晴提供。
③ 沈鼎.中国作家协会开会讨论文艺刊物编辑部和作家之间的关系问题［M］//《中国女记者》编辑委员会.中国女记者：2.北京：新华出版社，1989：221.

明他力图从理论上深入思考《组织部新来的青年人》的编辑加工问题。他把《人民文学》问题和编辑会议问题分别列为案头的两件急事,这又说明了什么?《人民文学》问题是个处理、处分问题?编辑会议问题是个理论研讨问题?他4月22日决定了"给中央报告",4月26日,刚与周扬商定了要开第二次编辑工作座谈会,但会议还没有召开,郭小川就"给中央就《人民文学》问题写了一个报告"①,其中及时与紧迫的缘由值得思考。郭小川及中国作协可能遇到了来自上峰的相当大的压力。当然,还有一种可能,这个报告不是事后报告,而是事先请示,向中央请示座谈会的相关事宜。

(二)首倡编辑创造性

这次会议分4月30日、5月6日两个环节召开。尽管当时中国作协的很多会议都是马拉松形式,但此细节不可忽略。相隔一周分两个环节开,到底缘由是什么?会议准备说不上匆忙,会议参加人员名单至少在4月25日前已经基本确定并报会议主持人茅盾。郭小川4月30日的日记写道:"二时半,开第二次编辑会议,茅盾作开场白,然后由臧克家、葛洛、秦兆阳、严文井、韦君宜发了言。"②可见王蒙、郭小川、萧乾、刘白羽、戈扬、陈冰夷、李岳南、陈斐琴在5月6日才发言。

《人民日报》以《加强编辑部同作家的团结》为题在5月8日第7版、5月9日第7、8版和5月10日第7版集中报道,全文刊登了各专家的发言,报道可谓隆重。5月8日加"编者按"说:"4月30日、5月6日中国作家协会召开了北京文学期刊编辑工作座谈会,讨论怎样改进文学刊物编辑部和作家之间的关系问题,并且讨论了《人民文学》编辑部对王蒙的小说《组织部新来的青年人》原稿的修改问题,一致认为严肃对待作家的创作劳动,广泛地团结更多的作家,是在文学领域内贯彻'百花齐放、百家争鸣'方针的关键性的问题。从今天起,我们陆续发表这次座谈会的记录,以及王蒙《关于〈组织部新来的

---

① 郭小川. 郭小川全集:9[M]. 桂林:广西师范大学出版社,2000:85.
② 郭小川. 郭小川全集:9[M]. 桂林:广西师范大学出版社,2000:88.

青年人》》一文和《〈人民文学〉编辑部修改小说原稿的情况》一文。"

茅盾自始至终主持，取得了圆满的结果。茅盾不愧为久经各种复杂的政治斗争磨炼的老作家，他举重若轻，"在和风细雨之中"化解了多方面的矛盾。沈鼎当时的记录最为真切，最有说服力。特择要摘转如下：

> 会议主持者茅盾第一句话就是要求各报记者不要先报道这个会议，等着《人民日报》发表会议记录的时候一起发新闻。从来不赞成审阅新闻稿的茅公（文艺界对他的尊称）为什么破例干涉起记者来呢？我觉得有些紧张。
>
> 最初，我这样想，这个会大概又将对《人民文学》编辑部和修改《组织部新来的青年人》的编者大加批评。于是，作家们"愤慨"一通，编辑们诉苦一通，然后秦兆阳来检讨一通。最后，以重申编辑必须尊重作家劳动作结。
>
> 会议开始了。完全出乎我所料，会议真正在友好热烈的气氛中进行。作家们在肯定刊物编辑部这几年来的贡献和成绩的前提下，严肃地指出编辑工作中的缺点，尖锐地揭露了作家和编辑部之间的矛盾——特别是由于编辑部不尊重作家劳动而产生的矛盾。《人民文学》副主编秦兆阳在会上检讨了轻率修改《组织部新来的青年人》所造成的错误。虽然检讨还不能使与会者感到已很深刻，但大家却没有声色俱厉地强迫他再检讨，而是非常恳切地就这一事件发表意见。责备了他对待文学作品的粗暴态度、不严肃的工作作风，帮助他认识这一错误。在批评秦兆阳的同时，对他当时肯定这一作品的积极意义、大胆发表等正确方面也加以赞扬，并指出他修改中的可取之处。
>
> 到会的每一个人都是赤诚地维护创作、爱护作家也同样爱护编辑的。因之，他们的批评虽很尖锐但仍然心平气和：使被批评者心悦诚服，乐于接受意见；使所有与会者感到参加这样的会议，都有些收获。

正因为作家和编辑都是从解决矛盾、加强团结更好地发挥力量的愿望出发，会议极其自然地体现了"团结—批评—团结"的精神。
……

　　到了这个时候，我才似乎体会到茅盾先前不让发新闻的原因，大概是因为他在担心秦兆阳和文艺刊物编辑部不被会议"打死"，而被新闻"打死"吧。他的担心是有根据的，如果记者夸大事实，危言耸听，秦兆阳和文艺刊物编辑部就将面临一个为难的处境，而这对文学事业，对解决作家和编辑部的矛盾，绝不会有任何好处。①

　　基于一个老作家对编辑、文学、政治乃至人事的认知，茅盾对如此紧张的文学编辑事件的态度及处理确乎别有气度。惊异，更让人敬佩。茅盾不愧为"茅公"。对此，王蒙说："我觉得茅盾的发言有他'民主人士'的分寸，给我一种零度倾向的感觉。"②

　　茅盾以他在文学界的威望最大限度地支持了秦兆阳，基本化解了座谈会可能带给秦兆阳的进一步压力。但秦兆阳当时所面对的巨大压力难以因茅盾而完全消解。接替他主编《人民文学》的李清泉说："《人民日报》载文披露秦兆阳修改王蒙小说一事，真如晴天霹雳。摸不清为什么会这么大做文章，眼看林淡秋等上老秦屋子去做解释，我也避开。任务压身，报上整版整版的长文章也只能望洋兴叹而已。""某天我又偶然回到编辑部去，听老秦在屋里长吁短叹、捶胸顿足。我进去知道还是为《人民日报》的文章，但不知原委，说不出贴切的话去疏导和劝解，不免呆立一旁，觉得老秦倒霉，不得不安慰两句，也都不着边际、不痛不痒。"③

　　这次座谈会是中国编辑学理论发展的里程碑。"这次会议讨论到编辑部和

---

① 沈鼎. 在和风细雨之中 [M]//《中国女记者》编辑委员会. 中国女记者：2. 北京：新华出版社. 1989：214-216.
② 王蒙"指点"文坛不知深浅 [N]. 北京晚报，2006-06-05.
③ 李清泉. 半个世纪的情谊 [J]. 当代，1995（2）.

作家之间的关系中的一般问题，也讨论了一个特殊问题——《人民文学》编辑部修改王蒙同志小说的问题。"①以问题为导向且一般问题与特殊问题紧密结合的议题标示了会议的理论含量。议题设置既表明茅盾等会议组织者的胸襟、智慧，也表明在"百花齐放、百家争鸣"的早春时节，编辑理论和实践问题第一次得到了文化界诸多高层人士的有效关注。会议的理论价值主要有二：首次在党中央机关报明确肯定编辑工作的创造性；从分析编辑实践具体个案入手，探讨了期刊编辑工作与媒介环境的深层关系，揭示出中华人民共和国成立后错位的媒介批评是导致编辑工作非良性运行的潜在制度因素。

茅盾在会议开始时说："作为一个作家，我对于编辑部同志们的辛勤劳动，表示极大的敬意。"②这奠定了会议研讨的基调。萧乾说："编辑工作是一种后台工作，也就是说，是辛苦的，而又必不可少的。编辑人员是我们文化事业中的无名英雄。他不但得任劳，更值得同情的是，他还得任怨。"③《人民日报》便将"编辑工作人员是文化事业中的无名英雄"作为发言要点用黑体字登出。将编辑人员归属于文化事业，并以"无名英雄"相称，首次公开出现在《人民日报》上，既是难得的观念突破，也是这次会议最大的理论贡献。

对编辑和编辑工作独立性、创造性的明确认定，是展开对秦兆阳加工《组织部新来的青年人》具体问题讨论的理论前提。萧乾理直气壮地说："《人民文学》编辑部在修改王蒙同志的《组织部新来的青年人》的时候做了一些'虚'和'描'的工作，这种工作不论做得恰当不恰当，都是编辑部分内的工作，而且谁也不能保险做得都恰当。""以第一个读者——头脑清醒、细心、在行的身份，帮助作者提高作品质量是编辑的天职。"强调"编辑部分内的工作"，提出"第一个读者""编辑的天职"的概念或者说用语，意在推崇编辑工作的独立性、编辑创造的主观能动性。

沈鼎作为记者敏锐地感知到："在这次会议上，我似乎听到了一曲文坛走向繁荣的前奏。显而易见，'创作'和'创作'的创作者受到了爱护，创作

---

① 加强编辑部同作家的团结［N］.人民日报，1957-05-09（7）.
② 加强编辑部同作家的团结［N］.人民日报，1957-05-08（7）.
③ 加强编辑部同作家的团结［N］.人民日报，1957-05-09（7）.

必然会繁荣起来。"① 沈鼎以 "'创作'的创作者" 称谓编辑，就是明确肯定编辑工作的创造性劳动。在追溯编辑创造性这个范畴发展的历史过程中，这次公开报道及其用语，应该予以高度关注。最早肯定"编辑工作是一种高级创作"的是刘少奇。他在 1956 年 3 月 5 日接见周扬等人时说："应该重视编辑工作，对于编辑的待遇，各方面都要提高，编辑工作是一种高级创作。因为他要看作家的作品，鉴别作品，因此这个工作本身就是创作，只不过他不写就是了。"② "周扬、刘白羽回来后很兴奋，立即向代表们做了传达。"③ 萧乾的发言，《人民日报》对萧乾发言的处理，甚至茅盾的会议提议，都可能与刘少奇的谈话有关联。由此也可见讨论的理论背景和理论创新意义。

（三）倡导"文责自负"

这次座谈会多方对话无疑加深了对编辑加工这一现象及问题的认知。问题的根本是韦君宜在发言中提出的"文责究竟是自负还是由编辑部代负的问题"。公正地说，对《组织部新来的青年人》思考最深的除秦兆阳外也许当数韦君宜。密切关注现实社会思想动态并通过期刊上的"问题讨论"方式予以引导，是韦君宜自主编《中国青年》以来一贯的作风。唯其如此，她才敏锐而及时地捕捉热点，组织了《文艺学习》就此连续四期的讨论，讨论使这一小说成为全国性思想文化的焦点，其二级传播对传播效果的影响不可低估。在毛泽东第二次谈该小说后的 1957 年 3 月 4 日，郭小川等人"在茅盾处开漫谈会，主要是谈《组织部新来的青年人》。韦君宜反映了一些情况，我觉得还是公正的"④。在 4 月 26 日的中国作协党组会上，韦君宜很"同情《人民文学》"，并被视为"分歧"，这表明她思想的独立性和一定意义上的深刻性。她4 月 30 日的发言招来刘白羽的批评，导致刘白羽事先布置戈扬等人在 5 月 6

---

① 沈鼎. 在和风细雨之中 [M]//《中国女记者》编辑委员会. 中国女记者：2. 北京：新华出版社. 1989：216.
② 刘少奇. 关于作家的修养等问题 [M]// 刘少奇. 刘少奇选集：下卷. 北京：人民出版社，1985.186.
③ 黎之. 文坛风云录 [M]. 郑州：河南人民出版社，1998：51.
④ 郭小川. 郭小川全集：9 [M]. 桂林：广西师范大学出版社，2000：47.

日会上勿谈甘苦，只做检讨，阻滞了会议研讨应有的理性深度和思想高度。可见韦君宜独立思考的难能可贵。萧乾当时正由《人民日报》文艺部顾问调任《文艺报》第二副总编兼外国文学部主任，参与《文艺报》4月中旬进行的改版工作。他高度认同韦君宜的观察思考，他在5月6日的发言中说："关于编辑的甘苦，韦君宜同志谈得已经淋漓尽致了。如果我再谈下去怕把这个变成一个编辑诉苦会。"而萧乾的发言不能说是即兴的。4月28日，郭小川"又到《文艺报》，与唐因谈了一阵，跟萧乾、唐达成等谈到《人民文学》事，请萧乾发言，他也说了一些意见，外面已有很多传闻"①。不知这里说的"很多传闻"具体指什么？从萧乾对韦君宜的公开呼应不难想象一二。由此足见当时会前会后、会上会下以编辑加工为核心的思想交锋的复杂性。

韦君宜说："当编辑的人这几年经常受人责备，经常都在检讨，停一下我还要检讨的。但是我也想：为什么我们这些人会这样经常喜欢犯错误呢？""第一个，文责究竟是自负还是编辑部代负的问题。应当是自负。但过去社会观感却不然，刊物上登出什么文章出了毛病，就怪编辑部。甚至在批评某篇有错误的文章时，根本不提作者名字，只提是在某某刊物上登出的。对于不大知名的作者写的文章做批评时，尤其如此。这样就不能不形成编辑在审稿时字斟句酌，遇到点不大对处就想改，好像对待自己的文章一样，因为要代他负责，出了岔子是编辑部的呀。"韦君宜一语中的，指出了编辑改稿的深层的文艺制度因素。

韦君宜所说，秦兆阳早有同感。他的同行接连不断地受批评处分，调离编辑岗位，他自然感触良深。他从《文艺报》调任《人民文学》就因为《人民文学》发表路翎小说《洼地上的"战役"》，主编严文井受到严厉批评，严想辞职。同事的遭际就是他思想的触媒。秦兆阳对中华人民共和国成立初期文学期刊传播环境的思考可以说感触深切、体察深刻。兹举一例：秦兆阳1956年11月曾在全国文学期刊编辑工作会议上发言。他正处在人生高峰时期，尚没有后来一系列的变故与遭遇；他是中国作协党组成员，这个会又是

---

① 郭小川. 郭小川全集：9［M］. 桂林：广西师范大学出版社，2000：86.

在党中央"百花齐放、百家争鸣"方针引导下的工作会。他自然没有顾忌，发言也就较为原始地显示他思想的本真面貌。他在发言中提及很多中华人民共和国成立前的文学期刊，说明他较认真研究过中华人民共和国成立前文学期刊的生态与编辑实践。面对中华人民共和国成立初期"战斗性"日渐浓烈、尖锐的文学形势，秦兆阳"平常当编辑时感到紧张"①，他在发言中脱口而出"所以不当解放以后编辑的人不知道其中的甘苦"②。在《文学探路集》中，他将后句改为"所以不当编辑的人不知道其中的甘苦"，删去作为修饰语的"解放以后"。一词之删表明秦兆阳在1982年编辑自己的文稿时心有余悸，发言的原初文本正表明他对中华人民共和国成立前后文学编辑实践及其环境变化的敏锐的历史感。

秦兆阳晚年口述《我写〈现实主义——广阔的道路〉的由来》时，追述了自己当《人民文学》小说组长的一段亲历。这口述的亲历和感知可为他"不当解放以后编辑的人不知道其中的甘苦"的实证。"最有权威的批评家是最脱离实际生活的人，这是解放以后文艺事业的不幸原因之一。当时主持工作的副主编艾青同志感到无可奈何。我亲眼看见他几次拍着《文艺报》主编陈企霞的肩膀说：'陈企霞呀，你是唯恐天下不乱啰！'艾青是个大诗人，可以用这样隐含深意的话对事情不了了之，我们下边工作的却要以编辑的名义在刊物上做公开检讨。"③

秦兆阳在1956年的发言中就主张："'百花齐放'这个方针具体运用到编辑工作上，应该有适当的宽度。比方说，刊物是否可能犯错误？可能的，因为你要登各种各样的作品。"④所以，秦兆阳在4月30日发言结束前说："我提议我们以后对稿件实行'文责自负'，除请作者自己修改外，编者一律不做修

---

① 秦兆阳.文学探路集[M].北京：人民文学出版社，1984：172.
② 秦兆阳.在文学期刊编辑会议上的发言：记录稿[M]//湖北学习生活编辑室.秦兆阳言论集：第2辑.中国作家协会，1958：32.
③ 秦兆阳，秦晴，陈恭怀.我写《现实主义——广阔的道路》的由来[J].新文学史料，2011（4）.4-11.
④ 秦兆阳.文学探路集[M].北京：人民文学出版社，1984：172.

改。我以为只有这样才能充分地尊重作者的劳动，才符合'百花齐放、百家争鸣'方针的精神。"①表面看，秦兆阳此言难免没有情绪，实则包含了他对当时编辑工作的尴尬地位及"百花齐放、百家争鸣"社会形势需求之间的严肃思考，作为一个责任和使命意识强的编辑家，他以反诘的方式曲折地提出问题，以求解决之道。所以诸多专家予以回应。萧乾说："今后《人民文学》要用强调'文责自负'来纠偏，我担心只能解决一部分问题。"②

文责自负、文责代负、文责共负，责任主体显然不同。在中华人民共和国成立初期，编辑责任制度尚未完善，尚要摸索。时任《人民文学》副主编的葛洛回应说："作家在刊物上发表了作品，作家和选用这篇作品的刊物对这篇作品都负有责任。但是，照过去的情况，刊物所分担的责任似乎太重，因而有些不合理（如一篇作品发现内容有错误时，作者做检讨，刊物也要做检讨）。我认为，编辑部应对一定时期的刊物面貌负责，不一定对每篇作品都担负具体责任。为着有利于'百花齐放、百家争鸣'的方针的贯彻，应该适当地提倡和宣传'文责自负'。"③

经过这一番讨论，郭小川终于表态："为了登载一篇文章就做检讨，这是不合适的。批评者可以批评一个刊物的方针、文风等等，但最好还是多看看，看到整个刊物的态度，否则只抓住一点就批评全面，不能算是持之有据的。而过去的这种批评，确曾使编辑部缩手缩脚，唯恐犯错误。我看，修改文章之风之所以盛行，与这不能说没有关系。"④

四、结语与讨论

《组织部新来的青年人》因其编辑加工而成为中国当代编辑出版史上的著名事件。其编辑加工自觉强化小说反官僚主义的主题，凝聚了《人民文学》

---

① 加强编辑部同作家的团结［N］.人民日报，1957-05-08（7）.
② 加强编辑部同作家的团结［N］.人民日报，1957-05-09（7）.
③ 加强编辑部同作家的团结［N］.人民日报，1957-05-09（7）.
④ 加强编辑部同作家的团结［N］.人民日报，1957-05-09（7）.

执行主编秦兆阳自觉的编辑追求。毛泽东提议"公开批评"后，中国作家协会坚持编辑理性，以座谈会形式研讨相关的理论与实践问题，首倡编辑创造性，在中国当代编辑观念演进史上具有里程碑意义。

本章重在结合新材料分析《组织部新来的青年人》这一编辑学案，以引起同行的多学科关注。无力解决这一学案中的所有问题。比如这一学案与"百花齐放、百家争鸣"方针的内在关系应该说是其中的核心问题，惜未能展开。即使就这一学案核心部分的编辑加工而言，也有两个问题值得导入话语分析等新方法予以进一步透视。

其一，标题修改折射的矛盾。正如研究者所发现的，《组织部新来的青年人》有好几个不同的标题。"对于一篇享有盛名且已存在达半世纪之久的作品而言，这非常罕见；换言之，它的名称究竟是什么，人们心里一直是模糊的。"① 在众多标题中，以秦兆阳版和王蒙版最具代表性，其中折射的编辑、作者矛盾较具研究价值。秦兆阳版以《人民文学》首次发表为文本。《人民文学》编辑部在1957年说："据作者现在说小说的原标题是《组织部来了一个年轻人》，稿件登记簿上第一次原稿题目是《组织部新来个年青人》，被编者最后改为《组织部新来的青年人》。"② 王蒙版以中国作家协会编选、人民文学出版社1957年出版的《短篇小说选》为文本，王蒙为小说恢复了原名并删去了一个"一"字，定名为《组织部来了个年轻人》。

秦兆阳版标题和王蒙版标题话语结构不同、话语陈述对象不同，对小说主题意蕴的提示、概括自然不同。"王蒙的笔墨，重点是放在对组织部的描写上的。王蒙坚持使用原名'组织部来了个年轻人'的用心，显然意在写组织部的工作状态，而非重在写一个青年人，更非重在塑造一个反麻袋厂官僚主义的青年人形象。"③ 就主张作者权益而言，王蒙"固执地"改定标题无可厚非。文学界一般主张以首次发表文本为准。

---

① 李洁非. 典型文案 [M]. 北京：人民文学出版社，2010：225.
②《人民文学》编辑部. 对《组织部新来的青年人》原稿的修改情况 [N]. 人民日报. 1957-05-09.
③ 崔建飞. 毛泽东五谈王蒙《组织部新来的青年人》[J]. 长城，2006（2）：172.

联系小说文本修改看秦兆阳版的标题拟定,则发现秦兆阳在加工这一小说时编辑思想的不一致甚至矛盾。秦兆阳版标题不以组织部为主语,意在淡化组织部,而他涉及小说思想内容的两处修改之一恰恰关联组织部的主管领导区委书记。他或许因时间紧没有仔细推敲,或许根本没有意识到标题改动与细节改动之间的关系。究竟该如何评价?值得进一步研究。

其二,到底该如何总体评价秦兆阳编辑加工《组织部新来的青年人》?其中的是非曲直,难以定论。不说当事人中作家与编辑各执己见,后人也未必洞察。崔建飞以为,"秦兆阳主持的修改是花了心血的,有的地方改得也不错,但总的来说,并不成功。这29条修改,在政治上离毛泽东的立场不是更近而是更远,在艺术上也有使作品反而失色的地方"①。这需要对勘《人民文学》杂志发表的最初文本和王蒙在1956年小说年选中的再改定文本,再以对勘为基础进行文学话语分析。本章没能专门展开。提请如对此有兴趣的研究者注意的是,王蒙的再改定事先有刘白羽提议,事后有编辑赞同。"中国作家协会书记处书记刘白羽在发言中批评了《人民文学》编者修改《组织部新来的青年人》的错误,他希望能够恢复这一作品的原来面貌。"②该小说的二审编辑涂光群明确表态:"我赞成人民文学出版社出版建国以来优秀短篇小说选的编者,他完全尊重作者王蒙的意见,在将这篇小说收入小说选第二集时,采用的是作者原来的稿本,并且恢复了《组织部来了个年轻人》这个原题。"③王蒙认为,小说中"有一些含混、啰唆的文字。这些经编者删改以后,作品更精练、完整些"④。王蒙的再改定文本部分吸纳了秦兆阳的加工。涂光群所说似乎王蒙全部推翻了秦兆阳的编辑加工,从文本对勘的实际情况来看,不够准确。

---

① 崔建飞.毛泽东五谈王蒙《组织部新来的青年人》[J].长城,2006(2):180.
② 沈鼎.中国作家协会开会讨论文艺刊物编辑部和作家之间的关系问题[M]//《中国女记者》编辑委员会.中国女记者:2.北京:新华出版社,1989:221.
③ 涂光群.五十年文坛亲历记:下[M].沈阳:辽宁教育出版社,2005:526.
④ 加强编辑部同作家的团结[N].人民日报,1957-05-09(7).

出版延宕个案[*]

——出版时间与效果或影响的变量关系

1979年创刊的《当代》，发行量的巅峰年在1981年，期发行量55万册。1982年50.3万册，1983年50.1万册，1984年45.5万册。那几年的《中国出版年鉴》有记，笔者欣然写入《中国期刊史》第四卷（1978—2015），在"十一届三中全会与期刊新生"的章题、"新时期期刊发展的流变"节题下记忆《当代》，应该也恰切。

改革开放期刊史绕不过《当代》。笔者于《当代》，关注点甚多。牵肠挂肚的首推《当代》1981年第1期。龙世辉曾告诉笔者，《当代》1981年第1期原拟以谭元亨的《一个年代的末页》（本章以下简称《末页》）打头，这是原初的第一方案。不料屠岸主动审读《末页》为"中国的《悲惨世界》"，临时撤稿，补上古华的《芙蓉镇》，秦兆阳还提议《芙蓉镇》发头条。此为第二方案。另一主编孟伟哉更看好《疯狂的节日》，便将《疯狂的节日》发头条。这便是最终见刊的第三方案。龙世辉为谭作未能按期出版深深叹惋，本来应该出名成家的是谭元亨却换成了古华，并说如果《末页》当期"放出来"（龙原话），"大墙文学"的开创者就不是从维熙而是谭元亨。历史就是如此阴差阳错。龙世辉所说我印象深刻，一直有心收集材料予以探究。

《末页》于2014年由汕头大学出版社出版，封面赫然印着"一个著名作家尘封30年的处女作　秦兆阳临终仍期盼它的问世"。书末所附《无以报答的

---

[*] 本文原载于《人文》第7卷，中国社会科学出版社2022年出版，题为《〈当代〉1981年第1期的第三种可能——秦兆阳致谭元亨信释读》。收入本书时改为现题。

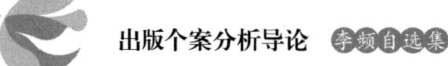

牵挂》曾刊发于《书城》1996年第5期，后记《不虞之誉与求全之毁》曾刊发于《中国名人榜》2008年第2期。谭元亨曾托友人将此两文的复印件转笔者。他终于打捞记忆披露《末页》的出版波折了。笔者读此书，反复读《代序：末页抑或开篇》，五味杂陈。

对读秦兆阳给谭元亨的信，笔者内心感叹不已。为那个时段的文学，为那个时段作家与编辑的关系。

一、秦兆阳致谭元亨信

谭元亨同志：

10月22日来信今始作复，原因是病了一场，手头的事情放不下，颈椎骨增殖，身体不好。

从来信看，你似乎颇有感慨。因此我必须把我所知道和所经历的情况对你摆一摆，让你明白，然后再说我的看法。

也许是1979年底或1980年初，当时《当代》初创，好稿和来稿不多，为了从长篇小说中选取一段发表，那时我看过一些长篇小说的一部分，你这部小说是其中之一。当时我只看过大约一半多，并未看完，写了自己的意见，退回给小说南组。我的意见是：一、并未看完（因此不能算终审）。二、作品的优点是结构上很有特点，内容意义上亦超过一般推理小说。三、开头的几章情节较平，不够精练。四、对个别人物和情节之不合理处提出点意见。五、处理审阅皆须慎重（因所写的是公安机关的事，如有偏颇，易引起较大反响）。我的这些意见大约仍保存在小说南组，是经过许多同志看过的。后来，可能是龙世辉等同志看过，所以请你来出版社修改。据同志们反映，当时你的修改是比较马虎的，不够认真的，未能达到出版要求。于是就拖了一段时间。后我接到《少年报》一位同志来信，意思是要我促一促。我一了解，小说南组正由黄伊同志专帮你修饰，我以为修饰后大约可能出版，所以给《少年报》那位同志去了信，把这些情况告诉了他。但黄伊同志的加工仍不理想。这时我接到公安部门的群众出版社出版赠送的刊物《啄木鸟》第一期。于是想到，如果你这小说能经《啄木鸟》编辑部的同志们看过并在该刊连载发表，那就既稳妥又给作品解决了问题，他们也许可以帮助修改。小说组的同志们同意我的意见，把稿子送啄木鸟编辑部了。不料该刊只出了一期就停刊了，又把稿子退回来了。以后，又经过较负责的同志看过，认为在观点上有值得考虑之处，于是派专人到湖南去找你面谈（专为你这篇稿子去的）。这次你的修改，同志们觉得仍未能在某种观点上有所改变，且勉强生硬地增添了一个人物，故退回。

  总之，这部原稿至少经过了出版社六个人看过十遍，并与你面谈过多次，我认为不能说不负责任。你也不能误解为，我通过了，别人又否定了——这不符合事实。从你这方面说，虽然你也经过了写作和修改的辛苦过程，但也不应该在心情不佳之时，对许多为此稿尽过心力的同志埋三怨四，还是应该多从自己这方面找教训。直到最近，有的同志提到这部作品的优点时还深为惋惜呢！这你大概没有想到吧？

  我因没有看完全部原稿，所以对同志们所提的较重要的缺点无法说出自己的看法。由这同一原因，我也不便于替你介绍到别的出版社去。并且，如果我介绍了，人家会问："为何人文不出版？"他会自己回答："可见是人文的退稿。"这反倒使人知道是人文的退稿，因而会与你原来的愿望相反。

  所以我建议你，不要急，再做一次认真的修改，然（后）寄到花城之类的出版社试试。

  我的眼睛患白内障严重，已不能看稿，并已不管《当代》的工作了。如果是十年前，我会帮你把全部作品看完的——这真遗憾，也对不起你。

  护送流金同志去山西一事，流金和我都永远感激你。

敬礼

秦兆阳
11.11

出版个案分析导论 李频自选集

人民文学出版社
北京朝内大街166号　电报挂号2192

谭元亨同志：

10月22日来信今始作复，另因生病了一场，手头的事情放不下，颈椎骨增殖，身体不好。

从来信看，你似乎颇有感慨，因此我须把我所知道和所经历的情况对你摆一摆，让你明白，然后再读我的看法。

也许是79年底或80年初，当时《当代》初创，好稿和来稿不多，为了从长篇小说中选取一两发表，那时我看过一些长篇小说的一部份，你这部小说是其中之一。当时我只看过大约一半多，並未看完，写了自己的意见，退回给小说南组。我的意见是：①並未看完（因此不能称终审）。②你的作品优点是结构上很有特点，内容意义上亦超过一般推理小说。③开头的几章情节较平，不够精练。④处理审阅皆须慎重（因

④ 对个别人物和情节之不合理处把握类意见。

秦兆阳致谭元亨信1（谭元亨、秦兆阳家属提供）

人民文学出版社

公安的总公安机关的事,如有偏颇,可引起较大反响)。我的这些意见大约仍保存在小说南组,已经走许多同志看过的。后来,可能是施校嶶同志看过,才把该稿来云版社修改。据同志们反映,当时你的修改已比较马虎的,不够认真的,未能达到云版要求。于是就拖了一两时间。后来我接到《少年报》一位同志来信,忽思要我促一促。我一了解,小说南组正由黄伊同志飞帮你修饰,我以为修饰成大约可转云版,不必给《少年报》~~把这情况告诉了他。~~那位同志去了信,但黄伊同志的加工仍不理想。这时我接到公安部门的群众云版社云版的刊物《啄木鸟》赠送第一期。于是想到,如果你这小说修经《啄木鸟》编辑部的同志们看过并在该刊~~连载~~发表,那就既稳妥又给作品解决了问题,他们也许可以帮助修改。小说组的同志同意我的意见,把稿子送啄木鸟编辑部了。不料该刊

秦兆阳致谭元亨信 2 (谭元亨、秦兆阳家属提供)

出版个案分析导论 李频自选集

[信件图片,内容为手写信,信笺抬头为"人民文学出版社 北京朝内大街166号 电报挂号2192"]

秦兆阳致谭元亨信3(谭元亨、秦兆阳家属提供)

人民文学出版社
北京朝内大街166号　电报挂号2192

不便于替你介绍即别的出版社。并且，如果我介绍了，人家会问："为何人文不出版？"他会自己回答："可见人文的眼稽。"这反倒使人知道是人文的眼稽，因而会与你原来的想法相反。

所以我建议你，不要急，再做一次认真的修改，继续即花城之类的出版社试之。

我的眼睛患白内障严重，已不能看稿，也已不管文当代方面工作了。如果早十年前，我会帮你把它的代品看完的——这真遗憾，也对不起你。

护送院党同志去山西一行，我和郑都永远感谢你。

敬礼

秦兆阳 11.11.

秦兆阳致谭元亨信 4（谭元亨、秦兆阳家属提供）

二、秦兆阳的审稿意见

据谭元亨《代序：末页抑或开篇》，秦信写于 1982 年。[①] 写信本为息事宁人，当然了无赞词，但从字里行间不难发现编辑、作者之间的分歧，秦兆阳对《末页》依然充分肯定。秦信中说"写了自己的意见"，可见有文字稿。据谭元亨披露，秦的审定意见是这样的：

此书立即就可以出版。

结构上很有特点，内容意义上亦超过一般推理小说，在长篇创作上是一个突破，有着深刻的思想内容与社会内容，写得很大气。作品提出了相当严肃与重大的问题，会引起社会各方面的考虑，包括公安部门、法律部门，可以多通过主人公发表议论，何铁与主人公的对立，很有意义，应该说，何铁是个正直的人，愈是这样，愈引发人们的深思。

人物基调都可以，彼此有差距，有矛盾，如变成纯粹的侦探小说就没意思了。

主人公之所以要把冤案弄清楚不可，是出于一个更深刻的思想，我们的社会对人民应更加公正、更加关心，党和人民才更为密切，方可调动各方面的积极性。"四人帮"制造冤案就是让党与人民对立起来，让党失去威信，这一工作（平反冤案）就是为了挽回党的威信，为四化扫清障碍。从马克思主义的基本原理出发，恢复其本来面貌，不是对人民专政，而是保护人民，让人民积极起来——所以，弄清冤案的来龙去脉，对今天更为有利。

站得愈高，愈能引起公检法同情。公检法的拨乱反正，从自己

[①] 谭元亨. 一个年代的末页［M］. 汕头：汕头大学出版社，2014：4.

做起，再不能像过去一样了。

（龙世辉：会不会把人性、人道、人格乃至人权的问题讲得太多了？）

否认人权是不行的，宪法上也有不许侵犯人权一条，不能损害公民权，不能侮辱人，超过界限，便会把人推向对立面，制造坏人了。

有长期思考的东西，关于人生观，关于运动……有不少相当精辟的话，与众不同，显得特别。

养蜂的知青，浪迹天涯，很值得正面描写，他们相依为命，团结很紧，寻找他们很不容易，每每会受阻拦。他们是社会的不幸者，各有不同的遭遇。他们有他们的道德与法律，与社会通行的不一样，很值得探究。

作品对官僚主义的揭露也是有深度的，肖文新比较典型，他有他的理由，利用四个坚持，就想整人，有利害关系，必定搞"凡是"，反对思想解放，"这是搞什么名堂""这还了得？""不压不得了，就是要压"……他与主人公的分歧，归根到底是对人民民主专政、对社会主义的理解的分歧。

主人公很有知识分子味道，不易为人理解，与他人矛盾日益加深，有痛苦，有激动，有冤屈，陷入案件中，很危险，他豁出去了……人物在矛盾冲突中丰富起来。

修改时，情节不要拖长，在不损害形象的前提下，文字尽量精练，两期（指《当代》）可以登完。

要用思想罩住全篇，制造气氛、悬念，引起读者关注，触发感情，要不同于一般的长篇小说，有高的思想境界。社会生活部分即案情之外描写要加强人情味与人性意味，这样人物便会更丰满些。以法律的观点来写，来抗衡阶级斗争的观点、"左"的观点。我要求

要高一点，因这是当前难得的一部各方面已相对成熟与完整的作品，不用多少加工便可以出版的……①

据谭元亨提供的另一材料，秦兆阳书写或重述这一审稿意见的时间在1982年8月22日。

三、屠岸的审稿意见

《末页》并非直接投到人民文学出版社的，谭元亨说："我是写儿童文学出的名，书稿由上海少儿社的赵元真，介绍到中少社的王一地那里，老王先给了中青社的黄伊，但黄伊不敢出，压了好一阵，而后，老王便把稿子要了回来，送到了人民文学出版社《当代》的贺嘉那里，《当代》委托南方组的刘炜、龙世辉先看一下，很快，便送到了《当代》时任主编的秦兆阳那里，就这样，我到了北京，这已是1980年的夏天了。"②秦信中说《少年报》一位同志，就是王一地，是一位颇有成就的儿童文学编辑家。

谭元亨还说："在我修改期间，一位衣冠楚楚、颇有风度的出版社领导找到我的住处，深深一鞠躬，称，大家都很称道你这部长篇，我欲先睹为快，能借给我一阅吗？我知道平反不久的秦兆阳，仅是《当代》的主编，还在他的领导之下。不过我也知道，他是位诗人，还译过莎士比亚的十四行诗，当受西方思想一定的影响，也许，会一般喜欢这部作品。"③这显然是指屠岸。秦信中提及"别人又否定了"也指屠岸。

屠岸的审读意见是否写成文字，龙世辉当时没跟笔者说，笔者也没想到追问。屠岸到东中街人民文学出版社宿舍楼地下室的出版社招待所找谭元亨，且先鞠躬再交谈，是龙世辉跟笔者说过的。屠岸比龙世辉大两岁，时年57岁，谭元亨34岁，出版社领导长辈对作者行如此大礼，笔者平生第一次听

---

① 谭元亨. 一个年代的末页[M]. 汕头：汕头大学出版社，2014：487–489.
② 谭元亨. 一个年代的末页[M]. 汕头：汕头大学出版社，2014：3.
③ 谭元亨. 一个年代的末页[M]. 汕头：汕头大学出版社，2014：3–4.

说。所以记住了龙世辉口头转述的屠岸审稿意见的关键词:"中国的《悲惨世界》。"谭元亨披露的屠岸审读意见是:

> 此稿结构上天衣无缝,语言上亦炉火纯青……整个作品的思想体系不是马克思主义的,而是资产阶级人道主义,可以说它是中国的《悲惨世界》,但中国不应当允许《悲惨世界》的思想体系存在,作为社会主义的出版机构,怎么可以容忍出版宣扬资产阶级人道主义的作品?该稿基调过于低沉,反面力量大于正面,言论不但有些过头,还相当过头。不能把责任推给社会、推给客观、推给社会主义制度……全书在客观上起到控诉我们的有害作用,使人感到可怕……①

按当时铅印《当代》提前两月发稿推断,屠岸的意见提出于1980年10月前后。据1991年印行的《人民文学出版社(1951—1991)》画册第13页《前任社级领导人名录》,严文井自1978年9月"专任社长兼总编辑,1981年2月至1983年10月任社长"。韦君宜"1961年4月任本社副社长兼副总编,1981年2月任总编辑,1983年10月至1985年12月任社长"。秦兆阳"1980年1月任本社副总编辑兼《当代》杂志主编,1987年4月离休后继任《当代》主编"。屠岸"1973年1月来本社,历任现代文学编辑室副主任、主任,1979年6月任副总编辑,1983年10月至1986年6月任总编辑"。

四、黄伊、秦兆阳尽心抢救

秦信中说的"又经过较负责的同志看过,认为在观点上有值得考虑之处,于是派专人到湖南去找你面谈(专为你这篇稿子去的)",这"专人"是指黄伊。谭元亨有记:"而书稿,居然最后落到了刚调入人民文学出版社的黄伊手

---

① 谭元亨.一个年代的末页[M].汕头:汕头大学出版社,2014:489.

中，据说是他亲自'请缨'：这部稿子我看过，我来处理。""末了，却是黄伊亲自到了湘潭。"①梅开二度，看来黄伊是真心想抢救《末页》。

《末页》封面写着："这是推理小说，还是悬疑小说？这是侦探小说，还是社会小说、文化小说？甚至可以列出更多名称，也许称之为非类型小说要贴切一点。"其体裁尝试是否带来了黄伊删节加工的难度？谭元亨自己也说："有好心的朋友，试图把它删削成一部纯粹的推理小说，他也这么做了，但最后，我却是自己撤回了书稿。"②

谭元亨还披露，1988年，他到北京，见到了秦老儿子秦万里。秦万里当时在中国文联出版公司工作，他与编辑部的负责人顾志成，把谭元亨拉到了一边，"说秦老一再向他们介绍《一个年代的末页》，让我赶紧把书稿拿来，'悄悄地出了'"③。但中国文联出版公司的老编辑李树春"怎么也不肯把这部书稿退还给我，并不是他要发稿，而是……为了保护我"④。李树春曾被打为右派，他因此如此关爱后生。这就是20世纪80年代。如果当时李树春交出书稿，又会展开怎样的故事呢？正如假如不是屠岸，《末页》发出，那又会是怎样的后续故事呢，只能想象，甚至只能不可想象。秦兆阳如此关心《末页》，到底为什么？那一代编辑家对文学青年都是如此掏心窝相助。仅仅因此？谭元亨说："我想，是我的遭遇，赋予了这部作品深沉的思考，才引发了秦老心灵的共鸣。"⑤笔者认同这一假说。"有人非常肯定地告诉我，秦老把当日肯定这部书稿的审读意见撤了回去。"⑥这就是20世纪80年代的复杂性。撤回审读意见后依然力促《末页》出版，显然秦兆阳关注关心的不再是一部文学作品的命运，而是从社会根源上沉思求解社会问题。文学反映现实批判现实，在"文革"灾难过后，秦兆阳内心深处着力追求以文学出版为手段重建社会。真

---

① 谭元亨.一个年代的末页[M].汕头：汕头大学出版社，2014：3.
② 谭元亨.一个年代的末页[M].汕头：汕头大学出版社，2014：484.
③ 谭元亨.一个年代的末页[M].汕头：汕头大学出版社，2014：484.
④ 谭元亨.一个年代的末页[M].汕头：汕头大学出版社，2014：485.
⑤ 谭元亨.一个年代的末页[M].汕头：汕头大学出版社，2014：3.
⑥ 谭元亨.一个年代的末页[M].汕头：汕头大学出版社，2014：484.

该如此理解他的终极关怀，一个现实主义文学编辑家的终极关怀。

五、出版延宕的编辑史

新闻报道中有"新闻""旧闻""不闻"的差异比较之说，以"旧闻""不闻"为镜鉴参照，才能更深刻地理解"新闻"。文学出版竟然也有这样的案例，于社会思潮和出版效果的关系而言，出版与否，适时出版与延时出版，其效果效益差别甚殊。适时出版意味着适时建构了恰切的社会历史关系，延期出版的社会历史关系又是怎样的，以及如何建构呢？这应该说是有一定的理论意义而实际上又颇费思量的课题。《末页》的样本意义恰恰在这里——有编辑而未出版或者说出版延宕。编辑出版过程中的某种偶然性、不确定性在《末页》中较充分释放了。编辑与出版分离自陈独秀主编《新青年》以来渐成惯例，主要发生在连续出版的期刊领域，重在期刊出版中编辑与经营的分离。在文学书籍出版（非连续出版）中这样的个案该如何审视呢？能从编辑出版史角度破译这种编辑而后延宕出版现象的社会文化效果乎？难，当然难。难在面对这样独特现象到底该如何组合理论工具并设计研究路径。

"由于种种原因，《芙蓉镇》没有在《当代》头条发表，而且因为篇幅关系，只以小五号字发了末条，但读者却积极认可了秦兆阳的判断。这一期《当代》出版后，广大读者大多是从后往前倒着看的。"[①] 其"种种原因"主要指孟伟哉看好《疯狂的节日》。孟伟哉在《当代》1981年第1期"编后记"中说："这一期发表了6篇小说。长篇《疯狂的节日》描写1967年1月上海的人民群众反对张春桥的那场斗争以及所谓'一月风暴'的情景，它的两个作者是当年亲历其事的大中学生，作品是一个艺术上的探索。听取反映后，准备进一步修改。中篇《芙蓉镇》以新的观点再现了20多年来特别是'四清'以来农村的生活图景。4个短篇，题材和风格各具特点，都颇有韵味。"[②] 《当代》

[①] 李频. 龙世辉的编辑生涯：从《林海雪原》到《芙蓉镇》的编审历程 [M]. 郑州：河南大学出版社，1992：114.
[②] 孟伟哉. 孟伟哉文集：第9卷 [M]. 北京：人民文学出版社，2014：29.

1982 年第 2 期"编后记"中说:"长篇小说《疯狂的节日》上半部发表后,受到广大读者的注意。这期续完,并附有一篇简评供读者参阅。"[①] 偏偏《疯狂的节日》远不如《芙蓉镇》叫好叫响,而秦兆阳更心仪的《末页》却没有如愿发表出来。

头条既是编辑抉择也代表编辑对读者阅读选择的意向与暗示,可称为第一种可能。那期《当代》,读者首选末条,这虽然实际发生,却是出乎编辑意外的第二种可能。笔者当时初涉编辑研究,自然颇感新奇。《末页》出版坐实了那期《当代》的第三种可能。相比前两种可能的已刊已读,这第三种可能则实际上未刊未读。尽管只是可能,而没有实际发生,但"可能"所蕴含的,以及"可能"之前已发生的,依然具有历史沉思和理论探讨的价值。能从阅读史角度破译《当代》1981 年第 1 期的第三种可能乎?难。当然难。难在独特阅读现象所要求的解析工具。

秦兆阳提醒谭元亨"还是应该多从自己这方面找教训",长辈之声忠言逆耳。由于《末页》的挫折,谭元亨"立志写出几部更成熟也更有艺术震撼力的作品",这就是《速朽》三部曲和《客家魂》三部曲。他的文学之路显然跋涉得更为艰难。

1978 年至 1981 年是中国改革开放思想文化史上的窗口年,《末页》折射和见证了那个窗口年。《当代》等一批名刊新创记录了那个窗口年,而《末页》恰遇《当代》新创。

《末页》在人民文学出版社"至少经过了出版社六个人看过十遍",尚且还是一部没有出版的未成品,尚且不包括此前在中国青年出版社和此后在中国文联出版社的流转。其间隐含多少思想激荡、人文关怀。这就是 20 世纪 80 年代的编坛,并不仅仅因为稿件稀缺。

---

① 孟伟哉. 孟伟哉文集:第 9 卷[M]. 北京:人民文学出版社,2014:30.

文摘期刊个案*
——《新华文摘》"杂志的杂志"的辩证张力

时过境迁40年,当预言变为追溯的时候,就可以放心地说,1979年1月创刊、人民出版社主办决定了《新华文摘》势必成为改革开放期刊史常说常新、总难穷尽的话题,正如其母体《新华月报》与共和国同龄而成为期刊史的佳话。

时间铭刻了《新华文摘》在中共十一届三中全会闭幕之后即刻创办的历史特征。那种蓄势待发、开闸峰涌的景观该归因于主办单位人民出版社独家的出版资源优势和当时出版家聚集的先锋敏锐,也提出了该刊与改革开放历史关系的史论课题。在走过"不惑"之年以后,历史显然已不再满足于条件关系式描述"没有改革开放,就没有《新华文摘》的创办与发展;没有改革开放,就没有《新华文摘》的今天与未来",而应循此追问,以形成更深入、更具体的专业逻辑解释。如果说,《新华文摘》是改革开放的积极参与者和受益媒体,它究竟如何参与改革开放进程,且从中获益?如果说,《新华文摘》是改革开放的亲历者和见证媒体,它作为一个文摘期刊,到底又亲历了什么?如何见证这一"人类历史上的伟大变迁"?

"韦伯想确立这样一个原则,即观念与技术的进步及经济结构一样,也可以成为导致变迁的决定性因素。"[①] 期刊的基本也最关键的功能在于传播观念,

---

* 本文原载于《新华文摘》2019年第24期,题为《〈新华文摘〉:"杂志的杂志"的辩证张力》。
① 瓦戈. 社会变迁[M]. 王晓黎,等译. 北京:北京大学出版社,2007:12.

《新华文摘》最鲜明突出的特征在于以综合性文摘的形式权威地传播改革开放的思想和观念。本章在改革开放40多年的历史变迁背景下，从媒体分析、内容分析、传播效果分析三个维度力求揭示《新华文摘》既受惠于改革开放又进一步推进改革开放的互动、循环，进而实证媒介与社会、改革开放媒介与改革开放社会的理论。

一、在媒体与社会之间

波普曾提示，"要理解一个理论，关键的第一步就是理解这个理论借以产生的问题情境"。同理，要认识一个像《新华文摘》这样长期稳定的期刊，关键的第一步是认识其得以创刊的社会环境与功能取向。社会环境是期刊赖以生存的基础，功能取向是期刊创办者、编办者针对社会或专业领域问题而拟定的媒介效果预设。就此而言，理解《新华文摘》创刊时的问题情境是恰切分析、理解其发展历程、个性与传统、功能与贡献的前提条件。

关于《新华文摘》创刊的问题情境，戴文葆举重若轻、要言不烦，言犹在耳："在北京市朝阳门内大街一座陈旧的灰楼内，向以一家言为世瞩目，终于推出了《新华文摘》，为广大读者开发当代出版文化信息资源；继而又有《读书》杂志问世，为知识界了解海内外学术文化动态、所思所感打开一个窗口，然而竟一度曾使一些人不免骇怪，可见封锁禁锢之毒，误国害人之深。改革开放的大潮终究不可阻挡，《新华文摘》和《读书》杂志成为致力于提高中华民族科学文化水平的双星，赢得了读者的热烈欢迎，是出版界的盛事，迎接我国历史的伟大转折的最好献礼。"①《新华文摘》历经40年市场检验依然雄风刚健，不减当年，更让媒介史、期刊史研究者感叹感佩。

范用是《新华月报》创刊的主要参与者之一，也是"《新华文摘》主要创办人"。他忆及《新华月报》编辑部常常收到读者增加可读性的要求，如新华社副社长李普就曾给范用打过电话交换意见。20世纪60年代初范用"有

---

① 戴文葆. 二十而不惑：祝《新华文摘》创刊20周年［J］. 新华文摘，1999（1）：8-9.

了把《新华月报》一分为二的想法，分别出版文献版和文摘版，读者可以各取所需"①。"1962年，我编了一本《新华文萃》试刊号作为样本。""《新华文萃》试刊号只印了100本，准备送请有关同志征求意见。有一天，毛主席秘书田家英来我的办公室看见了，拿去一本。我说上面还没有批准出版，他说带回去放在主席桌上，他也许有兴趣翻翻。这桩事，我一直提心吊胆，怕挨批评绕过了中宣部。家英好像不在意，我想他是赞成办这样一个刊物，否则他不会送给毛主席看。"②范用的革命出版生涯以新中国成立前秘密"给毛主席买书"买报刊为开篇，并以此为政治资本之一奠定了他出版生涯的革命品格和辉煌成就，由此不难想见他对转交《新华文萃》请毛泽东试读的激动与期盼。《新华文摘》一举成为新中国期刊史上试刊读者级别最高的杂志。历时17年"一直提心吊胆"固然因为"文革"十年无常的斗争，何尝又不伴随范用对文摘期刊功能设定、内容选择编辑的持续的专业思考？如果认同《新华文摘》一创刊即成熟的期刊品格（改革开放期刊史上即使非绝无仅有，也为数殊少），那只能推测到试刊号后这艰难、困苦且漫长的文摘期刊专业思想历程。

第一代《新华文摘》人以其革命出版家的情怀胆识，乘思想解放的春风创造了理性批判的传统，后继的出版人景仰、认同、尽力维系这一传统，这才是《新华文摘》历经40年依然灿烂的基因。

相比于首次文献的原创期刊，《新华文摘》是二次文献的文摘期刊；相比于大众文摘期刊，它相当的篇幅是学术文摘；相比于学术文摘期刊，它有一定篇幅是小说选刊和散文选刊或者说文学选刊；相比于小说选刊和散文选刊，它又以学术和思想见长。而这些被枚举并用以比较的专门化期刊种类，不论它们何其叫好叫响于一时一时段，单品种期发量如何数以百万计，都创刊于《新华文摘》创意之后。恰中了那句家喻户晓的广告词：一直被模仿，从未被超越。那难以超越的不是市场先机，而是文摘和选刊结合后作为"杂志的杂

---

① 范用.忘不了愈之先生，忘不了《月报》[J].新华文摘，1994（3）.
② 范用.《新华文萃》:《新华文摘》[M]// 范用.泥土 脚印：续编.北京：生活·读书·新知三联书店，2005：144-145.

志"的辩证张力。

《新华文摘》1980年第1期《编者的话》中说:"我们希望把它真正办成'杂志的杂志',为广大读者提供一个浓缩的小型阅览室。""杂志的杂志"是《新华文摘》期刊思想的精华,也是它为中外期刊史作出的独到的理论贡献。评论家秦晋说:"《新华文摘》的特点,首先是它的综合性,它因此而区别于一切专业性的单向度文摘,从而具有一种'大综合效益'。通过政治、经济、思想、文学与文化等各个方面来反映时代变革的总体进程,给读者提供了一个宏观审视现实生活的窗口。"① 其实,综合性、资料性、学术性等定位性说辞都只指陈、描述其一个侧面,并不全面。如果说,"杂志的杂志"最初只是理念和思想,甚至只是一种杂志理想,一群期刊人一代期刊人的思想和理想,而几代期刊人坚持思想、践行理想,"杂志的杂志"的辩证张力便高耸、隆起为期刊成就,全球期刊史上少见难见的期刊品种与成就。

《新华文摘》创刊十周年时,有读者说:"我希望贵刊保持特色。小改小革是可以的,也是需要的,大的变动是不需要的。放弃特色就是放弃读者。"② 一语中的,《新华文摘》成为改革开放期刊史上既与时俱进又超稳定的杂志,同时也是生命力超强的杂志之一。这到底是读者的洞见预见还是第一代《新华文摘》人借读者之口传达他们的自信,真难以说清。唯一可以肯定的是这个杂志的特色,以超稳定的期刊形式表达出来的思想性,一以贯之的媒介思想性,与时俱进的社会思想性。

真该深度阐释、理性认同《新华文摘》这种内在的辩证张力,而不只是虔敬地仰视前辈的权威。那拨人是前辈,有权威首先因为他们有思想。以"杂志的杂志"内在的辩证张力深沉地预设、防范被模仿,使后继的意图模仿者难以实施模仿。全球期刊史上多少大刊名刊创新之后被异域模仿,创新与被模仿、反模仿因而成为20世纪全球期刊史的重要主题和破解难题。

《新华文摘》以辩证张力一招制胜,堪称经典案例,或者说此为其200年

---

① 秦晋.体现时代的需求,审视现实生活的窗口:纪念《新华文摘》创刊15周年·书面发言[J].新华文摘,1994(3):9.
② 马圣传.望贵刊保持特色[J].新华文摘,1989(3):5.

中国期刊史成功案例的经典性所在。

二、在学术与社会之间

在《新华文摘》中，绝大部分篇幅是人文社科学术文摘，研究它自然应该指向学术。本节意在通过内容分析揭示其学术文摘的思想特征与社会功能。

《中国新闻出版报》原副总编辑段更新说："《新华文摘》在偌大的文化范围和知识领域里，选取精粹，熔于一炉，造成一个浓缩的信息库和高质量的思想库，等于为读者在茫无涯际的报刊海洋中辟出一条便捷的航线，架起一艘抢占文化潮头的赛艇。"[①] 思想库是《新华文摘》实际产生的媒介效果，而首次用思想库评价《新华文摘》则出自段更新的媒介观察。真该为其超前的一语道破叫好。

经济学家于祖尧说："我喜爱《新华文摘》，是因为我认为这部小百科全书具有独特的特点，那就是全、新、精。所谓全，即所选文章全而不偏，几乎涉及哲学、社会科学和自然科学诸多学科，并且能够适应当代各个学科发展相互渗透、相互促进的趋势，选登跨学科及新学科研究成果；所谓新，即选文新而不陈，基本上能够反映各个学术领域研究的新论点、新资料、新方法，体现了解放思想、实事求是的精神；所谓精，即少而精，精而不杂，所选学术论文说套话、空话、大话、假话极少，大大节省了读者的时间。"[②]

编辑选择性文摘和读者选择性阅读及其互动、重叠合成了《新华文摘》的有限传播效果，是相对效果而不是虚假夸张的绝对效果。编辑选择性文摘和读者选择性阅读理解都导源于社会情境的偶然性。读者个体认知、编辑个体理解以及编辑群体决策都带有相当的偶然性。实事求是，基于现实观察的思想传播；认同偶然性，扬弃必然性，警惕警醒某种绝对的信念狂热，就是《新华文摘》40年实践最根本的思想性。《新华文摘》的主体专栏依门类学科

---

① 段更新.选摘即创造：纪念《新华文摘》创刊15周年·书面发言[J].新华文摘,1994(3):9.
② 于祖尧.学界有口皆碑的小型《百科全书》：纪念《新华文摘》创刊15周年·书面发言
　　[J].新华文摘,1994（3）.8.

设置,横排同时又纵向融贯地开设"新华观察",力促学人观察中国改革开放进程中重要重大的现实理论问题,足显其思想性之一斑。《新华文摘》的思想性既是践行解放思想、实事求是的结果,又是进一步解放思想、实事求是的动力与加速度。这种启动之后伴随社会变迁而加速扩容、循环滚动的思想能量成为中国改革开放这一千秋大业的宝贵财富。《新华文摘》以其全球传播通行的连续出版机制生动注解了期刊既伴随又累积的传播效果。

真理愈辩愈明。批判是思想进步、知识增长的不二途径。在思想、学术领域越来越荒疏于争鸣、批判而致力于简单量化的评价排行后,《新华文摘》恰以思想文摘而不是与其他同行完全等同的学术文摘、大众文摘多少弥补了理性批判的空缺或者说不足,进而成就了它作为改革开放思想库的媒介品格。在为《新华文摘》庆幸之余,真该为它依然坚守的理性批判喝彩。

推崇学术而不唯学术,积极推介直面改革开放理论和现实问题的成果,哪怕它有不足甚至缺陷,婉拒解释人性低效、解释现实社会无效的成果,哪怕其精雕细刻到近乎完美,这就是从《新华文摘》文本不难揣摩到的学术选择观。

以编辑出版行为实际实在地评价学术成果而不逐利于学术评价,尤其是以科学的名义标榜的量化学术评价,拥有40年学术观察评价的经验积累而静观慎取当今学术评价界的非凡热闹,拥刊自重,才是《新华文摘》的大刊风范和应有品格,足显其学术评价观。

学术各有领域,依循专业分工深耕才有可能发现专门领域的专业逻辑。各学术领域均依凭思想最终也形成产生思想。文化有地域性,思想则总有打通疆域之隔的冲动。唯此才可进行各专业领域之内各学科专业之间的学术对话,甚至社会群体、社会阶层之间的思想对话。唯其如此,《新华文摘》转载选摘学术成果时,在重演各成果内涵的专业逻辑后,更考量看重其思想逻辑:学术成果对社会公众的思想启迪的深度和广度;学术成果引导读者认识改革开放社会变迁的深度和广度。这或许可推断为《新华文摘》的学术价值观。

三、在开放自我与社会开放之间

改革开放是新中国 70 年为数不多的重大国策之一。1978 年底开启的改革开放就是举全党全国之力大兴改革，实现以社会开放为象征的中华腾飞。这种社会变迁既是历史背景，也是思考求解《新华文摘》40 年发展的基本维度。如果认可观念更新是初始性也是最根本性的改革，那么便建构了《新华文摘》这样以传播新思想、新观念著称的媒体与中国改革的社会关联性。

正像社会由人组成，开放的自我是社会开放的存在前提。进一步细想，又不难认识到，社会开放与开放自我互为前提。描述、反映这一社会循环的话语循环为认定认知《新华文摘》在改革开放历史进程中的功能、贡献提供了解释框架：《新华文摘》作为开放的媒体促成了开放自我与社会开放的良性互动。也就是说，以开放的媒体影响开放的自我进而呼唤社会开放，或者说，以开放的媒体建构社会开放的认知向往以影响开放的自我的发育和成长；在开放自我与社会开放的行动区间，以开放的媒体促成两者相辅相成。如此解释框架的要点有二：《新华文摘》作为开放媒体的事实认定；《新华文摘》对开放自我、社会开放的影响路径解释，或者说，它在开放自我和社会开放区间的结构功能机制解释。如此才能回答一个关键问题：《新华文摘》在 1979 年后中国社会开放的变迁过程中到底是如何发挥其媒介功能的？

媒体总是开放的，或深或浅、或宽或窄地向社会开放。《新华文摘》作为开放媒体的显著特征是既不孜孜于读者群划分，又不以学科、专业设限，将精湛、深刻的思想共存一刊接受多学科、多维度的审视批判、交锋争鸣，这种由思想文本融合而构成的内在张力既最显思想的批判品格，亦堪称另一道开放的思想风景。20 世纪 80 年代的《新华文摘》勇立时代潮头，为改革开放鼓与呼，其意识的超前性、反应的敏锐性、关怀的人文性固然是响应党中央解放思想的开放；在 21 世纪初叶，中国加入 WTO 后，它趁改版之机添设"国外社会科学"经常性专栏，更显示其与时俱进的开放层级。以中国改革开放的社会发展为中心，人文社会科学成果推介没有国界畛域。如此有中心无边界的视野与取舍，足显全球化时代中国国家大刊的气度与胸怀。

竞争及其程度是判断社会开放度的重要指标。社会开放意味着社会成员在某种激励下参与竞争推动社会变迁、社会进一步开放。社会成员的阶层流动只能依凭其已有的或积累的政治、经济、文化资源择机完成。《新华文摘》就以杂志的形式向读者开放地提供思想文化读物，以助力他们充实开放的自我，进而在竞争机会来临时自我抉择，以实现人生价值并完成个人的社会阶层流动。社会成员的阶层流动既是社会开放的表征，也是社会开放形成和发展的不竭动力。《新华文摘》沉浸其中，以它特有的文本内容形成读者与期刊的开放循环：开放的读者为应对社会开放的竞争而读《新华文摘》，读《新华文摘》的读者为应对社会开放的未来竞争而持续阅读《新华文摘》。"阅读—再阅读"的成瘾依赖是市场化期刊生存发展一剑封喉的秘诀，是期刊市场培育成熟的标志。《新华文摘》区别于其他市场化期刊的不同路径只能追溯到其文本内容。其他大众期刊以专门内容满足特定读者的兴趣偏好，所谓专业化道路是基于专门甚至独门、冷门兴趣的专门化。而《新华文摘》则以观察当下社会的思想文本（甚至思想底稿）满足社会公众认知社会发展态势、应对个人竞争的社会需求。尝试的是开放自我—社会开放的循环往复的模式。支撑这一推论的是《新华文摘》内容、占比相当大的自费订阅读者以及两者的对应关系。

"开放社会的成员为了提高他们的社会地位相互竞争。这迫使他们要对应该做什么以及如何行动作出决定。"[①] 而 "应该做什么以及如何行动作出决定"是一个思想过程，基于个人观察和知识积累的思想过程。因而《新华文摘》作为当代改革开放思想库唤起和满足了特定读者认识改革开放社会的思想激励和思想参照需求。秦晋说："在现代社会，特别是处在大变革的时代，人们不仅需要了解周围发生了什么，而且想知道这种变化的原因、趋向和它所包含的思想、意识、观念；人们不仅需要了解自己的领域，而且想知道彼此相关的各个领域的状况；不仅要了解一个方面的，而且需要知道总体的情况。

---

① 诺图洛．波普［M］．官睿，译．北京：中华书局，2014：138.

《新华文摘》能够生存、发展，在各种文摘报刊的竞争中立于不败之地的原因即在于此。它体现了时代的这种要求，满足了现代社会人们在精神上的需求。"①《新华文摘》就这样以学术文摘满足读者认识现实社会的思想需求，以综合性文摘满足读者跨专业认知的知识需求。

开放自我是社会开放的前提。《新华文摘》作为更开放的思想库恰恰为开放自我的发育提供了精神营养和思想资源。开放自我是社会开放的核心单元，《新华文摘》则伴随改革开放的历史进程，不断积淀思想精华、扩充思想库容量，汇聚而成了一定意义上的改革开放的思想争鸣和百花齐放。未来的社会史家将认同，《新华文摘》致力于以其特有的文摘编辑出版方式，促进中国1978年以后的社会开放。未来的学术史家、思想史家亦将认同，《新华文摘》为中国改革开放思想史、学术史预先准备了丰富而不失精粹的史料选本。

早在20世纪30年代，中国期刊进入继"五四"之后的第二个高峰时，茅盾就以他深厚的期刊从业经验犀利地提出了"人办杂志""杂志办人"的内在矛盾。如果说"人办杂志"是媒介文化创造，"杂志办人"则是杂志作为人工创造物反作用于创造主体的规约，在21世纪的期刊产业化浪潮中极端表现为资本、权力等方面的异化。如果说"人办杂志"是规律，是已经有所揭示而又远没揭示清楚、清晰的规律，"杂志办人"则是情境，期刊出版的某种情境，改革开放期刊史在创造辉煌的同时也偶尔意外上演幽默剧，让观察者驻足沉思。《新华文摘》一路走来，敬畏杂志，只见"人办杂志"，不见"杂志办人"。《新华文摘》敬畏杂志或许导源于传统及独特的组织文化，更应该认同的是，《新华文摘》人敬畏杂志的本质是敬畏杂志纸背的思想，敬畏杂志所凝结的时间和空间，追求杂志思想，借期刊张扬思想而避免了"杂志办人"的窘境或厄运。要说《新华文摘》作为成功杂志的独家经验，思想和思想性为第一条。第二条则是指涉期刊媒介形式的"杂志的杂志"。

---

① 纪念《新华文摘》创刊15周年·书面发言[J].新华文摘，1994（3）：1-12.

期刊创业个案*

——《今古传奇》创刊在改革开放期刊史上的地位分析

基于1978年以来中国社会变迁的基本认知和较大剂量的1978年以来期刊文献阅读经验,笔者个人主张将1978年以来的中国期刊历史阐释主题确定为"改革开放期刊史"。这称名有两个对象性意涵:其一,指称1978年以后中国期刊的历史发展,以从自然时间上"截流"200余年中国期刊历史的发展阶段;其二,从期刊与改革开放的互动关系揭示1978年以来中国期刊历史的发展主题,以明确历史沉思的主体。改革开放作为1978年以来中国社会变迁的主潮是期刊赖以生存的媒介环境,同时,期刊作为思想文化的前沿阵地既敏锐感知又以特有的媒介行为为改革开放推波助澜,推进改革开放的进程。这是包括期刊在内的出版活动的生存机制,也是沉思期刊历史的基本视角和统领性原则。如果认同此说,这称谓还有价值选择意义:相比"新时期"等过往用语有更大的包容性,比直呼"1978年以来"更显历史的具体性。

记录和书写改革开放期刊史是一项殊为艰难、就目前而言较为前沿的实践活动。艰难固然在于寻觅到历史的事实,更在于从事实的来龙去脉认识其历史意义。《今古传奇》是改革开放期刊史上"全国第一本通俗文学大型期刊"[①]。该刊在1984年7月就被肯定为湖北省宣传文化系统改革的典型,并将

---

* 本文原载于《中国出版史研究》2017年第4期,题为《〈今古传奇〉创刊在改革开放期刊史上的地位分析》,复印报刊资料《出版业》2018年第7期全文转载。

① 碧野在《突出个性,保持特色》一文(刊《今古传奇》1989年第3期)开头说:"《今古传奇》是新时期编辑出版的全国第一本通俗文学大型期刊。"

其成功经验概述为"坚持走改革之路，以改革求生存，在改革中图发展"①。它作为全国第一种大型通俗文学期刊，究竟如何在改革中诞生，在改革中前进？在事过境迁30余年后，到底该如何认识其在改革开放期刊史上的地位？本章以其创刊缘起、人事制度安排、自办发行、主管单位管理等为切入视角，在史料基础上辅以力求节制的理论阐释和观念史清理以实证《今古传奇》与20世纪80年代改革开放的互动关系，进而揭示该刊初创阶段在改革开放期刊史上的地位。

一、创刊：从丛书起步

《今古传奇》创刊缘起于中国曲艺家协会湖北分会1980年秋冬在襄樊市（今襄阳市）举办的一次曲艺中、长篇创作讲习班，与会者都带有半成品，有的形成了上百万字的创作稿却无处发表。

参与这一讲习班的徐国华说："就在这时，我得知一个激动人心的消息，中宣部要求各地办文艺刊物要逐步做到自负盈亏。太好了！我在讲习班上提出了自筹资金创办一个说唱文学刊物的建议，立即得到大家的热烈支持。"②

此为《今古传奇》的历史实践起点。这一起点表明，曲艺艺人、曲艺作者是《今古传奇》创刊时确定的核心服务对象。最初拟定的稿件取舍标准形象地表述为"桌上能看，台上能站"。"台上能站"是指曲艺工作者能用于演出。1982年5月，《今古传奇》编辑部在其创刊号重印本的封三刊登该刊扩

---

① 《今古传奇》编辑部.在改革中诞生，在改革中前进[J].宣传工作，1984（19）.转引自《今古传奇》十年：1981—1991 [M].武汉：长江文艺出版社，1991：169.
② 徐国华：《忆〈今古传奇〉创办经过》，《今古传奇》编辑部：《〈今古传奇〉十年：1981—1991》，长江文艺出版社1991年版，第55页。徐国华此处所说文件可能指1979年11月9日发出的《中央宣传部关于出版社、杂志社要自负盈亏和不准用公款给个人订购书刊报纸的通知》，其第一条"规定"："所有出版社、杂志社都要提高书刊质量，加强经营管理，除个别特殊情况外，都要实行经济核算，切实做到自负盈亏，不得由国家补贴。如果长期亏损，办不下去，就应该停办。"国家出版局办公室编：《出版工作文件选编（1976.10—1980.12）》，国家出版局1981年编印，第453页。

大发行的广告,其开头语即为:"城乡读者想看传奇读物怎么办?曲艺艺人需要说唱脚本哪里找?"后来的发展显然是把"想看传奇读物"的"城乡读者"列为核心读者,曲艺艺人反倒成为兼顾对象。这种服务对象的重大调整引致该刊走向成功,伴随着一个热烈、深潜的市场过程,以读者为代表的市场引领了该刊从书到刊的观念更新。

《今古传奇》创刊初期以不定期的丛书形式出版。1980年11月,中国曲艺家协会武汉分会向中共湖北省委宣传部"申请出版《今古传奇》说唱丛书"。①1981年1月,编辑部发出《征稿启事》,其中说:"我们创办《今古传奇》丛书,旨在为中长篇小说占地一席,开拓道路,为繁荣书刊而努力。"②创刊号在封二刊登目录,目录的显要位置写明"丛书 第1辑"。创始主编任清在创刊号的《开场白》中说:"对《今古传奇》的编印,我感到高兴,这是一件重要而有意义的事。希望这一丛书既是好的通俗读物,又是能供应艺人说唱的脚本,在建设社会主义精神文明里吐芳争艳。"

1981年7月,《今古传奇》第1辑出版。1982年3月,第2辑出版,同月中共湖北省委宣传部批准《今古传奇》以季刊向国内外公开发行。1983年7月,《今古传奇》交武汉市邮局公开发行时,《今古传奇》正出版总第7期。本章作者收藏了1984年5月第5次印刷的《今古传奇》创刊号,其封三"《今古传奇》丛刊扩大发行"广告为1982年5月发布,其中依然说:"本刊每年一、五、十月出版,可预订全年,售完为止。"可见,《今古传奇》在获准登记为季刊后,未必以季为刊期定期出版。基于自称"丛书"、以"辑"区分而不是以"期"的序号等,可以推断,《今古传奇》在理念上有一个从丛书到期刊的嬗变过程,从运作上也有一个从不定期出刊到定期出刊的进化过程。

改革开放期刊史上的诸多名刊大多从不定期的丛刊起步,笔者曾倾向于将这一历史现象的关键诱致原因解释为在当时这些出版物均由出版社出版,

---

①《今古传奇》十年纪事[M]//《今古传奇》编辑部.《今古传奇》十年:1981—1991.武汉:长江文艺出版社,1991:341.

②《今古传奇》十年纪事[M]//《今古传奇》编辑部.《今古传奇》十年:1981—1991.武汉:长江文艺出版社,1991:341.

而"文革"前的出版社大多只出版图书，除上海外相当普遍地忽略了期刊出版。《今古传奇》不经由出版社出版，却首选丛书（甚至不是丛刊）的理念和形态，恰恰证明了改革开放初期期刊思想观念的不自觉与不成熟，它分化、衍生自图书，且停留在非连续出版的丛书运作水平。因为邮局对邮发期刊在出版时间、期刊克重等方面有殊为严格的约定，因而可以将期刊交邮局发行视为完成从书到刊转变的临界点，或者说由邮局以邮发形式实施了刊期、出版时间等方面的强制性制度变迁。

由此值得进一步探讨的是，到底是什么力量引导和推动了《今古传奇》从图书到期刊的演变？现有文献表明：是市场的现实引导、激励而不是其他促成了这种转变。其思想与行为的轨迹是，"文革"十年的书荒，造成了拨乱反正后文化需求的"井喷"，此为社会背景。因为"一穷二白"地生存发展，《今古传奇》创刊后的前6辑拼命开拓市场，此为生存背景下的谋利动机。《今古传奇》的内容了无时效性，这使它出版后被多次、反复重印成为可能。

常规环境下正常运行的期刊很少重印，20世纪70年代末80年代初重印过的期刊不在少数，《今古传奇》以多次重印已出过刊的方式形成了该刊初创期特有的低成本扩张：其重印既赢得直接的发行收入，又间接地以旧刊吸引不同地域不同市场的新读者，扩大市场范围和规模；新刊出版和旧刊重印交错进行，使名为半年刊、季刊的出版周期产生了类似双月刊、月刊的读者交往频率，因而"滚雪球"般累积了市场规模，使其总第6期的发行量达到46万份。大发行量伴随而来的巨大工作量超出了杂志社的承受力，其难以再自办发行，因而交邮局发行，从而完成了从不定期出版到按邮局约定定期出版的行为方式转变。细致梳理这种从书到刊的转型机理，有助于更深刻地把握《今古传奇》的行为特征与崛起路线。这种由邮局"倒逼"杂志定期出版的期刊观念形成过程显示出某种原生状态，而恰恰是这种原始原生性才构成了历史的真实性，引导后来者从出版活动与社会、出版物与市场的互动关系中去体会市场的生命活力，去体悟从不定期出版的丛书到定期出版的期刊的运行机制及其理念形成。

物化意义上的期刊永远是期刊史研究不可或缺的重心。本节以《今古传奇》从"丛书"起步作为被解释项，追溯该刊前6辑的出版过程以为解释项，通过揭示被解释项与解释项之间的先后、因果关联以说明其"期刊"观念生成的内在机理。于中外期刊历史，未必"今古传奇"，但朴实地存在。

二、创业：从借款2.5万元起家

《今古传奇》最初由中国曲艺家协会湖北分会创办。创始编辑有徐国华、蒋敬生、欧阳学忠、夏翎等人。^①创始主编任清，时任湖北省文联党组副书记、中国曲艺家协会湖北分会主席，他不仅负责前三年的稿件三审，而且作为创办人作出了系列性的改革决策，于《今古传奇》"居功至伟"，被誉为《今古传奇》的"大红伞"^②。对此，熟悉《今古传奇》社史者均高度认同。任清对于期刊历史的最大贡献在于，作为创始主编，带领其团队"将《今古传奇》推向市场、面向社会、自负盈亏，是湖北省第一个直接走向市场经济的新实体"^③。

创刊时"作为临时编辑部编辑"的岳啸回忆："创办《今古传奇》，得到了省文联原党组副书记、省曲协主席任清同志的鼎力支持，由他出面做工作，向省文联借款一万元，向省文化厅借款一万五千元，解决了办刊经费。"^④

"要在这种条件下，从无到有，白手起家，不要国家编制，不花国家一分钱，办出大型期刊来，可说是困难如山。但我们有开山斧，这就是延安作风，我们多次向全体职工说明刊物的性质是以刊养刊、自负盈亏、集体经营、独

---

① 平杰《〈今古传奇〉外传》（刊《民族文学》1989年第5期）中说，在《今古传奇》"草创时期付出努力的老同志"是任清、李晓明、徐国华、蒋敬生、欧阳学忠、黄大荣、汪剑光。
② 最早撰文披露任清为"大红伞"的是夏翎，其《一往情深》中说任清"严格把关，审读每一篇重头稿件，坚决抵制精神污染，因此，编辑部的同志称他为'大红伞'"。见《〈今古传奇〉十年纪事》，《今古传奇》编辑部：《今古传奇》十年：1981—1991，长江文艺出版社1991年版，第80页。
③ 夏翎．我敬重的老领导［M］//孟德民．清泉长流在人间：任清同志纪念文集．武汉：今古传奇报刊集团，2007：90.
④ 岳啸．我与《今古传奇》度过的春夏秋冬［M］//《今古传奇》编辑部．《今古传奇》十年：1981—1991．武汉：长江文艺出版社，1991：63.

立核算的全民所有制文化单位,要求每个人当创业的主人翁,一切自己动手,事事精打细算,都要学会经营。"① 创刊运营的初步概算是,《今古传奇》16开、224面,预计成本每册6角多,零售每册1元,可略有盈余。创刊后的实际运营情况是每册成本0.65元,邮寄费0.10元,批发价以0.8元计,每册盈利0.05元左右,而临时组建的杂志社每季开支需要0.2万元,由此估计《今古传奇》每期发行量要达到5万册才能维持运营。

初创期的三位编辑中有两种人员编制,夏翎属于文联在编人员,工资和福利由文联财政支出。徐国华、蒋敬生属于在原事业单位停薪留职后的借调人员,工资由编辑部发放。原任湖北省曲艺团副团长的徐国华回忆:"文联党组副书记任清,请李晓明同志出面同文化厅协商,想调我到文联工作,先留职停薪到曲协办刊,我也同意,因兼职过多,精力分散,不利工作。后经文化厅批准,我辞去副团长职务,同本团蒋敬生二人留职停薪到曲协办刊。"②20世纪80年代固然弥漫着为党和国家忘我工作的社会情怀,但如此辞高就低艰苦创业实属罕见,真应该敬佩徐国华的胆识,当然更应该赞佩任清与徐国华、蒋敬生声气相求的和鸣。徐国华、蒋敬生此举构成了《今古传奇》内隐却也是最根本性的人事制度改革。先有这种人事制度改革,才后有不同于旧有体制的激励机制。后任副主编罗维扬在回顾前任时说:"《今古传奇》创刊时,一无国家编制,二无上级拨款,三要自己养活自己。这一期印出来若卖不出去,下一期就没法印。所以,艰苦创业,追求可读性,在某种意义上讲也是逼出来的。"③

初创期的《今古传奇》"采取了'编写合一,就地辑定'的办法。每期主要篇幅发表谁的稿件,就在作者当地辑稿,并请作者任特约编辑。如第一、

---

① 徐国华.忆《今古传奇》创办经过[M]//《今古传奇》编辑部.《今古传奇》十年:1981—1991.武汉:长江文艺出版社,1991:59.
② 徐国华.忆《今古传奇》创办经过[M]//《今古传奇》编辑部.《今古传奇》十年:1981—1991.武汉:长江文艺出版社,1991:58.
③ 罗维扬.传奇离不开真善美[M]//《今古传奇》编辑部.《今古传奇》十年:1981—1991.武汉:长江文艺出版社,1991:244.

二期发表《武当山传奇》，就在丹江市辑稿，请《武当山传奇》作者欧阳学忠任特约编辑。后来要发表《国宝》，就在荆州辑稿，请《国宝》作者黄大荣、汪剑光任第三、四期特约编辑。这样不仅编辑之间的意见便于统一，也节约了开支和编制"①。"创刊初期，编辑部曾经'流动各地'，先后到襄樊、丹江、沙市（今荆州市沙市区）、沔阳等地，以文会友，约请当地作者、曲艺爱好者看稿、改稿、编稿，由编辑部给他们按劳付酬。这一做法加强了同作者、读者的广泛联系，得到了社会的广泛支持。"②

任清是1938年奔赴延安参加革命的"延安精神"传人。他的开拓进取、运筹帷幄是《今古传奇》创办、迅猛崛起的重要因素，他组织的编辑出版团队以及相应的制度安排使这一团队自由创造、高效运转是该刊彪炳史册的根本原因。没有"大红伞"，《今古传奇》这样独创性的幼苗难以发芽、生长，即使偶然诞生也难以长成为后来那样的参天大树，但如果没有徐国华等一线编辑励精图治，任清也只能空余抱负，徒唤理想。

就任清与《今古传奇》的关系而言，期刊历史的焦点集中指向于《今古传奇》"大红伞"的隐喻意义：《今古传奇》在"草创时期的艰难困苦"，"物质条件、经济待遇倒是其次，最大的压力却是来自政治气候和舆论环境"。该刊"经历了一次次冲击波，刊物终化险为夷。那时，任清被大家形象地称为《今古传奇》的'大红伞'。有了这把'大红伞'，大家就好像有了主心骨，理也直了，气也壮了，胆也粗了"。"任清同志对于中国新时期通俗文学的贡献，不仅是创办了《今古传奇》，更在于他以自己的胆魄、见识以及丰富的经验，避免（《今古传奇》）被扼杀于摇篮之中。"③ 于此，需要进一步追问的是：为什么是任清担当这一角色？只能也应该以一个时段和一个群体的视角看待任清

---

① 徐国华.忆《今古传奇》创办经过 [M]//《今古传奇》编辑部.《今古传奇》十年：1981—1991.武汉：长江文艺出版社，1991：58.

② 《今古传奇》编辑部.在改革中诞.在改革中前进 [J].宣传工作，1984（19）；《今古传奇》编辑部.《今古传奇》十年：1981—1991 [M].武汉：长江文艺出版社，1991：171.

③ 孟德民.《今古传奇》的"大红伞" [M]//孟德民.清泉长流在人间：任清同志纪念文集.武汉：今古传奇报刊集团，2007：56.

与《今古传奇》的关系。王汉章《忆念任清同志》中有诗句："延安文坛老战士，传播精神献终身。"延安老革命是他在20世纪80年代初能挺身而出、呵护《今古传奇》的政治资本。

在改革开放初期的全国思想文化界，曾活跃着一个"党内理论家"[①]群体。他们"参与了延安整风以来主流意识形态的建构"。在粉碎"四人帮"以后思想文化领域的拨乱反正中，他们以"老延安"的红色政治资本而把握着相当的话语权。出版业最初的改革开放是这批"老延安"（也只能由他们）打响了第一枪。如陈翰伯以国家出版局代局长的身份主持《读书》创刊，范用以人民出版社副社长身份主持三联书店，佟冬以东北文史研究所所长的身份创办《社会科学战线》，胡真以湖南省出版局局长的身份全力推进湖南出版改革，夏征农作为中共上海市委书记领导、支持创办《民主与法制》，等等。"党内理论家"是一个颇有历史现场感和解释力的理论工具。只有把任清放在这一"红色出版家"群体中审视，才能理解中国期刊业在20世纪80年代初的改革首先是个政治问题，其次才是经济问题和文化问题；只有理解了这三个逻辑及其先后次序，才能理解任清主编的行为及其思想文化价值：在党组织赋予的权责范围内勇于担当，通过创办《今古传奇》破冰、开拓新时期通俗文学领域。由于年龄因素，这批"党内理论家"兼"红色出版家"履职时段只有1978—1983年这短短的5年，但余晖永照，应该发现并高度认同改革开放初期的"红色出版家"群体及其思想文化的先锋价值。也只有通过这一群体才能更有效地解读、揭示出版业改革开放的政治、经济、文化机理。

期刊人是期刊思想的不竭源泉，亦是期刊社会关系的枢纽，还是期刊行为的先导和指引。本节重在揭示创始编辑群体在艰难的起始条件下奋发有为的原初动力、群体合力，以及奠基《今古传奇》后来辉煌的动力机制。

---

① 王学典."80年代"是怎样被"重构"的：若干相关论作简评[J].开放时代，2009，（6）.44-58.

三、发行转轨：从自办发行到邮局发行

"编辑—印刷—发行"合成出版行为链环。这一链环能否耦合为有效运行且生命力旺盛的闭环取决于发行。本节特以发行为视角，在社会需求的视域中判断《今古传奇》的市场价值，进而解释以发行方式为核心的期刊市场关系建构的历史意义。

《今古传奇》创刊初期自办发行。获准创刊而未得到刊号决定了只能自办发行而不能交邮局或新华书店发行。后两者是中国计划经济时期出版物发行的政府许可渠道，自办发行则属于改革的新事物。其自办发行，虽为情势所迫，却是它最外显的改革，如何认识其发行改革对其自身发行的影响成为解析该刊进而认识其在改革开放期刊史上地位的关键问题之一。

《今古传奇》于 1981 年 7 月创刊，两年间编辑出版的前 6 辑均自办发行，1983 年 7 月自总第 7 期起交邮局发行。据当时负责发行的夏翎回忆："1983 年第 6 期已达 46 万册，给发行和收款带来很大压力。编辑部研究决定印刷定在武汉市 7218 工厂，从第 7 期起交武汉市邮局发行，正式向全国征订。征订的结果使我们喜出望外：高达 83 万。"① 可见《今古传奇》当年交邮局发行乃因产品规模扩大后迫不得已的不自觉选择，交邮局发行后发行量陡涨正显示了邮局发行系统辐射全国的威力。与邮局这样超大规模国有企业的合作使《今古传奇》此后四五年的印刷发行陡然告别小作坊形态，发行量及其经济效益实现跨越式大发展。其由自办发行到交邮局发行的历史叙述依然指向前述关联问题：如何认识交邮局发行前的自办发行及其价值？

《今古传奇》初创期的自办发行艰苦备尝。创刊号初版印 4 万册，2 个月内销出了 1 万余册。其自办发行方式，除读者个人邮购外，主要是代销，通过省内县市文化馆、书协会员以及国内有关系的曲艺家协会代销。发行处于

---

① 夏翎.一往情深［M］//《今古传奇》编辑部.《今古传奇》十年：1981—1991.武汉：长江文艺出版社，1991：80.

编辑部与读者市场的链接部位，自办发行使《今古传奇》在创刊导入期全力直面市场，成为该刊市场化崛起的关键法宝。解析其自办发行的群体行为结构及影响，有以下五个观测点。

其一，作者协助推广市场。《今古传奇》第1辑在长篇连载专栏中刊登了十堰市作者欧阳文忠的《武当山传奇》，欧阳文忠就在十堰市推销了该刊3000册。十堰市邮局和十堰市图书馆分别代销1000册，余下的1000册由欧阳文忠的妻子在街上摆摊销完。作者推销固然残酷，但当时能将自己所写黑字印上书纸，何尝没有几分荣耀？更主要的还是创业期间作者与编辑共患难的担当。

其二，抓住机遇扩大在全国的专业影响力。1982年3月，中国曲艺家协会在苏州举办曲艺调演并曲艺中长篇小说创作座谈会。徐国华等编辑带着新出的第2辑1000册与会，在航程的轮船上，在会议召开的间隙摆摊售刊，硬是售完了千册期刊。可见编辑自办发行的敬业与勤奋。《今古传奇》在全国曲艺界的专业影响力亦一举形成。

其三，成功开拓了上海市场。1982年6月3日，该刊在湖北沙市举行编辑发行专题研讨会。研讨结果，大家一致认为，"根据购买力和发行方便，期刊首先应该在各大城市打开市场，尤其是上海。会后，杂志社派夏翎到上海联系发行，开始是几万，不久上升到10多万，后来暴涨到20多万，一个城市每期要20多万份，《今古传奇》一下子翻身了"[①]。赢得上海20多万发行量无疑让初创的《今古传奇》吃了"定心丸"，上海成为武汉这一本地市场之外另一最大的区域市场，由此可转换成稳定收入。期刊是城市文明发展到一定阶段的产物，占领这种期刊发行市场的制高点从一个角度实证了这一观点的规律性。

[①] 岳啸：《我与〈今古传奇〉度过的春夏秋冬》，《今古传奇》编辑部：《〈今古传奇〉十年：1981—1991》，长江文艺出版社1991年版，第68页。夏翎《一往情深》中的回忆是："《今》（《今古传奇》）刊有刊号后，就在全国设立发行网点，上海市由5000到2万、5万、7万、14万，后又包销华东地区。"《今古传奇》编辑部：《〈今古传奇〉十年：1981—1991》，长江文艺出版社1991年版，第77页。

出版个案分析导论 李频自选集

其四，依靠刊社之外的社会力量开垦初始市场，完成资本原始积累。"根据读者要求，重印 1～3 期各 20 万册，紧接着又重印。"①夏翎回忆："应读者要求，编辑部多次加印 1～5 期刊物。同时在武汉、丹江、浠水、沔阳、武昌等地印刷厂开机，我也就穿梭于这几个厂之间。"②"第 2 辑、第 3 辑、第 4 辑陆续出版了，其中有的竟再版了 8 次。"③尽管重印的期数与印量在每人的回忆里各有不同，但《今古传奇》前几期多次重印是事实。这种过期期刊的重印据推断主要为刊社与个体书商合作而为。"刊物从第 7 期起正式交给武汉市邮局向国内外公开发行，我们从各地回收了版型，制止住了社会上乱印滥发现象。"④这种"社会上乱印滥发现象"是《今古传奇》初创期"编写合一，就地辑定"、编辑部"流动各地"工作模式的副产品，欠规范、难掌控，不利于刊社长远发展，但对《今古传奇》早期的市场开拓功不可没。

其五，期刊发行的综合效益来自运筹智慧。20 世纪 80 年代期刊经营的核心是期刊发行，期刊发行经营的要义是多、快、好、省。《今古传奇》借 2.5 万元白手起家，一无仓库，二无车辆，每期几十万册期刊要在规定时间分送全国各地，发行任务自然繁重。杂志社聘请工人作者、原在武汉市交通运输工会的文教干事官忠义来编辑部搞出版发行。徐国华对他开源节流的记忆足显刊社发行员的运筹智慧：

> 此人懂交通、善经营，上任后在刊物扩大发行、降低成本、健全财务制度等方面耗费了许多心血，凡是给上海、重庆、安庆等大户发书，他就把刊物的出厂日期和快班船期衔接起来，刊物从印厂直达长江码头上船，不仅解决了无仓库、无车辆的困难，而且减少了刊

---

① 徐国华.忆《今古传奇》创办经过［M］//《今古传奇》编辑部.《今古传奇》十年：1981—1991.武汉：长江文艺出版社，1991：58.
② 夏翎.一往情深［M］//《今古传奇》编辑部.《今古传奇》十年：1981—1991.武汉：长江文艺出版社，1991：79.
③ 平杰.《今古传奇》外传［J］.民族文学，1989（5）：77-83.
④ 李传峰.耕耘与收获［M］//《今古传奇》编辑部.《今古传奇》十年：1981—1991.武汉：长江文艺出版社，1991：237.

物的周转,将寄外埠的邮资从每册 1 角降为 1 分。我们又吸收上海邮局向市区和列车上扩散的经验,在长江两岸、京广线两侧、陇海线沿线发展了长期联系的书刊专业户,邮局发行点总计 360 处,保证了刊物的固定收入。另外,刊物的印刷采取了招标的办法,印刷成本由每册 0.65 元下降到 0.58 元,加上节约的邮资,每册成本降低了 0.16 元。①

在改革开放期刊史上,《今古传奇》和《民主与法制》是最早设立分印点的两个新创期刊。《民主与法制》于 1984 年 3 月在天津首设分印点,到 1985 年便在全国设立了 9 个分印点,当年发行量 250 多万份,创历史新高。《今古传奇》于 1984 年 4 月首次在广西南宁建立分印点,此后在西安建立第 2 个分印点,1986 年 1 月起在上海、昆明分别再建第 3、4 个分印点,形成在华中、西南、西北 5 个城市同步印刷发行的辐射能力。1989 年 1 月,因印数下降②,4 个分印点同时取消。《今古传奇》的分印虽然比《民主与法制》晚了一个月,不属首创却也算勇立潮头。这两个期刊的分印对 20 世纪 90 年代《读者》《家庭》《知音》以分印开拓区域市场的示范性影响不可低估。

就《今古传奇》自身来看,其分印有以下几个特点值得关注:其一,《今古传奇》1983 年 7 月交邮局发行,期发行量达 80 万份,1984 年 5 月达 120 万份③,1984 年 12 月增长到近 200 万份④,1985 年第 4 期达到历史最高峰 278

---

① 徐国华.忆《今古传奇》创办经过 [M]//《今古传奇》编辑部.《今古传奇》十年:1981—1991.武汉:长江文艺出版社,1991:59.
② 张守元在《〈今古传奇〉的畅销效应》中说:"《今古传奇》自 1985 年单期发行 278 万,逐步跌落到 1989 年第 6 期的 27.6 万。见《今古传奇》编辑部.《今古传奇》十年:1981—1991.武汉:长江文艺出版社,1991:278.
③ 夏翎在《一往情深》中说:"1984 年 5 月,《今古传奇》从曲协分出交文联时发行量已达 120 万册。"见《今古传奇》编辑部:《〈今古传奇〉十年:1981—1991》,长江文艺出版社 1991 年版,第 80 页。
④ 孟德民.不搞庸俗、猎奇、炫世之作,多多提供有益的精神食粮:《今古传奇》召开特编会总结改革经验 [N].江汉早报,1984-12-05.

万份。可见分印对发行量增长的拉动关系。其二,《今古传奇》"紧急分印"有偶发性,缘于夏翎应武汉市邮局之邀参加1984年3月在广州召开的全国报刊发行会议,会议期间各地邮局增订了7万份《今古传奇》,夏翎借机与南宁市邮局、武汉市邮局商讨了在广西南宁的分印事宜。回武汉请示后再实地考察实施,因此,分印反映了期刊社与邮局的密切配合,是当年全国城市经济体制改革启动后期刊商品流通的新气象。"文革"前,全国只有《学习》《红旗》《中国青年》等中央期刊在首都之外的城市分印;而1984年起,《民主与法制》《今古传奇》等京外期刊在北京之外城市分印,尤其是《民主与法制》首选天津设分印点主要供应北京市场,具有鲜明的改革开放时代特征。其三,分印和发行量迅猛冲刺顶峰出现在《今古传奇》杂志社升级并被纳入国家正式事业编制之后,说明政治、组织手段调动了编辑出版人员的积极性,进而推动期刊经济效益增长和影响力扩大。

不交邮局发行难以实行期刊异地分印,交邮局发行和异地分印显然对《今古传奇》迅猛冲刺发行量巅峰产生了积极影响。但《今古传奇》发行量峰值是多种因素综合而成的结果,显然不是邮局发行或者发行单个因素拉动所致。因为交邮局发行后的总第7期恰好刊登了传奇文学名篇《玉娇龙》,这是一个重要而值得考量的内容因素。"从第7辑开始,《玉娇龙》在《今古传奇》上连载,到第12辑,《今古传奇》的发行量已从第7辑的22万份上升到270万份,这个数字是谁也没有料到的。"① 此处数字有误,首先总第7期的发行量不止22万份,李传峰曾撰文说:"邮发数由第7期的82万册增加到1985年第1期的278万册②,创造了湖北省邮发史上的最高纪录,跃居全国文学期刊

---

① 平杰.《今古传奇》外传[J].民族文学,1989(5):77-83.
② 《今古传奇》发行量高峰期有三处不同记载。张守元《〈今古传奇〉畅销效应》认为"1985年第4期发行量高达278万"。见《今古传奇》编辑部:《〈今古传奇〉十年:1981—1991》,长江文艺出版社1991年版,第277页。《〈今古传奇〉十年纪事》记载:(1985年)"8月,总第16期发行量达278万册,创湖北省期刊邮发史上最高纪录,居全国大型文学期刊发行量之首。"见《今古传奇》编辑部:《〈今古传奇〉十年:1981—1991》,长江文艺出版社1991年版,第343页。

发行前列，覆盖面几乎遍及全国每一个县。"①尽管对于《今古传奇》最高发行量的刊期有三种不同记忆，但这不能否定《玉娇龙》拉动《今古传奇》冲刺发行量巅峰的贡献。可以初步认定其为精彩内容连载与发行综合作用的结果，其综合影响的机理有待进一步发现、解释。

《今古传奇》的发行走了一条艰难卓越之路。其从自办发行走向邮局发行是 20 世纪 80 年代期刊发行改革的排头兵，也是邮局助推期刊走向发行量巅峰的成功案例。

四、管理改革：试办而后确认、升级

这里的管理指党政部门对期刊和期刊出版行为的规范与治理，意在导入期刊制度视角解读政府与《今古传奇》的历史关联。

期刊审批制度是中国期刊出版的核心制度之一，改革开放期刊史显然应该将其列为重要维度或视角。1978—1981 年间，是重建中国期刊出版制度的关键年份。《今古传奇》身处其中，自然最富期刊审批改革的时代意涵。

在 1987 年 1 月新闻出版署成立之前，各省市创办社科期刊的审批权在于省级党委宣传部。创办《今古传奇》得到了时任湖北省委宣传部副部长李晓明的支持："答应先试刊，以后再批刊号。"在试刊号出版后，李晓明告知编辑骨干徐国华："你们的试刊号我从头到尾一字不漏地读了一遍，好，好，真是好，你们为农民办了一本好刊物，就这样办下去。""你们申请刊号的报告批准了。"②可见一位地方主管领导的亲力亲为与慎重。据最初负责《今古传奇》发行的夏翎回忆："第 2 期仍然没有刊号，工商局出面干涉了；经研究，以曲协名义向宣传部打报告告急，宣传部即与工商局协商，同意破例让《今古传

---

① 李传锋. 耕耘与收获[M]//《今古传奇》编辑部.《今古传奇》十年：1981—1991. 武汉：长江文艺出版社，1991：239.
② 徐国华. 忆《今古传奇》创办经过[M]//《今古传奇》编辑部.《今古传奇》十年：1981—1991. 武汉：长江文艺出版社，1991：57.

奇》公开出售。"① 这极有可能反映出作家出身的李晓明依然在观望之中。鼓励试验而不粗暴干涉，发放刊号很严肃而解决基层办刊困难则又较主动，可见湖北期刊管理部门对待《今古传奇》的基本态度。

1984年6月，《今古传奇》期发行量已增至120万册，杂志社升格为正处级建制，改由湖北省文联直接领导，为杂志社配备了7个正式编制，并从《长江文艺》杂志社调李传锋主持《今古传奇》编辑部工作。湖北省文联党组决定以《今古传奇》编辑部为改革试点，大力支持文艺期刊的改革尝试。1984年10月，《今古传奇》与湖北省文联签订《承包合同书》。② 省文联党组副书记吉学沛代表省文联，李传锋代表编辑部，在《承包合同书》上签字。《承包合同书》列出8条改革措施，其要点是：

《今古传奇》在省文联领导下工作，按"全民性质、集体经营、独立核算、自负盈亏"的原则，实行一包两改，即责任承包，编辑改为聘请制，工人改为合同制。编辑部所谓承包，主要指编辑、出版、发行的事务。在政治方向上坚持党的领导，坚持四项基本原则，坚持"二为"方向，积极贯彻"双百"方针，在这个前提下，编辑部有权坚持刊物独特的艺术风格。在管理上，有权决定刊物编辑、出版、发行的方式。在经济上，实行"独立核算、自负盈亏"，编辑部承担刊物所需一切业务活动经费及全体工作人员的奖金福利支出。总之我们要以刊养刊，不要国家一分钱，还争取对国家有贡献。这在当时，算是"雄心勃勃"了！

编辑部内定岗定责，实行岗位责任制。主编由文联党组任命，

---

① 夏翎．一往情深［M］//《今古传奇》编辑部．《今古传奇》十年：1981—1991．武汉：长江文艺出版社，1991：78．

② 据《〈今古传奇〉十年纪事》，承包合同签订于1984年10月10日，见《今古传奇》编辑部：《〈今古传奇〉十年：1981—1991》，长江文艺出版社1991年版，第342页。另据李传锋回忆，签订于1984年9月10日，见《今古传奇》编辑部：《〈今古传奇〉十年：1981—1991》，长江文艺出版社1991年版，第236页。

任期二年，没有保险期，没有终身制。工作中享有三权，即一定的人事权、刊物发稿权、相应的财务支配权。①

杂志社升格和承包经营是湖北省文联对《今古传奇》政治、经济的双维激励，全面调动了期刊社的积极性，是主管主办期刊的成功经验。《今古传奇》在承包经营之次年达到发行量的最高峰。

1985年10月，经湖北省计委批准，《今古传奇》杂志社自筹资金兴建宿舍楼，耗资45万元建住宅20套，是改革开放后新办期刊中第一个用刊社盈利建职工宿舍的期刊社。因纸张、油墨、印刷工价及发行费率大幅上涨等，《今古传奇》1988年全年亏损9万多元，1989年扭亏为盈。"《今古传奇》自1985年单期发行278万，逐步跌落到1989年第6期27.6万"，是20世纪80年代期刊涨跌的缩影。1990年走出低谷，1991年发行量又有所回升。

1988年6月15日，湖北省财政厅就《今古传奇》利润分成专题下达文件："《今古传奇》编辑部属独立核算、自负盈亏的事业单位。对办刊实现的利润采取5∶5分成的办法，即50%上交湖北省文联以抵作财政拨款；50%留给单位使用。确定自留资金的60%用作事业发展基金，20%用作集体福利，15%用作奖励基金，5%用作后备基金。"②

《今古传奇》十年来，"从无到有，建设了20套宿舍，数百平方米办公用房，我们已有了100余万元的固定资产，设立了50万元的通俗文学创作基金。十年来，我们给国家上交了各种税金70余万元，给省文联上缴利润170余万元。我们还拿出了几十万元资助和支持兄弟单位的文艺事业。我们基本实践了'以刊养刊'的诺言，对国家做了一点贡献"③。

---

① 李传锋.耕耘与收获［M］//《今古传奇》编辑部.《今古传奇》十年：1981—1991.武汉：长江文艺出版社，1991：235-236.
②《今古传奇》十年纪事［M］//《今古传奇》编辑部.《今古传奇》十年：1981—1991.武汉：长江文艺出版社，1991：347.
③ 李传锋.耕耘与收获［M］//《今古传奇》编辑部.《今古传奇》十年：1981—1991.武汉：长江文艺出版社，1991：240.

从目前文献看,《今古传奇》是改革开放期刊史上第一个因期刊业绩突出而脱离原主办单位,并升格与原主办单位相同行政级别的期刊。与此类似的是,1986年3月,1980年创刊的《半月谈》从新华社国内部分独立出来,成为新华社直属机构。当然,《今古传奇》比《半月谈》早近2年。做大期刊与期刊行政级别升格的政治、文化逻辑值得关注。

从目前文献看,《今古传奇》是改革开放期刊史上继《福建青年》《半月谈》《山西青年》之后全国第4家实行承包经营的期刊。《福建青年》复刊于1978年,由共青团福建省委主办,是一份立足福建,面向全国的青年刊物。经共青团福建省委和福建省财政厅批准,该刊从1983年1月起开始试行承包责任制,是新中国第一家承包经营期刊。从1983年7月开始,《半月谈》的经营管理业务由新华出版社交回《半月谈》杂志社负责,实行独立核算、自负盈亏。《山西青年》创刊于1964年,复刊于1976年,1983年"试行企业化管理改革"。经共青团山西省委常委会同意,并报山西省财政厅批准,山西青年社自1984年1月起承包经营。至于说"《知音》杂志创刊于1985年1月,至今已走过十年历程。本刊自创刊之日起,即实行独立核算、自负盈亏,这在湖北期刊中尚属首家,在全国也不多见"①。此说有误。

1984年6月21日至27日,文化部出版局在哈尔滨召开了全国地方出版工作会议,北京出版社总编辑田耕于6月23日作了题为《北京出版社关于改革的初步设想》的发言,其中说及:"浙江《文化娱乐》编辑部,他们试行的是'利润提成承包制'。实践结果是,刊物质量有提高,发行工作有改进,印数上升,成本下降,扭亏为盈,平均每人分红888元。实行这种办法的前提是省领导支持,编辑方针端正,审稿把关严格。"②

1985年创刊而实行自负盈亏、独立核算、承包经营的还有隶属于中共广

---

① 见胡勋璧:《在保证社会效益的前提下实现经济效益与社会效益的完美统一》,王维钧主编:《现代期刊编辑论丛》第3辑,西北大学出版社1994年版,第68页。胡勋璧在《〈知音〉十年创业的回顾》一文中也说:"《知音》杂志创刊时,作为改革的产物在全省率先实行了'企业管理,自负盈亏'。"《编辑之友》,1997年第4期。

② 《北京出版社关于改革的初步设想》,打印件,田耕提供,未刊稿。

州市委研究室的《南风窗》、郑州市文联的《小小说选刊》等。《百花园》编辑王保民以承包的方式创办《小小说选刊》而成为其创始主编,他回忆说:"当年我28岁,是杂志社最年轻的编辑,提出不要编制,不要开办经费,以办刊盈利发工资(60%的利润要交杂志社)的方案被多方肯定,决定由我、邢可、郭昕同志承办,我具体负责。"① 20世纪80年代后几年则更多刊社改革力度更大,1989年1月创刊的《东北之窗》被权威书籍如此记忆:"也有个别期刊如中共大连市委创办的综合性大型刊物《东北之窗》,则面向全国公开招标承包。"②

五、结语与讨论

《今古传奇》是"全国第一本通俗文学大型期刊"。它从不定期出刊到定期出刊,从自办发行到交邮局发行,从自负盈亏到承包经营,反映了20世纪80年代初期中国期刊艰难起步的嬗变轨迹。作为改革开放期刊史上第一家因业绩突出而行政级别升格期刊、第二家异地分印期刊、第四家实行承包经营期刊,它映现了中国期刊业改革历程中交错的政治、经济、文化的复杂关系。

《今古传奇》的发展壮大是一个历史过程,其20世纪90年代中后期的多版化发展更成就了它的辉煌。本章不及其后,着重将其回归20世纪80年代的历史语境,以解读其创刊的社会互动关系和历史认识价值。

地理位置、编辑团队、制度安排等三大因素的机缘巧合(而不是人为的计划调配)成就了《今古传奇》。地处武汉这样的工业城市,使它在那纸张匮乏、印刷能力短缺的年代具备了期刊出版的物质与技术基础。汉口自近代以来的商业文明培育了《今古传奇》人的市场能力基因。认同这两项必要条件才可以讨论其他的充分条件。《今古传奇》内在的人事制度改革是根本性改革,激发了编辑团队的创造力;外显的发行改革是其市场化成功的关键,为

---

① 王保民.《小小说选刊》创刊前后[J].小小说出版,2011(1).(《百花园》杂志社内部印行)
②《当代中国》丛书编辑部.当代中国的出版事业:中[M].北京:当代中国出版社,1993:62.

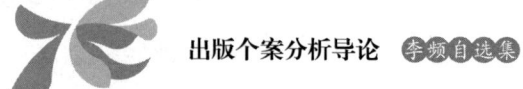

该刊和主办单位赢得了殊为难得的经济效益；主编任清"老延安"为该刊改革保驾护航，象征了20世纪80年代初期出版改革的政治与文化逻辑。

《今古传奇》创刊筹备之时，湖北省文联正同步筹备召开湖北省曲艺代表大会以恢复成立湖北省曲艺家协会。按中国期刊史的延安传统，期刊出版是服从服务于主办单位的中心工作的，创始主编任清也一定是将创办《今古传奇》与推动湖北曲艺工作统筹考虑的，那么，《今古传奇》对湖北曲艺事业乃至全国曲艺事业的发展到底产生了什么影响，值得进一步清理、研究。这或许可以认定为另一路径的期刊社会关系分析、期刊传播功能与效果的"另类"尝试。因为《今古传奇》创刊在先，全国性的通俗文学刊群崛起在后，从时序可以初步推断《今古传奇》对20世纪80年代通俗文学尤其是通俗文学期刊产生了积极影响，但到底该如何深刻、全面认识这一影响，有待在全面占有材料的基础上梳理。

无独有偶，从香港三联书店挂职归来的董秀玉于1993年创办《三联生活周刊》时，作为总编辑力排众议，另组中外合资公司将《三联生活周刊》的人、财、物管理独立于既有的三联书店体制。《三联生活周刊》的成功实证了董秀玉制度安排的合理性。《今古传奇》和《三联生活周刊》的内容、时点、经营模式、资本性质显然不同，但创办新刊时果断摆脱旧体制的羁绊、创新制度安排等方面是相同的。这两个看似无关的期刊事件是否潜存着某种"公约数"？是否启迪人们思考新媒介创业时编辑创造性智力开发的某些规律性内涵？这似乎更值得研究。

出版家个案*
——改革开放出版家的思想结构

在中国近现代出版家群体中，近40年崛起了一个改革开放出版家群体。最早思考出版家的代际区分及称名的当属袁亮和刘硕良。1999年8月，袁亮致信刘硕良说："老一辈出版家叫出版家，中青年出版家则叫出版改革家。"[①] 近200年急剧的社会变迁尽管亦接近于普泛意义上的改革开放，但作为社会总体的思想自觉与行为纲领，改革开放是近40年才有的社会思潮。基于此，如何联系近40年改革开放的社会背景以认识该时段出版家的群体特征及其个体品格，是回顾总结改革开放题中的应有之义。

中国改革开放的经济成就举世瞩目，多获赞誉。如何在经济与政治、文化成就的差异格局或者说异步改革中认识中国出版业及出版家？

这一问题的提出是致敬、评析改革开放出版家的理论前提。出版及其出版业历来属于社会中政治、经济、文化的矛盾焦点，脱离这三方面矛盾的纠结、交织以及引致的出版行业影响与出版产业绩效，就无从理解改革开放出版业，也无从理解矛盾焦点灼照下的改革开放出版家。灼照程度依出版家由社会责任感驱使的改革开放前沿程度而定，灼照还是灼伤则取决于出版家个

---

* 本文原为陈昕著《出版留痕》撰写的序，上海人民出版社2019年4月出版。《中华读书报》2019年1月16日以《改革开放出版家的思想结构》为题整版发表本章核心内容。《编辑学刊》2019年第2、3期连载发表。收入本书时删去了原序文最末一段。

① 刘硕良.春潮漫卷书香永：开放声中书人书事书信选：下卷[M].桂林：漓江出版社，2018：662.

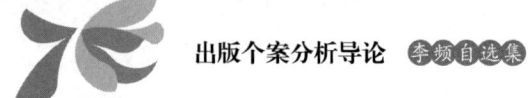

人及团队的理性高度及平衡力。

陈昕于1977年入职上海市出版局,2015年卸任世纪出版集团总裁、董事长,职业时段契合出版业改革开放40年,属于改革开放出版家群体。改革开放出版史由这一代出版家和他们的前辈共同书写,他们思想的视野与方式、品格不仅关联、影响其行为,而且决定了改革开放出版史的开掘深度与思想高度。陈昕这一代出版家写就的改革开放出版史,更具有出版思想与行为继往开来的样本意义。

退休后的陈昕开始耕耘"自家花园",较密集地推出著述,公布了自己的思想底稿,为他人后人分析评价其服务出版业、谋求公共利益的绩效、动因等提供了更系统的文本依据。其价值应予以充分肯定。

陈昕长期沉潜出版,融通出版领域的方方面面,因而雕刻了立体多面的思想侧影。读陈昕著作,不难领会到他丰沛而饱满的思想。他是经济学编辑出身,主编"当代经济学丛书"30余年,长期接受经济学理论熏陶,鲜明突出的知识结构奠定了他思想结构的基本样态,砥砺而成他特有的出版专业逻辑理性。他的《出版经济学研究》率先拓疆经济学与出版学的交汇地带,卓成一家。陈昕书评选是他作为编辑专家,尤其是经济学编辑专家的思想集粹,热情洋溢而又理性沉炼。正如书名"书之重,评之轻",那种敬畏知识、敬重知识生产的境界,真不是当下用滥而又呼唤难回的"工匠精神"可以概括的。陈昕出版演讲录汩汩流淌着他出版家的理性,书名"高擎火把的人"是自励更是自况,与其说是价值判断,不如说是事实陈述。演讲的场域、话语方式不同于专著、书评,陈昕作为出版家的身姿及思想也更自然地表达于公众,更充分地交汇于出版改革的洪流。只有联系40年来中国出版改革的艰难复杂性,才可以体会他冷静简明话语的思想激越。正如只有跨入21世纪之后,历来稳健自持的陈昕才偶尔让自己的思想奔放而不如此前那样深水静流。为了出版社会的公共利益,他作为先行觉悟者开始呐喊,以出版经济学家、经济学编辑专家、改革开放出版实践的见证者为思想基础,而又不受这些身份局限大声疾呼,把改革开放出版史反思的沉痛消解于自我内心,以求思想的纯粹。这就是笔者倾向于把他的《高擎火把的人》等著作看作40年改革开放出版史思想底稿的由来，也希望他人后人对此予以更广泛的认同。眼前的《出版留痕》未必是陈昕最重要的著作，但它无疑构成了陈昕已出重要著作的重要补充：他伴随改革开放历史进程的个人思想演进的重要节点和路径更显清晰，如《出版竞争与创新》记录了他对市场经济体制下香港出版业市场竞争的田野观察，《我的出版观》集中凝练地表达他的出版价值观，其核心观点、主张在"补遗"和"复述"中更易为他人把握，他作为改革开放出版理论家的思想结构特征亦隐现书中。

一、在机制与体制之间

体制与机制之间是出版家的行动空间。改革开放出版家因为改革开放而比他们的前辈更充分感知感受到出版体制与出版机制之间的内在张力。这种张力成就了陈昕这一代出版家，又制约了他们，成为这一代出版家的专业宿命。他们在中国出版史上的群体特征与此深重关联。

陈昕出版思想、理论的显著特征和重要发展可以也应该追溯到出版运行机制。1986年，他在《上海出版》发表了《开展社会主义出版运行机制研究》。该文篇幅不长，却在中国出版理论发展史上拔头功甚多。该文首句说明"上海出版发展战略研究的帷幕已经拉开"，首次提出"出版战略""出版发展战略"概念者或另有高人，映现了1983年全国出版年会后上海出版理论研究的盛景。陈昕的头功在于：①率先提出了出版业"事业型、事业单位企业化管理型、企业型三种基本模式"[1]；②国内首创出版运行机制概念，"出版运行机制指的是在一定的出版体制下，为使出版活动能够正常运转而对其各个部分、各个要素、各个方面进行调节的方式"[2]；③提出出版机制和出版体制关联研究的重要理论命题，"对出版运行机制的研究离不开对出版主体行为的研究，从而必须以既定的出版体制为前提"[3]。陈昕此前已在包括《中国社会科学》在内

---

[1] 陈昕. 出版留痕［M］. 上海：上海人民出版社，2019：40.
[2] 陈昕. 出版留痕［M］. 上海：上海人民出版社，2019：39.
[3] 陈昕. 出版留痕［M］. 上海：上海人民出版社，2019：40.

的报刊上发表多篇经济学文章，他初涉出版研究就觉察到出版理论的制高点。出版机制、主体行为、出版体制以及三者之间内在的结构关系并未为后来诸多的出版理论工作者理解、深悟，至今依然是出版理论研究的重点和难点。

在体制与机制之间，陈昕立足企业，理性审视20世纪90年代以来中国出版产业的结构变迁。立足企业是他作为出版家的本能，立足企业看产业是他思想的自然延展。关于出版业的结构变迁，陈昕是清醒的："传统出版的巅峰时代早已逝去，我们这一代人正面临前所未有的大变局。"[1] 为应对结构变迁，他提出理性审视出版产业的方法论命题：内容、资本、技术是影响全球出版产业发展进程的三股力量[2]，"从产业的角度来观察出版有三个维度：内容、技术和资本，哪一个都不能轻视"[3]。针对内容产业，又自觉地观察、解析其信息、知识、智慧三个层次。他对出版业及其转型的系统性观察、结构性思考愈加清晰、明确。

出版理论研究从运行机制起步，且结合出版体制进行系统性观察思考，使陈昕察他人所未察，并形成鲜明突出的出版理论个性特征。如他认为沉重打击实体书店的是出版业"劣币驱逐良币"的恶性竞争，而其联动机制则是"发端于实体书店，恶战于网络书店，越演越烈的折扣战"[4]。如此定性判断结合机制分析或者说关联分析，是陈昕言说中常见的话语方式，其背后坚实存在的是娴熟的方法和理论自觉。这种自觉增强了他话语的解释力和言说的有效性。

从目前收集到的文献看，中国最早从资本视角观察书业的是著名历史学家吕思勉。他于1923年在《三十年来之出版界（1894—1923）》一文中指出："处今日之情势，已非大资本不能营书业，盖旧时书贾之刻书，销场佳者，三年而仅偿其刻版之费；自此以往，乃得薄利焉。今则印刷之技既精，运输之途又广；广告之术，尤层出不穷。苟非如大书店之能自设印刷所，多设支店，

---

[1] 陈昕. 高擎火把的人：陈昕出版演讲录[M]. 上海：上海人民出版社，2017：23.
[2] 陈昕. 出版留痕[M]. 上海：上海人民出版社，2019：173.
[3] 陈昕. 出版留痕[M]. 上海：上海人民出版社，2019：11.
[4] 陈昕. 出版留痕[M]. 上海：上海人民出版社，2019：186.

多登广告，其营业决无振起之望。夫资本之为物，其趋厚利之处，若水之就下，以今日大资本之书店获利之厚，而犹望有小资本者，同时竞起经营，此必不可得之数也。"① 当今世界资本的驱动力既非改革开放之初可以想象，更可能让 90 多年前的历史学家瞠目结舌。陈昕理性地认同："理解出版业的现代转型不得不考虑资本的因素、资本的力量、资本的作用。资本力量介入出版业后，一方面加剧了资本意志与文化价值之间的巨大冲突，另一方面也加剧了两者之间的融合。"② "问题并不在于我们要不要资本，而在于怎样对待资本，是做资本的附庸和奴隶呢，还是利用资本、驾驭资本以达到出版更多好书的目的？"③ 陈昕是如此理性。

二、在改革与开放之间

改革开放是 1978 年以来中国社会发展的时代主题，更是一代出版家生存发展的社会环境。改革开放的艰巨性、复杂性冷酷、严峻地铸就了陈昕这一代出版家的时代宿命，体会他们的思想光芒与行为风采当然首先要追溯改革开放对他们的牵引和激励。

以组建集团、"中盘"崛起为标志，1995 年以后 20 年的中国出版业深深烙上陈昕的思想痕迹——他主张的，他否定的；他观察的，他质疑的。尽管如何认识认同陈昕的思想背影尚未提上议程，但出版集团和发行"中盘"至今巍然屹立在省会城市或特大城市，不仅作为城市地标，更是出版业改革开放的象征。

曾有德国学者提示从具体文本入手求解时段问题的方法："要了解一种思潮，不如从一位思想家入手，而不要从几位思想家开始，从一点开始铺开。

---

① 吕思勉.吕思勉遗文集：上[M].上海：华东师范大学出版社，1997：382.
② 陈昕.出版留痕[M].上海：上海人民出版社，2019：21-22.
③ 陈昕.出版留痕[M].上海：上海人民出版社，2019：26.

这样可以看到一种观点推理的全过程。"① 如果认同改革开放出版史上20世纪末21世纪初那个时段的研究价值，如果认同出版集团凝聚了一代出版人的向往与挫折、改革与开放、再改革与再开放的谋划与再出发，那么，陈昕就是首选的思想者。他总站在旗舰的瞭望塔上观察国际出版风云，他作为出类拔萃的思想者走向成熟的思维路径，浓缩了他所属群体、所属时代的出版精神走向。所谓成熟，并不意味着符合一时一地的某种导向，而在于他基于他独立的观察，用他自己的话表达他的专业理性，提出他自己的出版实践问题并试图作出理论解释以明确行动方案。

出版集团作为深刻改写中国出版业态的新型市场主体，铭刻了中国出版业改革开放的重要里程。它肇始于陈昕的一个观念：中国出版业的市场化改革需要培育与现代市场经济相适应的新的出版组织。这个观念来源于欧美出版业与中国出版业市场规模、组织形式以及发展阶段等方面的对比观察，中国出版业"睁眼看世界"后的思想开放、观念更新莫大于此。以传播新观念呼唤改革为己任的图书出版业终于启动了以组建集团为手段的再次自身改革。陈昕便作为出版集团制度的重要设计者之一自觉而又顺应潮流，走向历史且将走入历史。

改革和开放是两个逻辑，各有其指向和领域。在改革与开放之间，陈昕立足中国现代化的历史进程，以确立他的出版价值观。历史既为思想者提供思想资源，又是认识现实预估未来的时空观照坐标。历史，也只有以现代化进程的历史为坐标才能进行改革与开放之间的时空演算。

陈昕有清醒的历史感。"潜入历史，化作永恒"是他自觉的理性追求。他的历史感集中表现在历史认知感和历史实践感。面对一个分析或言说对象，他常常将对象做演变或发展的阶段划分，以寻找现实或思想的某种关联，以利寻求对策或启示。"信息技术产业自诞生之日起，经过长期发展，已经历了以系统为中心和以个人电脑为中心的两个重要阶段，现在正处于以网络为中

---

① 陈乐民，史傅德. 对话欧洲：公民社会与启蒙精神[M]. 晨枫，译. 北京：生活·读书·新知三联书店，2009：109.

心阶段"①，类似话语方式多见于陈昕著作中，它显露的就是这里所称谓的历史认知感。《中国出版业发展的三个阶段与新的出版组织的培育》以提出重要历史命题和重大实践命题而成为陈昕的代表作，且具一定的经典性。至于历史实践感，兹举一例。2001年12月11日，在中国正式加入WTO那天，陈昕在上海世纪出版集团编委会上发表题为《努力提高民族文化的创新能力》的演讲，其中说："我反复问自己的一个问题是，中国入世对我们意味着什么，我们又该做些什么？"②以宏阔的时空视野认知当下即将走入而尚未走入历史的时刻，伴随着这一历史时刻有所行动以融入历史，是陈昕的机敏。在这一历史时刻，倾注强烈的现实关怀，提出分析现实并谋划未来的专业和行业问题，才是陈昕作为思想者的深度力度，更显他的风貌风采。

陈昕未必把现实问题、当下决策问题都处理成历史问题，但他确实有意无意、自觉不自觉地把当前问题、对当下出版现象的理解建立在相应专业领域、知识领域的历史分析上。当其他同行只看到孤立的出版事实或出版事实的表象时，他看到了与之相关联的另外出版事实，或出版事实的内在关联及意涵。如果那些事实反复出现，引发他足够重视，他往往更加牢固地抓住改革开放出版的历史进程节点及深层的根本性问题。

中国加入WTO前后的十年里，中国出版业学美国成为时尚，以致有海外出版经历的同行友善地提醒："出版业：向美国学习，还是从美国的错误中学习？"太多的专业人士对此未能保持应有的警觉，陈昕则进入"反思出版业蜕变的沉思之中"，而后郑重报告：为了"从容应对出版业的现代转型"，"我们还是需要继续向美国学习"，"我们更应该重视从美国的错误中学习"。因为陈昕洞察到，由于中国出版业改革不到位，出现了"一些难缠的悖论，一方面市场化（管理、规范）不足，一方面市场化（野蛮竞争）过度"③。这一悖论既是改革不全面深入的结果，又是进一步改革的出发点，对于总体性认识出版业的改革开放，举足轻重。陈昕观点鲜明，话语铿锵，辩证逻辑背后

---

① 陈昕.出版留痕[M].上海：上海人民出版社，2019：131.
② 陈昕.高擎火把的人：陈昕出版演讲录[M].上海：上海人民出版社，2017：181.
③ 陈昕.高擎火把的人：陈昕出版演讲录[M].上海：上海人民出版社，2017：27.

强力支撑的是对中国出版业市场化改革不彻底的现实现状的深入分析。

以改革为动力却又受改革的制度约束与节奏约束,以改革为环境条件,以开放的思想促成并转换为有限改革适度开放的组织决策与出版行为,理性追求媒介组织行为或者说组织行为的外部效益,既是陈昕这一代出版家的群体特征,也是他所在的世纪出版集团的"世纪"象征意义所系。

三、"陈昕之问"

2008年,在改革开放30年之际,陈昕诊断中国出版产业"甚至陷入程度不同的困境"[①]。2017年,改革开放40年前夕,他发出"陈昕之问":"为什么在社会效益与经济效益关系的偏差上会反复出现?"[②]"陈昕之问"的现实语境是,"到了2005年出版业进行转企改制以及上市时,片面追求产值、利润而忽视质量的倾向一度又十分明显,似乎经济效益、经济规模成了主宰出版业的唯一力量"[③]。陈昕自己给出的答案是:"我认为问题出在出版价值观的层面,在于我们不重视出版价值的研究和教育,没有正确的出版价值观引导,以致往往离开了出版价值观来讨论具体的发展问题。这里的教训值得记取。"[④] 机敏好学而又深思慎取的陈昕如此提问,如此作答。所以将其指称为"陈昕之问",首先在于出版价值观的全局性、关联深广的结构性;其次,价值观"偏差"及"反复出现"是认识、解析出版业改革开放进程中艰难复杂、进退失据的有效锁钥。巢峰在1989年即大声疾呼"克服出版改革中的二律背反现象":"就现行党和国家的出版政策而论,一方面强调出版为人民服务,为社会主义服务,必须坚持社会效益第一;另一方面,在出版经济体制上又完全搬用工业系统的模式,用一个利润指标承包。""这种矛盾,就如同康德所说的二律背反现象:正题,社会效益第一,经济效益必须服从社会效益;反题,经济效益第一,社会效益必须以经济效益为前提。政策导向与机制导向(经

---

① 陈昕.出版留痕[M].上海:上海人民出版社,2019:149.
② 陈昕.出版留痕[M].上海:上海人民出版社,2019:11.
③ 陈昕.出版留痕[M].上海:上海人民出版社,2019:10.
④ 陈昕.出版留痕[M].上海:上海人民出版社,2019:11.

营管理体制）背道而驰，有对立而无统一。"① 巢峰这一发现有其深刻的理论内涵与丰富的实践意义，自提出以来一直没有发挥其应有的预警功能，积淀20年后成为"陈昕之问"的另一答案。"巢峰发现"与"陈昕之问"就这样一语道破了出版业改革开放40年反思无以回避的一个焦点难点。面对"巢峰发现"，多少人心知肚明，多少人切肤沉痛，又有多少人置若罔闻。它不从出版改革始，但将伴随出版改革终；它就如此横亘于出版改革的历史进程中，成为检验真假出版改革的试金石之一。

价值理论是陈昕出版思想、理论结构的奠基石。"只有解决了出版价值观上的根本问题，我们才能够摆脱金钱、利润、资本的束缚，坚守出版'启蒙大众、追求进步'的使命。"② 对出版物知识资源价值所代表的出版业价值的强调与矢志追求，构成了陈昕与其他出版企业家的显著差异。陈昕的出版价值观不仅指向单品种和大型套书的出版物个体价值，更强调出版企业总体性的价值取向。他不是服从组织决定决议，空泛道义地宣传、践行政府倡导的社会价值观，而是从中外出版历史和出版经济活动的规律出发，自觉发现、论证出版集团的出版专业价值观。

先看他价值观的主张时点和内涵。陈昕说：

> 2005年，上海世纪出版集团由事业单位改制成为中国第一家出版股份有限公司，树立正确的出版价值观变得更为紧迫和重要。因此，我们在股份公司的章程中，把公司的使命陈述明确定为："通过我们的选择，提供能够创造或增加价值的内容和阅读体验；通过我们的整理，传播人类文明的优秀成果；通过我们的服务，与读者形成良性互动，从而努力成为一代又一代中国人的文化脊梁。"我在各种会议上提出这一使命追求是集团的核心价值观，应融入每个员工

---

① 巢峰.出版论稿［M］.增补本.上海：上海人民出版社，2001：135–136.
② 陈昕.出版留痕［M］.上海：上海人民出版社，2019：9.

的血液里，规范到每个员工的行为中，引以为自豪，为之而奋斗。①

那时出版业转企改制风起云涌，上市更是争先恐后，片面追求经济规模、经济利益甚嚣尘上，可见陈昕高举公司使命的坚定信念和专业判断。诸多同行关注全球化重在全球化背景下的中国区域市场的得失攻守，陈昕却沉思全球化时代中国出版的道路，执着于为经济全球化文化多元化理想而构筑中国出版文化自信。后来，他在同济大学讲学时，给出版下的定义是："出版工作是知识生产体系的重要一环，优秀的出版工作在知识生产、知识消费和知识积累的循环中起到引擎的作用，它是人类知识和文化传播的推进器；同时，它又为思想和学术的建设与创新提供基础和平台，引导人类文化的进步。"②陈昕自觉于出版活动的人类知识资源系统价值，致力于"在一些最基本的出版领域为我们的时代提供新的完整的知识资源系统"③，这是陈昕出版价值观的核心。值得注意的是，这一出版价值观的理论关联：人类知识资源系统而非其他。

再看他价值观的理论来源和论证特点。

陈昕的出版价值观深思熟虑，源于他对德国苏尔坎普出版社、20世纪30年代上海出版业的思想文化价值认同。在德国考察时，陈昕注意到，苏尔坎普出版社毫不起眼的五层小楼却被德国出版同行誉为法兰克福的三大城市建筑标志之一。苏尔坎普出版社在1959年开始出版7个系列的丛书，后来被誉为开启了战后德意志民族的思想文化复兴之旅。在陈昕看来，苏尔坎普出版社与20世纪30年代中国上海的出版业交相辉映，因为20世纪30年代那批出版家"以一大批优秀的出版物为那个时代的中国人提供了系统的高质量的文化知识资源，形成了完整的知识生产体系。这才是上海当时成为中国出版中心的根本所在。这一辉煌业绩的取得完全是近代上海出版人坚持正确的出

---

① 陈昕.出版留痕［M］.上海：上海人民出版社，2019：9–10.
② 陈昕.高擎火把的人：陈昕出版演讲录［M］.上海：上海人民出版社，2017：63.
③ 陈昕.高擎火把的人：陈昕出版演讲录［M］.上海：上海人民出版社，2017：68.

版价值观自觉努力的结果"①。陈昕作为出版经济学家，非常清醒"出版创造的经济价值主要不是体现在出版产业内部，而是体现在出版产业之外"②。"任何经济学体系的基本解释性原理始终是关于价值的理论。经济理论涉及的事实是以价值的形式表现出来的，而价值不仅是经济宇宙的原动力，也是使这个宇宙中的各种现象具有可比性和可度量性的形式。一个理论家对于经济世界的看法取决于他对价值现象的看法——这方面的牢固基础是最本质的。"③可见，陈昕的出版价值观并非仅基于中外出版历史实践的归纳论证，而是结合了经济学理论方法而归纳与演绎并举的综合论证，其专业洞见总建立在令人信服的专业方法上。

"出版工作的功能、地位和任务并没有发生任何变化，它仍然是人类知识与文化传播的推进器，同时又为思想和学术的建设与创新提供基础和平台。"④陈昕依然这么说、这么做。这是他改革开放出版理论的压舱石。到底有多少人掂量出了这一压舱石的分量，那是出版社该关心思考的。

四、陈昕的思想个性

读陈昕的著作，笔者脑海中总萦绕一个问题，如果以改革开放出版家定格其个人职业历程，那么，他作为改革开放出版家群体中的一员，他的个性何在？思想、行为和成就的独特性何在？陈昕集首家出版集团创办人、出版理论家、出版经济学家、经济学编辑专家于一身，四种角色的重叠合成了陈昕的社会形象，四个方面的业绩促成了陈昕的独到成就。而他一个最具个性化的行为亦有助于后人他人对他独到成就及合成的省思。

作为全国首家出版集团创办人，他以出版集团首倡者和出版集团制度安

---

① 陈昕.出版留痕［M］.上海：上海人民出版社，2019：7.
② 陈昕.高擎火把的人：陈昕出版演讲录［M］.上海：上海人民出版社，2017：33.
③ 熊彼特.从马克思到凯恩斯［M］.韩宏，蒋建华，何跃中，等译.南京：江苏人民出版社．1999：133.
④ 陈昕.高擎火把的人：陈昕出版演讲录［M］.上海：上海人民出版社，2017：64.

排首创者区别于中国历史上的其他出版家、出版企业家;作为出版理论家,他从回应现实实践问题出发,自觉尝试、引领建构改革开放出版理论,结构较为清晰完整,既成为中国出版理论史上难得的创建创举,也使他作为出版家更高瞻远瞩,执掌的世纪出版集团成为一代中国人的文化脊梁;作为出版经济学家,他开创了"中国图书出版业经济分析""中国出版产业增长方式转变研究""数字网络环境下传统出版社转型发展的经济学分析",系统深化了"中国图书定价制度研究";作为经济学编辑专家,他主编"当代经济学丛书"近300种,"这套丛书与近40年中国经济发展的波澜壮阔同命运共呼吸,其影响力在中国经济学发展史上是独一无二的"。"他是中国经济学现代化道路上的重要旗手。"[1]这其中成就的任一方面都让相关专业人士赞叹,可以小心批判,不敢浏览后随便放下。陈昕恰恰将这四者合为自身,这四个方面关联促进成就了陈昕。首家出版集团创办人、出版理论家干他只是妙手偶得,顺势而为;出版经济学家、经济学编辑专家才是他的矢志追求。

前述个性化行动及连带问题是,1999年陈昕率先组建了全国第一家出版集团上海世纪出版集团;2005年,他执掌的上海世纪出版股份有限公司又是全国第一家改制为股份有限公司的。这两个"第一"为什么没有延续下去?上海世纪出版股份有限公司为何没有成为中国出版业的第一家上市公司且直到陈昕退休也没上市?而后起的出版集团上市数以十计。这样客观的历史事实所凝结的个性化应该说在改革开放出版史上并不多见。陈昕在《我的出版观》中就此作了详尽的说明,可视如他正面而又间接的回答。出版价值观表明他的思想深度、理论高度,他对出版集团上市热的冷峻批判亦凸显他思想和行为的个性——尽管此文写于他退休之后。可据此推断今后的历史书写将会把世纪出版集团未上市事件认定为改革开放出版佳话,陈昕在其中主导的历史佳话。激流勇进凭胆识,激流沉思要智慧,激流勇退更需要胆识,另一种胆识。识源于价值观,胆则由于群体共识的相互支持。

融汇西方经济理论和中国改革开放现实观照而发展出或者有望发展出另

---

[1] 袁志刚.三位一体的出版家陈昕[M]//陈昕.出版经济学研究.上海:格致出版社,2017:4.

一种改革开放出版理论，既是陈昕所代表的一代出版家的幸运，亦可视如仅属于陈昕个人的成就。他达到的出版思想成就或许可以这样描述：仅就改革开放出版思想的首创性、深广度而言，在他前头的人已屈指可数；而其思想的结构特征更是改革开放以来出版理论研究的空谷足音。

改革开放出版理论是对1978年以来改革开放出版实践以及未来发展规律的解释和说明。它以改革开放的时代命题、实践命题为中心，以现代化、全球化理论为参照，集中探讨以知识生产为核心的政治、经济、文化矛盾及其调适，出版物与文明传承、内容产业与社会文化发展、出版体制与运行机制等是其主要的理论内容。

在求解改革开放实践问题、发展改革开放出版理论的过程中，陈昕不仅成就卓越，而且日渐形成鲜明突出的理论个性。

（一）自觉的方法意识和维度层次分明的解释结构

陈昕的思想资源和理论工具来源于西方经济学等，并非原创。积极投身于出版改革的历史洪流，顺势而为，逆流搏击，从思想语境到实践对象，从行为理念到行为实施，他的思想路径与方法、思想资源及运用又确实构成了卓异他人他家的"原装"。丰厚的理论资源，学科方法的自觉求索，使他对中国出版业的改革开放别有洞见，为出版行业，为出版学界贡献了最接近原创的思想与理论成果。从鲜活蓬勃的实践对象出发，援引组装出个人独特的思想理论方法，从而形成新的学科理论原创，这是陈昕思想理论的深层结构，也是把握、理解陈昕思想理论的基本方法。

近40年来，陈昕视野放宽，思想界面拓展，思想观点深化细化，但核心思想、基本观点并不随职场升迁而变化。这种思想性格的稳健和思想结构的相对稳定既有助于他个人思想、知识的累积性增长，也为他人后人理解、把握他的思想结构创造了条件。

陈昕的思想、理论结构不像拉开架势的学报论文直接裸露，而被覆盖在简练的言辞、畅达的演讲中。细心的读者、凝神的听众总能会心他那方法与逻辑引领下从观察材料到理论、思想观点的论证，参照业内外、国内外从现状到趋势的预测，从对象出发而又关联广泛、庖丁解牛式的分析。正是那种内在的思想、理论结构使他成为个性独特的改革开放出版理论家和思想者。他的思想理论话语不是习见如常的会议隆重发表的意见，而是沉思论证后的郑重言说，简短有力、强力渗透的专业逻辑扑面而来；他思想理论的结晶也不像固守书斋的学者那样从旧概念到新概念，从已有命题到新命题的推演阐发，强烈的现实关怀沁人心脾。

陈昕的作文、演讲的标题爱用命题。这一话语习惯无意识地透露了他的思想结构特征。命题中有概念但不止于概念，他就是要通过概念之内、概念之间的条分缕析，抽丝剥茧地告知读者或听众一个明确的观点、相对完整的分析或推断。如果你一时难以理解他的观点，想质疑他的分析或推断，你可以顺着他的概念、命题等重演其思想脉络与路径，静思细想后你可能发现他某处思想不甚充分，言说不甚彻底，但很难发现他思想有断裂、有不恰。这种思想的系统性、可还原性是思想成熟（而不仅仅是思想表述成熟）的基本特征。陈昕的思想结构不仅表现在出版行业改革、内容产业转型等方面的命题、概念及其关联，也表现在递进深入的层次。宏观有主旨有中心，微观有洞见，中观则颇多出版产业、内容产业忠告和多少得到应验还将继续应验的出版行业预警。揭示这一层递结构不仅有助于理解陈昕，而且有助于认识中国出版业改革开放 40 年中的后 20 年及其发展轨迹。

（二）以问题为导向的现实关怀

陈昕思想、理论的某些特点既体现在他重复言说的概念、用语中，也体现在陈述、论说这些概念用语时所依据的中外出版业实际观察材料中，这合成了现实关怀与理论取向的统一。

20 世纪 90 年代以后，中国出版业的改革开放提速。现实问题纷至沓来、应接不暇，以思考、解释而后决策当前现实问题为己任的陈昕，显然无暇无心追求思想的系统性，正如他的演讲、报告、文章等都是回应而后见证出版业改革开放的伴随性文本。仰观全球世纪风云，俯察中华改革热土。总体地阅读陈昕到目前为止出版的个人著作，批判地审视他著作中的思想关联，不难发现他的出版思想在同代同群出版家中最显结构性、体系性。在实事求是这样共同性的思想品格和思想规范中，注入了只有他才有的思想结构特征，或者说，他以他自己40年沉潜改革开放出版业而形成的出版专业逻辑个性化地阐释了实事求是：作为应用学科的出版理论该如何面向实践、在实践中实事求是；作为改革开放的出版理论该如何在体制与机制之间、在改革与开放之间实事求是。他以实际的榜样而不是空洞的言辞和授封的称号告诉世人以及后人，改革开放出版家该如何进退有据，改革开放出版理论家该如何结构化地思想——改革开放的出版现实、理想未来的前提条件及未来可能的干扰因素。

（三）辩证话语背后较谨严的专业逻辑

陈昕的理论话语颇具内在的思想辩证而非表面的话语圆融，有专家之精深而不偏执于一点一线。初看初听似乎有点像"官话"的球面圆通，细看细听则悟学人的专业逻辑、专门论证作为其内在的结构支撑。这较典型地表现在他关于中国图书定价的分析、主张中。陈昕是"放开书价"的最早呼吁者之一。[①]"之一"的呼吁者在多年沉思持续研究后成为撰有《中国图书定价制度研究》专著的研究者，其间的转换不只缘于勤奋。陈昕又极力反对图书过度涨价，主张"采取抑制书价过度增长的理智态度"[②]。放开书价与反对过度涨价的辩证统一建立在他的三个分析上：图书出版的垄断性分析、图书商品的经济属性分析、图书定价的微观经济学分析。[③] 专业分析充盈了辩证意涵。

---

① 陈昕.高擎火把的人：陈昕出版演讲录[M].上海：上海人民出版社，2017：394.
② 陈昕.高擎火把的人：陈昕出版演讲录[M].上海：上海人民出版社，2017：395.
③ 陈昕.中国图书定价制度研究[M].北京：生活·读书·新知三联书店，2011.

呼唤系统、深入的20世纪文学出版专门史*

本章标题中所说的20世纪文学出版固然包容性的时间意义鲜明，其选择更偏向于其内在的结构要素意义，而非简单地效仿文学理论界以20世纪中国文学替换中国现当代文学。就笔者或许主观的认知偏好而言，20世纪中国出版的主体核心是现代出版，20世纪中国文学出版与中国现代文学出版等义。时间偏向的20世纪出版与20世纪文学出版，空间偏向的中国现代出版与中国现代文学出版固然各有其由语词选择带来的内涵指向，但重在以20世纪出版标举现代出版，以20世纪中国出版标举中国现代出版。这一话语策略的核心源于对历史对象的基本认知。

其一，"'现代出版'是指告别了旧式书坊刻印时代，采用现代印刷设备传播现代文化的中国出版业。它起始于1843年，以这一年中国第一家拥有铅印设备的编辑出版机构墨海书馆创办为标志"[①]。这也就将现代出版与以1995年创刊的《神州学人》电子期刊为肇始的网络传播以及数字传播区别开来。现代出版的物质技术基础是用机械、化学手段将信息复制在纸介质载体上，并以出版物的流动完成信息扩散而为知识传播，它与基于网络技术的网络传

---

* 本文原载于《现代出版》2020年第1期。原文在两次会议发言的基础上整理、扩充而成。其一，2019年11月23日在河南大学举办的第二届中西比较文献学与书籍史研究工作坊内，笔者做了《书籍史研究理论和方法的"闭环"》；其二，在2019年12月2日中国社会科学院文学研究所举办的印刷出版与现当代中国的文学生产研讨会上，笔者发言题为《呼唤系统、深入的中国现代文学出版专门史》。

① 陈思和.试论现代出版与知识分子的人文精神[J].复旦学报（社会科学版），1993（3）：44-49.

播、基于数字技术的数字传播代表了不同历史时代的人类信息与知识传播的主流媒介及方式。

其二，"中国现代出版的发端远远早于中国现代文学的发端"，现代出版"对现代文学的生态格局产生了深刻而巨大的影响，构成了20世纪中国文学重大变动的文化背景"①。现代出版从技术维度可溯源到1843年的墨海书馆或者迟后两年的宁波华花圣经书房②，从文化维度可溯源到1897年商务印书馆建馆，不管援引哪说，都不能改变一个基本事实："中国现代出版的发端远远早于中国现代文学的发端。""现代文学之所以成为'现代'文学，除却精神状态的'现代'之外，离不开物质状态的'现代'转换。"③这种现代转换首先并集中指向现代出版。这些基础概念层面的清理有助于在中国现代文化格局中认识中国出版与中国现代文学的关系。

本章所探究问题的理论背景是，近30年里，中国现当代文学出版研究成果丰富厚实，引人从改革开放学术史的视角行注目礼。可做如下基本面梳理。

第一，起点定格重大主题。陈思和在《复旦学报》1993年第3期发表了《试论现代出版与知识分子的人文精神》、王晓明在《上海文学》1993年第4期发表了《一份杂志和一个"社团"》（据该文文末标注，撰于1991年8月）。这两篇独创性研究文章引领并开启了现代文学出版研究的大门。当年正逢"人文精神讨论"初起，更增加了改革开放思想文化史意涵。在市场经济改革的时代浪潮面前，在"人文精神"的时代呼唤声中，"现代出版与知识分子的人文精神"便不再仅是从历史出发的学术命题，更是从现实出发的理论和实践命题，它定格定调了现代出版史论研究的重大主题。

第二，中坚开拓学术新域。中国现当代文学出版作为崭新的学术领域由

---

① 李春雨，刘勇. 现代出版与现代文学的生存方式［J］. 社会科学战线，2008（4）：163-170.
② 曹汝平在《抉择与启蒙：宁波华花圣经书房及中文金属活字印刷技术》中指出："1845年9月"，美国传教士柯理在宁波建立中国大陆第一家机器印刷机构——华花圣经书房，不经意间开启了中国早期现代出版的大门，同时也为中国带来了现代设计所需的技术启蒙。"见《现代出版》2017年第5期，第72页。
③ 程光炜. 大众传媒与中国现当代文学［M］. 北京：人民文学出版社，2005：8.

陈平原、陈思和等"50后"学人及其所指导的硕博士才俊的持续攻关开拓而成。尽管前代学人亦曾首肯,著名的中国现代文学史家叶子铭先生在1995年2月给拙著《编辑家茅盾评传》写的序文中说:"从现代学科建设的需要来看,从编辑学与大众传播学的角度,研究编者、作者、读者的互动关系,或社会客体、创作主体与传播媒体之间的关系,乃至现代文学史与现代期刊史的相互关系,都是一个有待开拓的广阔领域。"[①] 这批成果陆续发表于20世纪90年代中后期,在21世纪初叶更成气象,显示了中国现当代文学研究界"思想家淡出、学问家凸显"的实绩。它们涉及了中国现当代文学生产的方方面面,或作品与出版物的个案剖析,或出版机构、出版人与文学流派、文学思潮的历史关系研究,其点状或者局部深入地推进了现当代中国文学与现当代中国社会及其变迁关系的认知,就此而言,可以也应该给予高度评价。仅就编辑出版历史的范围而言,应该说还没有哪个领域像中国现当代文学出版史那样的论文论著规模、那样相对完备深入的史料挖掘整理。这应该感谢现当代文学研究界的同行延伸、开拓了现当代文学出版研究的独特、专门领域。

第三,史论特色亮丽。中国现当代文学研究界以中国现当代文学为核心,不断延伸、拓展文学出版的边缘边界,其看似从"边缘"向"中心"突破的创新路径不仅更充分、有力地解释了中国现当代文学,而且颇鲜艳亮丽地填充、填补了中国现当代出版,使长期潜隐的中国现当代文学出版凸显其社会存在价值与理论对象意义。其思想胸襟与视角、理论触须与分析路径让总体学养准备不足的编辑出版学界徒叹项背,相比编辑出版学界的编辑出版史研究更别具风采,另成景致。其史论特色不仅在于对现当代文学出版这一历史对象的熟稔,那种沉浸式的文本细读及体悟在总体水平上高出编辑出版学界的编辑出版史研究一大截,而且史论成果中凝结的文学出版研究方法、路径步武颇显招式,反衬了编辑出版学界的编辑出版史研究方法追寻的苍白、无力,至少不足。细思真让中国现当代编辑出版史学研究群体汗颜,除虚心借鉴、奋力追赶外别无他路。

[①] 李频. 编辑家茅盾评传[M]. 郑州:河南大学出版社,1995:3.

本章的逻辑起点是高度评价后又试图理性批判中国现当代文学出版研究的史论成果，谋求进一步突破。不妨大胆推断，那批成果留下了有待发展、完善的空间，集中表现在：①依循既有的以作家作品为中心的研究惯性，在突出文学主体性的同时，无意忽视、遗失或遮蔽了某些很有价值更值得关注的文学出版社会学现象或文学社会现象；②缺乏20世纪现代中国文学出版史的理论和方法自觉，使近百年现当代文学出版发展历史颇为类似孤立不连的群岛，总体性、结构性研究短缺导致难以形成百年文学出版史的总体认知。这当然仅就研究成果的粗略感知而言。另外，文学界的文学出版研究未必自觉于文学出版研究方法论，更大的可能是将文学史论对象稍做挪移后，对既有的文学史论方法的横向移用、挪用。这就提出了一个有待解释的理论问题，中国现当代文学出版研究是否应该以及怎样建构文学出版研究方法论？或者说，如何在现有研究基础上追求中国现当代文学出版研究的更大突破，如何在文学出版研究方法论层面走向自觉？

如果将学术评价交回本专业的学术共同体去"自断自信"，而不是由情报学界基于只言片语的引文来"他断他信"，文学出版史研究学人应该自省并追问的问题是：什么样的文学出版史研究是好的文学出版史研究？什么样的文学出版史研究成果是更有价值的文学出版史研究成果？

对这一问题首先可用排除法消极、侧面回应：针对或局限于文学出版过往事实描述的文学出版史研究不是好的文学出版史研究。因为数据库为文学出版及相关的显性过往事实的表面化叙述提供了便利，停留在"挖矿"层面，仅对文学出版过往事实"粗加工"的所谓文学出版史研究不该列为好的文学出版史研究。没有材料的历史研究近乎臆断，仅有材料的历史研究也不够完美完善。披露第一手材料的出版史研究是可贵的，就目前的出版史研究的实际理论水平和其应有的史论追求而言，仅仅披露第一手材料也是不够的。数字传播时代的研究条件和数字时代出版历史研究的社会功能严正地要求专业共同体更进一步地自省反思。

对这一问题的积极正面回应可以选定为：基于文学出版过往事实而提出问题，并以问题为导向的解释性研究是较好的或者说更好的文学出版史研究。

原因如下。

其一，研究问题的思想深度和理论力度决定相应研究的力度与深度，研究问题作为要件代表该研究的水准。有史家指出："如果说不提出问题，就没有事实、没有历史学的话，那么在构建历史的过程中，问题具有决定性地位。""在某种意义上，一部历史著作的价值就在于其问题的价值。"①

其二，他人可据（也只能依据）该研究问题和以问题为导向的解释路径，复核、重演、判定其解释的有效性及逻辑自洽程度。

其三，有效的研究问题及其解释话语，且只有有效的研究问题及其解释话语才使该研究具备潜在的理论升华、方法移植转换价值。这里隐含一个出版史论前提性命题：凡是不能理论升华、方法移植转换的文学出版史研究都是价值有限甚至低微的。

如果前述推论成立，那么20世纪文学出版史研究的核心问题或者说主要问题是什么，该是什么？有学人提出了相应的问题框架，当然不该认定认同为标准问题："社会转型中的现代出版""现代出版与文学生产及传播方式的变化""现代出版与现代文学运行机制的建立""现代出版与现代文学格局的生成"②。所以推荐并肯定其为问题框架在于其由外入里、由社会而出版而文学的渐进路径，以传播方式、运行机制为核心的思想结构性。不能说这个问题框架将20世纪中国文学出版的研究问题囊括无遗，但至少它在目前依然较前沿的认识水平上明确了研究问题的核心与边界。

一、研究取向

20世纪文学出版史的对象层面是自现代出版诞生以来伴随现代出版的发展而产生、发展的文学出版历史事实。其解释层面是对基于机械化学复制的纸媒的文学生产机制及其变迁、传播效果等的说明。文学生产机制只能在社

---

① 普罗斯特.历史学十二讲[M].2版.王春华，译.北京：北京大学出版社，2018：78.
② 李春雨，刘勇.现代出版与现代文学的生存方式[J].社会科学战线，2008（4）：163–170.

会中运行，而20世纪中国社会又处在一个在内外双重压力下急剧转型的历史过程中，因而，文学生产机制的核心是政治、经济、文化对文学创作，包括文学出版物发行、评论在内的文学传播的影响。其价值层面是揭示中国从传统农业社会走向信息社会的现代化过程中的文学传播规律。

本章开头主张用20世纪出版来标举现代出版，其转折与替换实际留下一个有待充分说明的矛盾：何不直接用现代出版、现代出版史或现代文学出版史而转用20世纪文学出版史？语词选择的背后不仅关联核心概念的建构，而且隐含着一种理论期盼与追求。这就是20世纪文学出版史的深入、系统性。系统的20世纪文学出版史应在、将在三个方面显示其系统性。

其一，时间的纵贯性。选用"20世纪"将文学研究界习见惯称的"近代""现代""当代"打通，在充分认可1911、1919、1949、1978年等时间节点的历史里程意义的前提下，以现代出版作为统一的媒介基础融通中国近代文学、中国现代文学、中国当代文学以及相应的中国近代文学出版、中国现代文学出版、中国当代文学出版。就此而言，时间的纵贯性首先释放了时间的包容性，这种基于时间的包容性而凸显的历史包容性更显客观，有可能去除"现代文学""现代出版"所带来的时段模糊性和对象切割"刀痕"。

其二，解释单元的系统性。包括单元系统性和结构系统性两个方面，首先是文学出版历史分析单位、文学出版理论单元在基本概念以及基本概念谱系层面显示系统性。

其三，解释结构的系统性。解释结构在解释单元的基础上生成，如果认同结构的本质即要素及其关系，那么解释结构的系统性是解释在超单元的更高层面（结构）上的重组与升华。那种20世纪文学出版史特有、专门的结构系统才是文学历史、文学出版历史和文学逻辑、文学出版逻辑的统一。这四个维度或层面要素如果真能以专门特有的解释结构方式有机统一，将充分显示20世纪文学出版史的理论力量。

深入的20世纪文学出版史将在两个方面显示其深化性：其一，从文学出版历史事实出发，充分解释中国从农业社会到信息社会的文学、文学出版及其演进，进而为数字时代的文学传播积累历史和理论资源。其二，从点状的文学出版现象出发，连点成线进而以社会变迁为背景呈现文学出版进程，进而连线成面结构化地建构文学、文学出版的社会互动、社会功能。

"'世纪'是在已经结束和行将开展的两个世纪之间作出比较的产物，它能让人对比较进行思考，即同时思考延续与断裂。"[1] 20 世纪中国文学出版史中的 20 世纪既指研究对象意义上的客观性时间，更指研究方法意义上的工具性时间及视角。文学出版的另一面既不是文学也不是出版（基于文学的文学出版史有其片面性，基于出版的文学出版史如果把握不好其中的内在逻辑，同样将有违真实、有失周全），而是文学传播。在笔者看来，这是数字传播时代文学出版研究的基本立场，舍此就辜负了时代赋予的机遇，也难以区分数字时代文学出版研究与前数字时代文学出版研究，并显示其独有价值。因为出版是人类工业文明的产物，有历史发展的阶段性，而传播是人类与生俱来的。人类永远伴随着对信息和知识生产与传播的需求，人类未来的发展可以没有基于印刷的出版，但人类社会不能没有传播。人类是靠信息流动激活既存知识、存储现有知识并传承下去来维系社会发展的。就此而言，只有在 21 世纪数字传播较充分发育发展后，研究者才具备根本性的观察条件蓦然回首 20 世纪的文学出版历史。

如果说文学出版是针对人类工业文明时期文学传播的某种类型、方式的概念性描述，文学传播则是针对人类多个时期甚至各个时期的审美信息与知识、语言艺术创造的活动的总括性描述，更具包容性和概括力。

立足人类文明以文学传播的视角俯视中国现代文学出版史，而不是立足中国漫长的农业文明、迅速迭代的工业文明来仰望文学出版，这既是应有的基本立场，也是中国现代文学出版史研究深化、史论价值升华的历史观前提。

二、分析单位

学术研究首倡分析，贵在分析。只有分析才能由表及里解剖内在、镜视

---

[1] 普罗斯特. 历史学十二讲 [M]. 2 版. 王春华, 译. 北京：北京大学出版社, 2018：118.

内在，避免外在描述。分析单位关联而不等同研究对象、叙述对象，作为历史本体论和史学方法论的结合单元，它是历史研究中衡量水平高下、价值优劣的仅次于问题的决定性因素。

不切分就无法内在地分析整体，而只能外在地描述整体。"并非所有分割方式都具有同等价值：一定要找到有意义的、使整体得以融贯起来的分割方式。"① 简言之，分析是手段，融贯是目的，这是历史研究中处理分析单位的一般原则。

20世纪的文学出版史固然可以也应该切分出"五四"、20世纪30年代、新中国成立初期、改革开放等不同时段，这也仅是为了分析深入而采取的手段，其目的在于再现随时间演进的文学出版活动的连贯，或者说以20世纪命名的百余年中文学出版作为社会、专业领域，其内部的各种社会要素及其结构关系、文学要素及其结构关系的融贯。因此，它的基本面向首先是随时间轴展开的对连贯的文学出版的叙事分析（当然不是停留在描述性的叙事），其次是基于时间轴后再以政治、经济、文化三个维度为中心展开的文学出版叙事的结构分析。跳出单个时段，挣脱或文学或出版或权力或效益或审美创造的单一单元，才能在百年文学出版史的视界理解过往呈孤岛、半岛状的文学出版，才是总体性的文学出版史而不是碎片化的有关文学的出版史或有关出版的文学史。"历史学的特性就在于创建出整体，即创建出有组织的结构。""所有历史学都是总体的，因为历史学的志向在于说明它所处理的诸多元素如何构成一个整体。"②

传播皆有媒介，正如基于媒介之物才有传播行为。文学出版史首先是出版史，然后才是、才有文学出版史。20世纪文学出版史分析单位的第一层次，也就是说首选层次在出版，也只能在出版。如出版人、出版物、以出版机构为代表的出版制度或者说一个社会的出版行为组织方式。出版分析的核心是出版人、出版物、出版机构与出版制度四者之间的不规则菱形关系分析，因

---

① 普罗斯特. 历史学十二讲 [M]. 2版. 王春华，译. 北京：北京大学出版社，2018：116.
② 普罗斯特. 历史学十二讲 [M]. 2版. 王春华，译. 北京：北京大学出版社，2018：213.

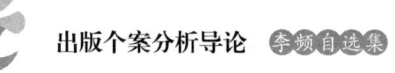

为出版制度隐性隐形而又统摄力强劲,出版分析的难点和重点是关联出版人(群体而不仅是个体)、出版物、出版机构这三者的出版制度分析。20世纪文学出版史的难点和重点是关联文学出版人、文学出版物(刊、书、报)、文学出版机构(专营或兼营的、专业或非专业的)的出版制度与文学制度的复合分析。这是由文学出版的内在机理决定的分析原则与重心。20世纪的社会结构决定了只有以这样的分析框架解释历史社会现象才具解释力。本节以《人民文学》为例对此予以解释说明。

《人民文学》是20世纪中国文学出版史的醒目存在,其发展路径的正歧反复、影响力的强弱起伏是新中国期刊史的发展缩影。新中国文学史、出版史更不用说期刊史都难以回避它那矗立歧道似引路标的存在。这决定了它必然是20世纪文学出版史的叙述对象和研究对象。为了更深入地研究这一对象,或者说为了更清晰地揭示这一对象的文学出版历史意义,它必须被分解为若干个分析单位。

数位功力颇深厚的学人专心探索、接力冲刺《人民文学》研究谱写了文学出版历史、期刊历史研究的佳话:建树有方的独奏共鸣成应和有法的合唱。吴俊、郭战涛著的《国家文学的想象和实践——以〈人民文学〉为中心的考察》(以下简称吴郭合著)出版稍早,理论与方法的突破发力较狠,可推断影响也更深。就《人民文学》自身时段而言,李红强著《〈人民文学〉十七年》(当代中国出版社2009年版)详尽前期(1949—1966年),郑纳新著《新时期〈人民文学〉与"人民文学"》(以下简称郑著)细究新时期也即后期,吴郭合著恰恰在时段和学理方法的双重层面承前启后。分看单看,三者各自成书,连看合看,则成《人民文学》研究的系列景观。类似这种就一个对象展开的从不同视角的有分有合的自觉的协同研究,真希望再现多现在20世纪文学出版史的后续研究中。笔者顺带表明一点私见,科学严谨的20世纪文学出版史不可能由单独的某个人在限定的时间内完成,即使是团队合作的课题组织形式的研究,若限定在三年左右的时间内,也未必能够思想到位、叙事到位。

"国家文学"① 乃吴郭合著中自创的核心概念。这一自创是对前人思想的移植、相关研究的继承,大胆使用自主创新的工具显示了扬弃的理论勇气,并向文学出版研究界、期刊研究者昭示了一条新路:以自创的核心概念高度凝练地建构研究对象与研究方法的同构关系,由此展开对研究对象的逐层逐段、某作品某类型的分解分析。逐段是指期刊作为连续出版物的某个时段,如《〈人民文学〉:与新中国共生的国家最高文学刊物——创刊初期的〈人民文学〉》《新中国的第一场"文艺整风运动"——文艺整风学习运动(1951—1952)与〈人民文学〉》《政治变局的文学见证——关于〈人民文学〉的复刊》;逐层是指文学出版物的层次或文学出版的环节,如《组稿:文学书写的无形之手——对文学组稿的政治解读之一》《封面的意识形态——关于"十七年"期间〈人民文学〉的封面》;作品解析指联系出版宗旨、意图、社会影响等对刊物所刊发作品进行不局限于文学的社会学分析,如《环绕文学的政治博弈——〈机电局长的一天〉风波始末》和《政治改造的另类标本——秦兆阳短篇小说〈改造〉的意义》,后文以《人民文学》副主编刊发在所编刊物的作品为分析对象,因为所选案例的典型性更鲜明,其分析揭示显然更逼近《人民文学》出版意图和效果的真谛。这里所说的创刊、复刊、组稿、封面等都是文学出版的基本分析单位。借助这些看似不搭的出版分析单位,该书充分展示了以《人民文学》为媒介中心的文学与政治的复杂关系。那雪藏多年的复杂性借由国家文学、国家文学期刊而清晰凸显出来。理论工具创新催生、演化成理论陈述言说创新,其核心价值如此。吴郭合著陈理叙事冷静洗练,重要观点、思想不事张扬。于作者,不经意地复述(语言相对于思想而言再表现);于读者,亦该在不经意间领悟——领悟思想流、语言流中看似随意、

---

① "从政治角度考察当代中国文学,我把它'命名'为国家文学。何谓国家文学?我的基本定义是,由国家权利全面支配的文学谓之国家文学。换言之,当文学(在国家范畴内)受到国家权利的全面支配时,这种文学就是国家文学。国家文学是国家权利的一种意识形态(表现方式),或者就是国家意识形态的一种直接产物,它受到国家权力的保护。同时,国家文学是意识形态领域中国家权利的代表或代言者之一,它为国家权利服务。"见吴俊、郭战涛:《国家文学的想象和实践——以〈人民文学〉为中心的考察》,上海古籍出版社2007年版,第1页。

实则重要的词、概念和语段。那种一笔带过似的概念,那种文末、段末补叙的单句实存点到为止的深意。这也是要提醒读者注意体会的。

新时期和"人民文学"是郑著解说《人民文学》的时空坐标,他借以切割并锁定了连续出版的《人民文学》作为研究对象的特定分析单位。看似同语反复的书名非为讨巧,而是迎难而上:在20世纪社会变迁、文学变迁的视域中清理"人民文学"的观念变迁,发现"'人民文学'是中国现代社会运动发展的产物。它经历了从'革命文学'到'大众文学'到'人民文学'这样一个演进过程,凝聚了中国现代知识分子的现代性追求、中国共产党人的革命探索与苏俄经验"①。进而以"人民文学"观念史为基础聚焦《人民文学》,便立体地揭示了《人民文学》与"人民文学"鲜活而又本原的历史联系:"《人民文学》复刊与'人民文学'的恢复""《人民文学》的黄金时代与'人民文学'的发展""《人民文学》的两难与'人民文学'的淡化""新时期《人民文学》的组织活动"。前三个章题所代表的三段叙事浑然构成一个完善的整体,真该为这样独创性的解构与重构叫好。以刊名为切入口的观念史研究与以期刊为中心的媒介史研究相得益彰、相辅相成,具有文学期刊研究的方法创新意义。

郑著以方法组合创新为基础的洞察既还原历史又"重写"历史:"因为《人民文学》在国家和文学之间的拉力与应力关系,它的发展乃至曲折,它的停刊乃至复刊,都感应着国家的变动,回响着文学的心音。在国家与文学发生巨大变动时,这种动态关系所呈现出来的紧张状态,无疑值得特别关注,这正是新时期《人民文学》与'人民文学'所具有的特别底蕴。"②

以吴郭合著中的"国家文学""国家文学期刊"作为理论创新参照,才能更清楚地理解郑著以"人民文学"刊名作为观念史切入口的理论创新意义。同时也应该肯定,从吴郭合著的"国家文学"到郑著的"人民文学"有其内在关联,其中既有其贯通继而转型的实践逻辑,又有理论逻辑层面各自的原

---

① 郑纳新.新时期《人民文学》与"人民文学"[M].上海:东方出版中心,2011:3.
② 郑纳新.新时期《人民文学》与"人民文学"[M].上海:东方出版中心,2011:5.

创性和承继性。杨匡汉在评价《〈人民文学〉十七年》时也说"作为文学权威杂志的《人民文学》，在新中国成立之初十七年的诞生、成长及可逆与不可逆的历程，已不仅仅是旧与新的转型问题，更是以'人民'的名义代表着需要和期待什么样的文学选择与文学命运问题，广义地构成了文学政策的走向"（见该书前勒口）。《人民文学》以"人民"的名义创刊，而在发展"人民文学"与"国家文学"两端之间颠簸，新时期的《人民文学》则试图挣脱也最终成功挣脱了"国家文学"的桎梏而回归"人民文学"的初衷。历史地呈现这一"挣脱—回归"过程，既是郑著的主题，也是他独到的学术贡献。

顺带言之，郑著第四章见微知著，发前人所未发，尤有20世纪80年代期刊史研究的突破意义。该章分三节："文学组织活动与文学自主性的建立""服务于创作的文学批评""张光年与新时期的《人民文学》"。《人民文学》在拨乱反正期间举办的三次重要会议是彪炳史册的，《人民文学》设立并组织全国性的短篇小说、中篇小说、报告文学评奖虽然在1990年后戛然中止，却影响深远。郑著在"文学自主性"范畴中考量这三次会议和三个奖项既恰切，又凸显了《人民文学》在历史转折时点的"国刊"作为与功能。

本节赏析同行研究除了倡议以20世纪中国文学出版史为目标的协同接力研究，也借以举例解释分析单位不同于叙述对象和研究对象。这里的"国家文学""人民文学"仅是《人民文学》作为国家期刊的主要方面以及解析这方面的一个维度。《人民文学》作为杂志有其多面性（如果不"杂"也就不成其为"杂志"了），作为中国作协的机关刊，又肩负对地方文学工作、地方文学期刊工作的领导职能，因而带来文学个性和期刊个性、中央期刊和地方文学等方面的复杂性。这种复杂性显然是单维的"国家文学""人民文学"难以有效、全面解释的。如追求解释得更有效，就必须另外再组合其他分析工具，且从《人民文学》中再分解另外的分析单位。因此，分析单位可以等于小于但不能大于研究对象（如果大于，那极可能属于分析框架的讨论范围了），将研究对象周延、合逻辑地切分为若干个分析单位，选择其中之一并导入合适的理论工具进行研究是有效的研究，选择其中几个并组合多个合适的理论工具进行复合研究才是更有效的研究。分析单位也不同于理论工具（如本节所述的"国家文学""人民文学"等），分析单位从属于研究对象，理论工具从属于包括分析路径在内的研究方法。

三、问题导向

如果认同研究问题随学科发展水平、时段，研究者（及群体）知识结构、理论抱负而不同，目前就很难提出 20 世纪文学出版史的统一的接近共识性的研究问题，即使是包罗较为宏富、主次较为分明、大小分解较为恰切的研究问题集群或者说问题结构。因为那也仅仅是具体的研究者基于他所建构的文学历史事实和他意图达到的文学出版历史解释以及他质疑当时已有的、朦胧有待确证的答案而提出的问题，有其个人个别性，暂时难以与研究同行"通分通约"。

尽管不少学人结合具体研究提出了不少有价值的问题，如"'书局'和'出版社'与现当代文学是怎样一种关系；能否通过一个'书局'观察一部'小说'的诞生过程，通过'出版社'对作家、作品的遴选、归纳、排队，了解'主流文学'与'非主流文学'是怎样形成的；等等"。[①] 本节更乐意结合"丁玲办《中国》"的案例，和同行商讨 20 世纪出版史研究中与问题导向直接相关的问题定向、问题结构等具体操作性策略。

《丁玲办〈中国〉》[②] 是改革开放文学期刊史的抢救性成果，为 20 世纪中国文学出版史积累了难得的素材。作者王增如曾任丁玲秘书，她尽管不是"丁玲办《中国》"的全程参与者，却是"丁玲办《中国》"的见证者。其现场而又旁观的报告史料翔实、细节生动，可读而又耐读，鲜活诠释了20世纪80年代老作家们的时代激情，也简朴铭刻了"丁玲办《中国》"的出版文化雕像。如果认同"丁玲办《中国》"的历史事实及其价值，那就提出了如何认识的方法问题。《中国》创刊于1985年初，停刊于1986年底，其 18 期刊物

---

① 程光炜.大众传媒与中国现当代文学[M].北京：人民文学出版社，2005：9.
② 王增如著.丁玲办《中国》[M].北京：人民文学出版社，2011：3.

上所载文学作品很难说到底有哪几部能进入文学史研究者的视野。也就是说，该历史事实所提出的未解决问题及答案属于文学出版史领域而不属于文学领域。缩小并矫正专业领域有助于明确问题域。而一旦真试图提出合适、恰当的历史解释，扑面而来或者说难以释怀的当是其中的好些"反常"，进而对"丁玲办《中国》"问题的求解一直伴随着另一个问题：如何认识、解释"丁玲办《中国》"中的"反常"现象？

（一）为什么是1985年？创刊时点激发历史想象

《中国》是改革开放期刊史上第一个公开发行的停办期刊。其创刊年1985年恰是改革开放期刊史乃至整个中国期刊史上全国期刊发行量首次突破25亿册、全国人均期刊占有量突破2册的高峰时点。再恰逢三联书店那年推出翻译的思想文化读物《宽容》，"宽容"便作为符号标记了那年和那个时代。因此，以"宽容"为标志的风云际会与改革开放期刊高峰的关系成为改革开放期刊史乃至改革开放思想文化史的重要课题。《中国》不仅创刊时点而且编辑出版行为、节奏隐现了它的文学出版历史价值，且激发后来者诸多想象和探究冲动。

1984年4月27日，在中国作协的小说创作座谈会上，有老作家提议办刊，并拥戴丁玲主编。7月22日，丁玲正式向中国作家协会提出办刊申请；11月28日在北京新侨饭店举办300多人参加的《中国文学》创刊招待会。12月20日文化部出版局下文"同意创办《中国》文学双月刊"。国家外文局原办有《中国文学》，新刊申请者便将"文学"去掉，仅存"中国"，暗合1992年7月甘肃《读者文摘》更名《读者》。"丁玲办《中国》"就是如此风风火火。办刊人如此"自由"，政府如此"宽容"，后人纳闷难以理解。20世纪80年代就是如此充满生机和活力。

（二）为什么是丁玲？丁玲符号在20世纪左翼文学出版史上关联深广

以"丁玲办《中国》"为中心拓展到丁玲一生，不难挖掘史料建构如下三个历史事实：20世纪30年代的《北斗》主编丁玲20世纪80年代办《中国》；

延安时期主编《文艺月报》和党中央机关报《解放日报》副刊的丁玲新时期创办《中国》；新中国建国初期的中共中央宣传部文艺处处长丁玲在改革开放新时期创办以"民办公助"为初衷的《中国》。这三个事实依次连接而成左翼文学、左翼文学出版的醒目序列，且顺序构成20世纪文学出版史的视域。在这循问题导向而"发现"的视域中排列、比较三个办刊事实，又不能不怦然心动：以第三个历史事实最具20世纪文学出版史的内在张力。那么，第三个事实意味着、蕴含着什么？其内在张力究竟是什么，寻问求答才理解"民办公助"凝聚了政治、经济、文化的诸多矛盾而成为期刊出版改革的焦点。这就是历史研究中问题导向的思想引领价值。

（三）"民办公助"为什么昙花一现最终只能欲说还休？

"民办公助"作为一种期刊出版创新体制，遥接《新青年》以来的"同人办刊"，丁玲因20世纪30年代主编过《北斗》，堪称"不忘初心"。她"不忘初心"的历史回归和观念创新有一个过程。1984年7月，丁玲给中国作协党组报告中的相关表述是，"我们热烈响应党中央实行体制改革的号召，自愿结合，逐步打破铁饭碗，自负盈亏，创办这一刊物"，"刊物名称待研究商定"，"实行承包制。除创刊阶段请求银行贷款外，此后刊物及其他出版物一律自负盈亏，不要国家补贴，并考虑实行集资认股"。① 她在1984年9月12日夜为申请刊号给胡耀邦的信中首次提出"民办公助"："我拟以民办公助的方式，也可以找到代为出版的地方，逐步过渡到自力更生、自负盈亏，扩大经营范围，争取上缴利润。此事已由作协党组批准，并转呈中宣部批示。"②

文化部出版局为同意《中国》创刊明确批复中国作家协会，掷地有声：《中国》是中国作协的刊物，不是民办公助刊物。请你会加强对该刊的领导，按照中央宣传部中宣发文（1983）58号文件要求，在该刊建立健全编辑部和其他办事机构，以保证该刊贯彻执行党的文艺方针和出版方针，遵守国家关

---

① 王增如.丁玲办《中国》[M].北京：人民文学出版社，2011：22.
② 王增如.丁玲办《中国》[M].北京：人民文学出版社，2011：46.

于出版行政管理的规定。"批复时间是 1984 年 12 月 20 日。

1984 年 8 月 28 日,中国新闻社的《中国新闻》以《丁玲的壮心》为题首次公开了丁玲"民办公助"《中国》的计划——"丁玲说:'开办费大约需要 20 万元,我自己拿不出这么多钱,但我想争取民办公助,同时还要靠各界人士资助或国家贷款。将来可以采取入股分红的办法,争取能有盈余按股分红给大家。'"

"丁玲的壮心","即便在今天,仍不失为振聋发聩之声。民办公助、国家贷款、入股分红,这些都与旧有体制大相径庭,很难相信它们出自一个曾被认为是文坛'左王'的丁玲之口"[①]。更让出版史沉思的是,丁玲这一被国家通讯社公开的计划不仅"与旧有体制大相径庭",而且与 30 多年后的出版体制改革在实践操作或"潜操作"层面言殊实同,偏偏丁玲的"壮心"乃听从"将令":1984 年 10 月 20 日,中共中央颁布了《关于经济体制改革的决定》,同年 12 月 29 日,国务院发布了《关于对期刊出版实行自负盈亏的通知》。丁玲"左"吗?思想、政治偏"左",出版经济的思想追求极"右"。丁玲不"左"吗?《中国》的双主编丁玲、舒群,副主编魏巍、雷加、牛汉、刘绍棠,15 个编委名单并未上报中国作协书记处或党组审定,而由她本人主持与同人、当事人商议决定,可见至少期刊队伍的组织路线极右。李辉将"丁玲办《中国》"的某些异常行为归源于 1984 年 8 月 1 日中共中央书记处批复同意中央组织部拟定的《为丁玲同志恢复名誉的通知》。"压在心底 40 年的政治重负一旦解除,丁玲无须再刻意地以强烈的政治行为来证明自己的革命性,兴奋之中,文学细胞重新活跃起来。""出现在人们视野里的,不再是'清污运动'时高度政治化的丁玲,而是早年个性鲜明、富有闯劲的丁玲。"[②]信然,可见革命性与人性的矛盾。历史就是这么复杂,经过数十年积淀、冲刷;左翼出版历史就是这么复杂,而不仅仅是 20 世纪 80 年代,不仅仅是丁玲。

诚如李辉所说,丁玲"将自己与一些政界高层人物的良好的个人关系、

---

① 李辉.绝响:八十年代亲历记[M].北京:生活·读书·新知三联书店,2013:160.
② 李辉.绝响:八十年代亲历记[M].北京:生活·读书·新知三联书店,2013:162.

她的社会影响力与感召力，均用到了极致——为争取《中国》问世"，不说从北大荒农垦局筹款110万，她还多次找习仲勋，于1985年8月由中共中央直属机关编制委员会批给《中国》15个事业编制。为何大难题解决之后，次年便人死刊停呢？"这里面既有历史上多年积下的派别宿怨，也有文坛上那几年新起的矛盾纷争；既有原则性的分歧，也有无原则的争吵；既有文学的，也有政治的；既有是非之争，也有纯属个人修养与性格方面的意气用事。丁玲是《中国》之魂，自然也是各种矛盾的交合点。"① 前句指向社会，提示"丁玲办《中国》"的媒介环境。"丁玲办《中国》"热烈奔放（契合20世纪80年代），天时地利独缺人和。与同事同行口诛笔伐十余年后，那代人、那时代的参与者不易"人和"了，丁玲尤甚。她清醒断定，她死后《中国》必停刊。她未必清醒认知的是，革命、斗争一辈子的她何以在生命的终点时段依然斗争、革命；就因为她一如既往地斗争、革命，自我终结了她作为晚年生命寄托的《中国》。这才是20世纪中国文学出版史（不仅仅是左翼文学出版史）更应该沉思的。

"丁玲办《中国》"的历史本质是丁玲以"民办公助"的创新形式办《中国》，这才是其历史魅力的核心所在。承认这一实质性解析，才可理解前述三个问题实际分别在"民办公助"是什么、为什么、如何进行三个层面展开，限于篇幅只能粗陋展示在以问题为导向的历史探究过程中的问题结构。这也就是说，问题导向中的问题不是单一单独问题，而是串接的多维多层问题。"在历史学家看来，一个具有充分正当性的问题应该是嵌入在一个由其他相似或相补的问题组成的网络之中，与这个网络相伴随的是诸多可能的答案，对资料进行研究后就能在这些答案中进行选择。"② 引文所述的"相似或相补的问题组成的网络"就是问题结构。以问题为导向绝对不是由单一问题牵引而单向突进的，而是中心问题依历史事实的内在关系而分解为多个相关问题，在求得相关问题解的基础上求得中心问题解的。因此，问题结构在一定意义上

---

① 王增如.丁玲办《中国》[M].北京：人民文学出版社，2011：2.
② 普罗斯特.历史学十二讲[M].2版.王春华，译.北京：北京大学出版社，2018：116.

就是历史探究的分析路径和解释结构。

以问题为导向首先隐含以问题为定位，没有问题定位就不可能有问题导向。没有问题起点或者说起点问题，就没有问题导向的出发点。没有研究目标（意念上的理论目的）也就没有研究终点或暂时间歇点。没有明确划定起点问题（或问题起点）和研究目标目的这两个端点，也就是说，没有通过划定两个端点而确定问题域，何来问题导向（从何出发、导向哪里）？因此，正如学术研究中不能落实的问题意识仅为空洞无力的口号，没有问题定位的问题导向也难免导向有误，需要问题定位核准问题结构的重心。

科学研究普遍和一般的意义以问题为导向，就具体操作而言，更讲究"根据问题定向"[①]。历史研究中问题定向的根本是历史事实本身，由历史事实本身蕴含的发生时间、被解释内容基本预设了问题、答案及解释的参考框架。

如果认可"所谓问题的解，就是问题的正确答案"[②]，那么历史问题的解就存在于也只能存在于历史事实本身。对历史问题的求解起步于亦终结于对历史事实的认定、建构。判定历史学研究中问题的真伪、正误，其根本依据在于历史事实的真伪、正误。而对历史问题的解的求得过程必然也一直伴随着历史事实的分析过程。只有通过对历史问题与历史事实的双向求解，进而发现其问题解最终是既不真也不假的伪命题，且只有在发现其解是伪命题、错误命题的时刻，才自证或他证其历史探究问题乃伪问题、错误问题，其历史事实为伪事实、错误事实。对"丁玲办《中国》"的问题求解不仅要回到丁玲以"民办公助"办《中国》的事实，而且只有以该事实为定位，导向于20世纪同人办刊的历史曲折，才能认同并不起眼的《中国》在20世纪中国文学出版史上不可小觑的地位。

有学者指出，"在当代文学的'发生期'（解放区文学）和（20世纪）五六十年代文学中，媒介与文学的关系，却表现出另类的形态。其重要变化是，媒介从由书局、编辑和作家控制，改由文化政治和国家控制，媒介的主

---

① 劳丹. 进步及其问题[M]. 方在庆，译. 上海：上海译文出版社，1991：4.
② 林定夷. 问题学之探究[M]. 广州：中山大学出版社，2016：145.

体性替代为文化政治和国家的主体性"[1]。这后句所述作为历史认识对象,几乎是中国近现代出版史上1949年后的基本常识,但沿此上溯到20世纪40年代的延安解放区,并拓展到整个当代文学出版,便自然发现其"另类形态"。如果在20世纪文学出版的更大视域中既向前追溯,又向后延展,其"另类形态"特征则在"以此前为镜"和"以此后为镜"的双面镜像中映现得更为鲜明。"另类形态"的如此发现及认知,表面看来只是文学出版历史事实以1949年为界标的拓展横移,实际是20世纪文学出版史观念统率下的历史重构。这种重构更深刻理解、认同了以市场化、国际化为号召的改革开放所引致的包括文学出版在内的深远历史意义。

"丁玲办《中国》",在延安以来的文学出版史上是反常的,在《新青年》以来的文学出版史上是正常的。唯其正常与反常之间的落差才使其成为20世纪文学出版史上意味深长值得探究的历史事实。就此而言,将20世纪80年代实际发生而在其他某些时段看来反常的事物消化理解为正常,也就理解了20世纪80年代。这就是历史视域作为解释框架的无言力量。

20世纪文学出版史坚实的历史背景是社会转型,以社会转型为背景的现代出版转型和现代文学转型因而成为20世纪文学出版史的基本主题和核心命题。从这一基本主题和核心命题出发,茅盾、巴金、丁玲等跨时段的文学出版人物就显示了他们现代出版转型研究和现代文学转型研究的交汇、复合价值。

四、研究方法

有学人提议并践行中国"现当代文学的文化研究"[2],应该肯定其文学出版史研究方法论的启示意义。文化研究在20世纪英美成为显学,经长期砥砺已发展出成熟而解释有效的理论工具。中国现当代文学研究中最近20年来引人注目的文学出版研究成果基本都属于"采用文化研究的方法探讨中国现当代

---

[1] 程光炜. 大众传媒与中国现当代文学[M]. 北京:人民文学出版社,2005:5.
[2] 程光炜. 大众传媒与中国现当代文学[M]. 北京:人民文学出版社,2005:9.

文学"[①]。吸纳其成功经验，20世纪文学出版史研究的核心理念是否可以如此设定：文学、出版均只是研究对象，或首先只是研究对象其次才是"副"方法、"次"方法？如此断言，初看之下对发展水平悬殊的文学和出版学同等对待极不公平，以文学方法或出版学方法研究建构出来的文学出版史必然因对象和方法的不统一而偏颇，以文学方法加出版学方法，或文学史方法加出版史方法研究建构出来的文学出版史也未必不在研究方法和研究结果的双重意义上生硬。其"正""主"方法是文化研究，以文化研究为主为正消化吸纳文学方法与出版学方法、文学史方法与出版史方法。

《新青年》是中国200年期刊史上两个百年之间的重要里程碑，于中国现代思想文化影响深远。可以这样说，大凡中国现代思想、文化、文学史诸问题，一旦深究，都指向、追溯到《新青年》，研究著述精彩纷呈，因而成就了"说不尽的《新青年》"这一期刊历史现象。

陈平原《思想史视野中的文学——〈新青年〉研究》（以下简称陈著）是《新青年》研究的名作、力作。陈著以问题导向以及相伴随的问题解析为必要条件，以文史博览、取精用宏为充分条件，一举成就名作。该文以问题为导向的研究方法、以论题为中心的思想论证方法、以《新青年》为对象的叙述方法浑然一体、娴熟自如，以叙带论、叙中有论，坚实的论证结构支撑长篇论文，使史实的精微叙述在论证结构中自如流淌、鲜活穿插，填充并丰富其论证结构，进而让读者读论文如读散文，读长篇论文如读长篇散文，留恋难舍。诚为文学出版史尤其是期刊史、出版史研究可琢可磨的范本。

（一）出版的物质结构与出版行为的思想结构

陈著研究方法示范的核心是标题所示的思想史、文学、《新青年》之间的三角关系。这一三角关系静态地看是依次叠加的三个层次截面：基于《新青年》的思想史视野中的文学。《新青年》是亦仅是陈著的研究对象，思想史是其视野，文学才是他的研究目的。那么，问题油然而生，陈平原为何以及如

[①] 程光炜.大众传媒与中国现当代文学[M].北京：人民文学出版社，2005：2.

何选择《新青年》去解析思想史视野中的文学?

陈著以1919年底《新青年》重印前五卷的广告词破题:"这《新青年》,仿佛可以算得'中国近五年的思想变迁史'了。不独社员的思想变迁在这里面表现,就是外边人的思想变迁也有一大部分在这里面表现。"先点睛再画龙。思想史与《新青年》的关系交代了,而且是以学术史回顾的方式正本清源,彻底交代了。至于思想与文学、思想史与社会史的关系,蔡元培在《中国新文学大系》总序中所说提供了基础性的一般理论命题:"为什么改革思想,一定要涉及文学?因为文学是传导思想的工具。"①陈著看似轻描淡写地引用此语,实际是在归纳论证中导入演绎论证,追求历史解释中归纳推理与演绎推理的结合:"只有当特殊事件之间的联系可以从一个一般命题演绎出来时,才会有一个科学的解释。可以换一种说法,只有当历史解释建立在演绎的公设上时,历史解释才是科学的。"②这是太多的历史研究忽略了的。

陈著开头四五段作为导语重在学术史钩沉,钩沉之后便提出其核心问题:"如何在思想史、文学史、报刊史三者的互动中,理解其工作程序并诠释其文化/文学价值,则有待进一步深入开掘。"《新青年》研究包含但不止于其编辑出版工作程序研究,既往诸多出版史、期刊史研究或故步自封,或学力不逮,恰恰止于过往的编辑出版实践甚至于编辑工序流程的研究。文学出版史研究的关键在于回归历史语境,从文学出版物及其文学编辑出版实践入手,在20世纪社会变迁中解释它的文化/文学价值。文学出版史的魅力、胜境在图书报刊史、文学史、思想史的互动中。陈著还说:"在我看来,《新青年》的意义,首先在思想史,而后才是文学史、政治史等。换句话说,《新青年》的主导倾向,是在思想史的视野中,从事文学革命与政治参与。"这既是对前述研究问题的直接回应,又是对研究问答所在问题域的说明;既构成对陈著标题所示的三者关系交代,又强调思想史是该研究的问题域。这就构成了陈著研究方法的根本或者说总体性说明。问题定向以厘清后的研究对象(重在

---

① 蔡元培.《中国新文学大系》总序[M].上海:良友图书印刷公司,1935:9.转引自陈平原.思想史视野中的文学:《新青年》研究:下[J].中国现代文学研究丛刊,2003(1).
② 阿隆.论治史[M].冯学俊,吴鸿绖,译.北京:生活·读书·新知三联书店,2003:132.

《新青年》同名异刊的辨析，详见后述）为出发点，问题导向在也只能在预设的问题域中明确核心与边界、路径环节与目的；问题结构以问题定向为基础，以问题域为范围分解主次问题，排序前提问题与后果问题，分辨情境问题与行为问题、思想观念问题与行为操作问题、群体问题与个体问题。问题结构对应或指向研究者的思想结构。文学出版史要追求破译出版人群体的出版行为的思想结构，以此再求解出版的历史效果。

以《新青年》为对象，直逼"五四"新文化思想史，固然唯有《新青年》可以承受其重，作为一种研究范式建树与标引应该说是陈著首倡并完成的：以期刊为对象，直逼思想史或在思想史的问题域中追问专门史。在这样的直逼和追问下，画地为牢的所谓期刊史研究因无法、无从解释期刊的传播效果而局促、局限得可笑，肤浅、浮泛得让人惊讶。在这样的研究范式里，诸多习见的研究方式陈说似乎都仅为展开的具体操作方法及其针对特定对象的实施细则。

专栏是期刊的结构单位，彰显着期刊作为出版物的物质结构。研究期刊涉足稍深者都习惯专栏分析，或者以专栏分析为突破口有所寻觅。正如陈著所发现的，"《新青年》最具创意的栏目设计，非'通信'莫属"，陈著以专节"文体对话与思想草稿"考察《新青年》的"通信""随感"专栏，与常见的期刊研究将杂志分解为专栏分析迥异其趣，另成高格。首先，从研究理念看，陈著明言"从文学史而不是新闻史、思想史的角度审视《新青年》，需要关注的，主要不是其政治主张或传播范围，而是其表达方式"。文学视角的表达方式之一是文体，期刊视角的表达方式之一是专栏，"通信""随感"专栏因此纳入视野予以重点分析。其次，正如节题"文体对话与思想草稿"所示，"通信""随感"专栏基于文体和"文体对话"，而指向"思想草稿"，这样便把基于《新青年》杂志的文学史、思想史研究具体对接起来。最后，联系"通信""随感"所以产生的思想境遇，揭示《新青年》的这两个专栏引致文体变异，催生出新的文章体式"通信"和"随感"，进而丰富了中国现代散文品类，如杂感杂文、小品文等。当然，如对后者深究，那就进入20世纪中国散文史了。陈著就这样从专栏入手，勘察物质结构背后《新青年》编辑同人的人际互动、思想驱动，进而追溯、寻觅、呈现《新青年》同人出版行为的历史传播效果。陈著还发现："《新青年》不是由开篇的'专论'定调子，反而是由末尾的'通信'掌舵。"举重若轻，发抒融贯期刊历史的洞见。邹韬奋办《生活》已将基于"通信"的"小言论"置于卷首，1949年后，太多的期刊在卷首以专论定调。如再这样贯通考察，那更关涉个体之间的思想交流与集体的思想统一了。而期刊作为媒介工具，则是近似甚至同样的。

（二）对象时间、社会时间和视域时间

历史的本质特征是历时性。以当下或后来的社会去重构并解释过去的时间以定格定调其生命力。就此而言，历史学的本质是以社会运算、换算时间的科学。当然，这种运算和换算始于厘定对象时间，成于换算社会时间。

关于对象时间。《新青年》刊龄不是很长，却异常复杂。"其前期是反对封建主义的新文化运动的中心，激进民主主义的战斗旗帜；中期是由民主主义向社会主义转变的过渡性刊物；后期则成为中国共产党上海发起组的机关刊和中共中央早期的理论机关刊。"① 这陈述固然陈旧，聊证其复杂性已被人抚摸。陈著当然就此没少下功夫，尽管在文中着墨不多："1920年春，陈独秀因从事政治活动而南下，《新青年》随其迁回上海，后又迁至广州，1922年7月出满9卷后休刊。1923年至1926年间出现的季刊或不定期出版物《新青年》，乃中共中央的理论刊物，不再是新文化人的同人杂志。故谈论作为五四新文化'经典文献'的《新青年》，我主张仅限于前9卷。"这是陈著依时间而对作为研究对象的《新青年》的厘清——"作为五四新文化'经典文献'"的《新青年》与作为"中共中央的理论刊物"的《新青年》同名异刊，即使同由陈独秀主编。研究问题定向的基础是厘清研究对象。提出问题的关键（或者说前提）是在问题域中分析对象。厘定了研究对象，陈著第一节"同人杂志'精神之团结'"才顺势起笔，最后一节"文化资本与历史记忆"才有基础与

---

① 李频.建国以前中国期刊发展简况[M]//张伯海.期刊工作手册（第1册）：期刊业务知识.天津：天津人民出版社，1992：16.

依托，后文提及的"《新青年》叙事"才成一个创新的闭环。

这种"对象—方法—视域"的统一对于解析繁难复杂问题尤为关键，因为《新青年》交汇期刊史、文学史、政治史、思想史等，如果不能掌握"对象—方法—视域"的统一原则而精准厘定研究对象，对《新青年》这样复杂对象的研究可以说进退维谷、一筹莫展，深入几无可能。近30年前，笔者发现并陈述："'先有刊，后有党'，期刊在中国共产党的创建过程中起了重要的组织与宣传作用，是中国期刊史上最光彩夺目的一页。1920年9月起，《新青年》改组为上海共产主义小组的机关刊，明确拥护马克思主义，宣布'用革命的手段建设劳动的国家'。"[①]最初触摸到"先有刊，后有党"是让人心惊肉跳的，要说期刊的社会功能、思想传播效果何能再找出第二例？《新青年》以政论为中心，不以观念史方法为导引，在思想史、政党史的视域中精细研判该刊的政论，何能深入解析"先有刊，后有党"的出版传播现象？笔者在心惊肉跳之后终究研究乏力，于《新青年》研究难有作为，没有及早掌握"对象—方法—视域"的统一原则是关键原因。

陈著还说："争论刊物办在北京还是上海，对于《新青年》来说，关系十分重大。以学院为根基，还是以社会为背景，二者几乎决定了其办刊方针与论述策略。正是在这一意义上，我倾向于将陈独秀的北上、南下作为《新青年》发展三阶段的标志。"期刊属于连续出版物，为了深入分析，这样的时段切分是需要的，其切分的合理依据就在于《新青年》所凝结的自然时间和社会时间。

至于陈著提及"《新青年》第2卷最后一期出版时（1917年2月），陈独秀已受聘为北京大学文科学长，故第3卷起改在北京编辑，出版发行则仍由上海群益书社负责"，那是专注于期刊出版史，乃至期刊经营史、出版经营史的研究者才最感兴趣的史实，它标志着中国现当代编辑和出版（经营）分离的起源。相对于思想史、文学史、政党史视域中的《新青年》研究，那样的

---

① 李频.建国以前中国期刊发展简况［M］//张伯海.期刊工作手册（第1册）：期刊业务知识.天津：天津人民出版社，1992：18.

专注确显气度格局有限，除非能将其与思想史、文学史、政党史等关联起来，或者把其间的关系解释清楚。

关于社会时间。社会时间指"诸多公共集合体、社会、国家和文明的时间"①。就陈著的"《新青年》叙事"而言，具体指"文化资本与历史记忆"一节中"所勾勒的1933—1937年间《新青年》同人的'大聚会'"。这次"大聚会"离作为同人刊物的《新青年》停刊已十几年，诸多同人自嘲已"挤成了三代以上的古人"了。

陈著节题中的"文化资本"指《新青年》所依托的北京大学。"《新青年》同人提倡'思想革命'与'文学革命'，之所以青史留名，除文化资本外，还得益于历史记忆。"还是要提请注意这样的思想展开是归纳推理后的演绎推断，因为所见太多的出版史研究（包括笔者自己）满足于归纳推理。前引这句是陈著抓住历史记忆展开《新青年》"后出版""再传播"的理性基础。恰是这"后出版""再传播"才作为历史真实建构了"《新青年》叙事"的完整性。

"后出版"指1934年《中国新文学大系》的编纂。陈著说及："经由《中国新文学大系》的编纂，《新青年》同人的文学事业得到了前所未有的肯定。'大系'各集的编者，各有其理论背景，也各有其现实利益，但既然在1917—1927年的框架中书写历史，《新青年》的开创之功，无论如何必须首先肯定。""在这个意义上《中国新文学大系》的编纂，不只是保留资料，更是书写历史。""对于'中国现代文学'学科影响极为深远的《中国新文学大系》，其关于'文学革命'的历史叙述深深打上了《新青年》同人的烙印。"

"再传播"指1933年陈独秀服刑，鲁迅等人公开遥寄心绪；1934年刘半农去世，《新青年》诸多同人撰文怀念；1936年鲁迅去世，《新青年》同人纷纷以《新青年》为背景悼念怀旧。所以1936年有出版机构重印《新青年》，这次重印与当年连续出版时因销售断货而重印的历史文化意义大为不同，因而指认为"再传播"。

---

① 普罗斯特. 历史学十二讲[M]. 2版. 王春华, 译. 北京：北京大学出版社, 2018：103.

显然，《新青年》"后出版""再传播"属于"《新青年》叙事"的有机组成部分，尽管不属于《新青年》原初杂志的对象时间，而属于以《新青年》原初杂志为原点为核心的社会时间。社会时间是对对象时间的延伸延展，由此，社会时间才焕发、定格了对象时间的生命价值。"《新青年》叙事"作为研究方法看似轻描淡写，实际要言不烦，点到即止。不说一目十行的跳读者忽视了，不自觉于研究方法的莽撞者，也难免熟视无睹。陈著共分六节，分别为：其一，同人杂志"精神之团结"；其二，"仍以趋重哲学文学为是"；其三，以"运动"的方式推进文学事业；其四，文体对话与思想草稿；其五，提倡学术与垄断舆论；其六，文化资本与历史记忆。这六节是其思想推进路径，一定意义上也是落实承载研究方法的研究路径。研究方法的重心理该落实在基于问题结构明示分析路径，细读此六个节题及其关系有助于对分析路径的认知。有此"《新青年》叙事"，作为起点的"同人杂志'精神之团结'"才升华了思想和叙事指向，"文化资本与历史记忆"才有中心依托。陈著作为思想和文本的结构体，才更显浑然完整。

厘定对象时间需要分析，发现社会时间需要积累，专业积累至少需要阅读量的积累。而勾连并统一对象时间、社会时间两者的是视域时间，那就是研究主体的思想格局或者说问题域。所以陈著末尾说："谈论《新青年》之历史功绩，从文学史还是从思想史、政治史角度立论，会有相当明显的差异。本章综合考虑《新青年》同人的自我定位、后世史家的持续研究，以及我对'五四神话'的独特理解，希望兼及思想史与文学史——首先将《新青年》还原为'一代名刊'，在此基础上，发掘其'思想史视野中的文学'所可能潜藏的历史价值及现实意义。"

本节以陈著为例是想表明：其一，研究方法归属于思想方法，理解、掌握了思想方法，才知道研究不过是思想的一种操作方式，如果仅套解某种程式、程序，而不深刻理解研究所凝结的以问题为导向的思想探究的本质，研习研究方法没有意义，也掌握不了研究方法。其二，研究方法中分析方法与综合方法最基础也最根本。历史分析的本质是时间分析，基于时间单位的社会单元分析。历史综合的根本是视域的综合，基于历史事实建构的历史视域综合，或者说在综合的历史视域中建构历史事实。

总结本章，近30年里，中国现当代文学出版史研究成果丰富厚实，值得高度评价并进一步突破。研究取向可以追求20世纪文学出版史。20世纪文学出版史以"出版人—文学出版物—出版制度—出版影响"为分析框架并以此确立进而解释分析单位。"丁玲办《中国》"展示了出版史研究如何以问题为导向，从事实出发定向问题，在问题域中求解问题结构的中心解。陈平原《思想史视野中的文学——〈新青年〉研究》是研究方法创新的范例，研究方法的本质是思想方法指引下的问题解释路径。

后记：出入出版个案之间

编选本书得益于一个机缘：中国传媒大学建校 70 周年而出版"中传学者文库"。一切精神创造都是社会情境的衍生品。这常识我清楚。当这册向往多年而又不敢预期的"导论"真以目前的文本形态即将面世时，我感念诸多师友默默相助，当然，也想起自己四十岁后的座右铭：因为卑微，所以勤奋。

我因为偶然的机缘而进入编辑学出版学研究领域，又因偶然的机缘而以编辑人物的个案研究开始治学生涯。人和书、人和刊便成为我到目前为止的出版个案分析的极简概括，我当然并不满足于此。

对出版个案，我目前倾向于这样界定——为实施某个出版传播意图而从事出版活动以生产出版物，进而产生社会影响的事例。它首先是关于出版人的事，其次才是具体个别意义上的"例"。出版人与物的社会关系是出版个案的关键构成与实质，这里的社会关系包括两个方面，其一是出版人行为发生，以及引致出版物生成的社会情境，其二是出版物传播的社会效果和影响。不管研究者是否以该事作为个案展开研究，该事都已经发生，实然地存在于出版传播的过往或当下。研究者发现其内容符合其研究目的或研究需要，而被选取为研究对象予以个案分析解释。因此，就个案判断而言，出版人和出版事是构成出版个案的必要条件，既成或未成的出版物则是构成出版个案的充分条件（个案资料搜集亦当以此为基本路径）。因为中外出版史上充斥着太多的有出版活动但最终并未产出出版物的出版现象。出版个案分析就是援引人文社会科学的一般方法揭示出版个案中隐默存在的权力、利益、知识与文化创造等方面的矛盾纠葛，以认识出版，并作为路径之一积累出版学知识。

戴文葆先生说："我多年盼望严谨的作者对编辑学问题作些个案研讨，发表案例汇编（Case book）之类的专题撰述。李频同志不声不响地在提出成果，令人感谢。"中国编辑学会常务副会长邵益文先生说："李著从个案出发，通过一个编辑的实践活动来研究编辑学，很有好处。"①30年前，两位前辈热情鼓励我。30年后，两位前辈已经作古，我原地踏步还是有所进步？唯余莫名感愧。

我从出版个案研究中获益很多。我1986年攻读编辑学硕士学位时，以编辑出版为题名的书籍我不知道是否达到20本。对编辑出版无知的我就是从编辑家龙世辉这一个案中获得了最初的了解和认识。在一定意义上，我个人的求学执教历程一直伴随着个案研究。经由本书出版的激励，我今后将投入更多的时间和精力深化出版个案研究及其相关理论。如果说《龙世辉的编辑生涯》《编辑家茅盾评传》初步解决了我作为一个无知青年的编辑出版知识问题，我1996调入北京印刷学院参与创办出版系后，不能说完全没有通过出版个案研究探索出版理论的雄心。较为丰富的经验和较为强烈的挫败感并存。出版内涵的复杂性、出版中看似莫名其妙实则有迹可循的偶然性，如此等等，如果不是涉猎众多个案，简直难以想象。研读多了，当然滋养我的出版历史和理论。这里说的出版历史与理论当然不仅是形式化了的出版史论著述，而且是从个案出发走向出版历史和理论的那种视角、那种思路、那种路径、那种策略。走得很孤寂。因为感念前辈调我进京的莫大鼓励，便在孤寂中勉力前行。心灵事件意义上的收获主要有二：（一）收缩出版史论的广度和范围以追求出版史论的深度和强度。我曾向往整体地观照现代出版，除茅盾外，对近现代期刊、邹韬奋等也用力甚多。编辑出版作为新开发的研究领域，给予了研究者充分的选择自由，面对"研究的深度和强度"与"研究的广度和范围"的艰难权衡，我最终退守，以1949年以后为研究时段。如果资料和发表允许，我甚至向往将时间和精力专注于1977至1981年这四年的编辑出版。尽管这四年的图书出版只有限作为，而报刊则奋勇于风口浪尖。中国改革开

---

① 《龙世辉的编辑生涯》座谈会纪要［J］.河南大学学报(社会科学版)，1993，(5).

放的宏图伟业在那"黎明前后的曙光"多么令人向往和想象。(二)领悟并试图论证、确立改革开放出版史作为史论命题。为数不少的期刊个案分析的叠加、串接,让我逐渐明晰了改革开放期刊史的概念,并力图再现、展示改革开放期刊史的壮阔波澜。推广开来,我崇敬改革开放出版家,并想书写改革开放出版史。不择大小隐显的图书出版个案分析召唤我探幽阐微,触摸编辑出版活动在特定社会环境中的知识生产传播本质。"书籍出版——知识生产传播——现代化",以此为核心而艰难展开又迂回推进的改革开放出版史可歌可泣。走出个案是个案研究同行共同的向往,我却一直徘徊在走入个案和走出个案之间,难以自拔提升,更难以超越。

  个案有各种类型。出版个案的选择以我的经验是一个艰难的理论过程。其艰难首先在于资料的获取、挖掘,其次在于细读材料、消化案例经验后研究问题的凝练。有专家主张"基本原则应该是:根据回答研究问题的需要来进行个案的选择。"[1] 就出版学这样学科基础薄弱的学科而言,研究问题未必先于个案选择而存在,更可能的方式是,在收集、细读个案材料的过程中提出、展开并明确研究问题。因此,研究问题伴随于个案资料收集、个案边界划定、个案选择、个案命名等分析过程的始终,以问题为导向的研究法则当然适用于出版个案分析。本书中所述的《绘图新三字经》就内容而言,属于教育出版个案,就典藏国家博物馆而言,属于极端性出版个案。其历史影响可能的极值激励了我对这一个案的选择,当然在研究问题上如何更妥帖地处理教育出版的内容与传播影响可能的极端性这两个维度的交汇交织,一定还有可以更完善的空间。谭元亨先生的《一个年代的末页》因为出版时间延宕以及由此伴随的由刊到书的媒介转换,出版效果(影响)便分居于天壤之别的两个端点,案例中的每一个当事人都并不自觉地促成此案例的最终结果,偏偏意图之外的结果就是那么实在。极端出版案例往往偶然促成,社会成本高昂。事发的偶然性和高昂的社会成本之间构成某种张力,激发研究者探索其中的焦点问题。就我自己的经验,出版个案选择要迎难而上,选择繁难复杂的案

---

[1] 风笑天.个案的力量:论个案研究的方法论意义及其应用[J].社会科学,2022,(5).

例为个案;要在中长时段中参照社会发展的重要节点选择转型、变迁特征更为鲜明,内在和外在矛盾冲突更为激烈的个案。这种个案,可称为典型出版个案或者出版复杂性个案。它所凝结的出版与政治、经济、文化的矛盾更丰富,对理解出版功能、本质,理解出版的复杂性更有认识价值。有外国学者说:"提供颗粒度精细的个案研究的优势,就是能够使得这种复杂性显现出来。"① 有价值的案例总是复杂的,纷繁复杂程度往往成为案例价值量的直观观测指标。从研究策略上说,复杂性的繁难个案从另一个角度看相反更容易分析,避难就易已成为当今研究风气,繁难的出版个案由于被学术同行悬置而允许有意者从容地耐心打磨,当然考验毅力。

出版个案分析的难点之一在化繁为简。其简化路径,我个人的经验体会是,以研究问题为导向,通过个体行为分析理解集体(组织)行为及其效果;通过出版人行为链中起始行为与后续行为等行为关系的辨析达成对个体行为序列、个体行为与集体互动关系的结构化理解。

集体和组织都只是象征性存在,集体和组织之中的个体才是社会实在。对1905年以后尤其是五四以后中国历史和社会的研究,忽视社团组织简直寸步难行,但停留、局限于集体与组织,也难免忽视组成集体和组织且更有创造力的个体。有效的解决办法是,通过组织内个体行为及其互动去求解组织行为,通过集体领导者及其互动去理解集体行为。正如通过主编行为去求解报刊编辑群体行为。出版个案分析是在出版行为主体关系框架下寻求传播效果(影响)的"系统"解。出版活动的主体关系构成出版案例的基本事实,同时导引个案分析的基本框架。系统解是从"主体(观念)——活动——效果(影响)"的系统结构出发,解释从出版活动到出版效果(影响),或者从效果(影响)追溯出版活动乃至出版意念、理念、观念的作用与反作用的关系。同时,出版个案分析是以个体行为分析方法寻求群体或组织行为的"协同"解。现代出版行为不是单一主体而只能是团队或组织才能够完成的社会

---

① 吉特尔曼.新新不息:媒介、历史与文化数据[M].北京:中国传媒大学出版社,2023.12.

行为。协同解是从个体行为出发，经由群体或团体行为的中心环节，寻找"个体行为——团体（群体）——行为效果（影响）"的系统关联。

个案研究的难点之二在于从案例描述突破深入到案例分析。这两者在操作路径与方法，成果所揭示的思想内涵等方面存在明显差异。个案分析固然属于描述性研究，且个案研究中案例描述不可或缺。国内诸多的出版个案研究停留在描述水平，而没有突破到分析水平，在我看来就是缺乏以研究问题作为个案分析的灵魂。准确、恰切地提出有效且有价值的个案研究问题殊为不易，牵涉确立个案的核心和边界、准确恰当地命名个案等。我个人践行个案分析，向往个案推断，尽管并不是每一个个案都可以进行有效的理论推断。案例分析区别于案例描述，在我个人看来，主要在于对案例中行为人的关键行为情境化（将行为人行为还原于具体情境之中）、问题化。问题化简单地说是将案例中行为人的实践难题依循情境—行为逻辑转换分解为理论解释问题。具体而言，明确并追问、求解行为人在具体情境中希冀的目标意向是什么？达到目标实现意向所面临的困难是什么？克服困难解决难题的方法和路径是什么？行为实施后实现目标，达成原初意向的程度如何？结果和原初意图的契合度如何？差异类型、由来及社会意义如何？通过对情境化之后的问题化达成对行为人行为逻辑的更充分理解，进而逼近案例真相，形成更有效、充分的解释。个案推断的重心在于"走入个案"之后又"走出个案"，追求解释的一般性，以丰富理论认识。

我曾尝试且略微满意的个案内推断是《"读者现象"：连续出版的伴随效应和累积效应》，刊发于《河南大学学报（哲学社会科学版）》2014第3期，后收入我的专著《期刊：连续出版的逻辑》（《中国传媒大学出版社2020年出版》）。在那一个案分析中，我尝试了以问题结构为核心的连续出版行为分析方法，并基于分析揭示出期刊连续出版所形成的伴随效应与累积效应。伴随效应与累积效应即为"走出""《读者》现象"之后推论，成为对期刊连续出版效果的总体一般性说明。我自认为这是我研究期刊多年少得可怜的理论贡献之一。这类伴随效应和累积效应并非杜撰也非建构仅为揭示。《读者》自1981年创刊后，其发行量持续20多年累积增长。那具像鲜明醒目的发行量累积增

 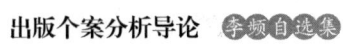

长图持续召引我走入"《读者》现象",进行沉浸式探究,材料积累、爬梳到适当时机便以个案分析的形式呈现出来。惜我撰文刊发的 2014 年,中国的大众期刊已经结构性衰退,学术期刊绝大部分已经自觉不自觉地驶入了被学术评价的新航道,已经难以自觉追求期刊连续出版的伴随效应和累积效应。但愿这一发现在审视视角和分析路径上对后来的期刊研究者有所启发。在我的个案研究历程中,如此从个案上升到理论的研究目前绝无仅有,而且我并不认为这样可能有效的扩大化推理仅仅源于《读者》,而是我长期研读《读者》以外的期刊,积累了期刊连续出版的诸多经验后识别了《读者》所体现的期刊连续出版的类型特征。

我目前主张,并不存在出版个案分析的通用方法。如果执意假定存在这种方法,那只能是运用多元的方法进行分析但仍专注于具体问题。这里的具体问题就是隐藏在出版个案之中,而由个案分析者提出并力求说明的解释疑难,其话语方式是,基于事实提出问题,基于前述问题提出后续问题,基于总问题提出分问题(或者相反)。这里的多元方法指基于个案事实、解释问题和理论意向而选择、组合的多种具体方法以及由此形成的问答路径。问答路径标示着个案分析的问题意识,个案推论作为指标之一代表着个案分析的理论水平。检验个案分析的有效性、质疑评判个案推论的有效性只能且仅从审视、复核问答路径入手。

出版时间性和出版空间性是出版理论中的重要范畴,也是出版个案分析的重要维度。出版个案分析当然应该以出版事务过程为视角在时间偏向的维度上展开,以求解出版物作为知识产品的生命形成过程。同时应该以出版物的发行、传播为半径在空间偏向的维度上展开,求解出版行为的社会效果和社会影响,具体指短期意图效果和非意图效果,中长期意图影响和非意图影响。

按个案数量及理论解释类型,有个案内推断(within-case inference)和跨个案推断(cross-case inference)两种。本书集中尝试单一个案分析(推断未必有多大突破),而跨个案推断则只能期望于未来。编辑家出版家代表作如皇冠上的明珠,既象征着编辑家出版家成就的巅峰,也意味着编辑家出版家

后记：出入出版个案之间

研究有待突破的难题。我于此有热切向往，终因种种主观和客观原因未能如愿。我倾慕董秀玉编辑出版《我们仨》、李昕率团队编辑出版《邓小平时代》，几次想尝试跨个案分析推断，以求索编辑家出版家代表作的相关理论。刘硕良参与创建漓江出版社和李景端率队创建译林出版社，也是个案比较研究的极好案例。面对这样的经典性个案，如何摒弃简单罗列的对比分析呢？如何超越解释结果型分析，而在理论检验、理论构建层面合专业逻辑、合事态逻辑展开推断呢？目前无解却极富魅力。

再比如，李昕《一生一事：做书的日子》在香港三联书店和上海三联书店先后出版了中文繁体版和中文简体版。李昕在香港三联版中封面自述："我这辈子，只从事了一种职业，就是出版。这个职业符合我的人生理想，也能给我带来乐趣，因而它成了我为之奋斗的事业，四十年来乐此不疲。""一生一事"便成为李昕编辑生涯及个性成就的符号化表达，意涵隽永。

就20世纪50年代、60年代出生成长的一代人而言，一生一事具有共同性甚至普遍性。与李昕同为"文革"后的第一届大学生，出版功勋显著的改革开放出版家为数不少，以李昕等为对象展开跨个案分析推断显然有一定的出版史论价值。首都、地方等工作地点差别，图书作为非连续出版、期刊作为连续出版的媒介差别并非限制，恰恰延展了个案之间的张力。在那种张力中分析推断改革开放出版家们一生一事的因果链条和因果机制，不仅可以深刻透视出版家职业及其社会关系，而且可以洞察改革开放出版史的内在机理。惜当下的出版史论研究徘徊于描述，较少向分析突破，遑论推断了。高水平的跨个案推断目前只能慨叹为较高难度的项目，有待后生英才展开。絮叨这些，聊表向读者交流问道的诚意而已。

铭感黄旦教授拨冗赐序肯定我的研究并指引我未来努力的方向，专此致谢。本书所收论文均已发表过，从数据库中也颇方便检索到。几年前出版《期刊：连续出版的逻辑》时，我便开始自省数据库作为学术传播的主流媒介后，论文集出版的传播价值。出版本书自然遇到同一问题。下决心请黄旦老师写序之前，我甚至难以挥去如何写本书后记、本书后记到底该写什么的茫然，为请先生大序，我才勉强写了简短的后记初稿，两周后又增补。黄老师的序极大地鼓舞了我回顾自己个案研究的勇气,便再次增补改写这篇后记。本文集的出版情境创造了我向黄老师讨教的机会,因而有了本书卷首序和卷末后记,我因身在思想现场而深感知识创造的愉悦欢欣。书籍辅文便生动地例证了数字时代文集出版的副文本价值。这于我是意味绵长的知识经验——为了向黄老师请教而反省反思求学治学过往,自我对话。感谢创意、策划、组织并编辑出版"中传学者文库"的同事们,甜美记忆将久长留存。

李频

2024 年 4 月 26 日写,5 月 9 日增补,7 月 5 日、6 日再增补。